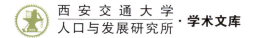
西安交通大学
人口与发展研究所·**学术文库**

农村大龄流动男性的
风险性行为
—— 社会风险视角下的实证研究

杨 博 李树茁 〔加〕吴 正/著

AN EMPIRICAL RESEARCH
ON RISKY SEXUAL BEHAVIORS
AMONG CHINA'S
ELDER MALE MIGRANTS:
Perspective of Social Risk

社会科学文献出版社
SOCIAL SCIENCES ACADEMIC PRESS (CHINA)

总　序

西安交通大学人口与发展研究所一直致力于社会性别歧视与弱势群体问题的研究，在儿童、妇女、老年人、失地农民、城乡流动人口（农民工）和城镇企业困难职工等弱势群体的保护和发展领域进行了深入研究。研究所注重国内外的学术交流与合作，已承担并成功完成了多项国家级、省部级重大科研项目及国际合作项目，在弱势群体、人口与社会发展战略、公共政策研究等领域积累了丰富的理论与实践经验。

研究所拥有广泛的国际合作网络，与美国斯坦福大学人口与资源研究所、杜克大学、加州大学尔湾分校、南加州大学、加拿大维多利亚大学、圣塔菲研究所等国际知名大学和研究机构建立了长期的学术合作与交流关系，形成了研究人员互访和合作课题研究等机制；同时，研究所多次受联合国人口基金会、联合国儿童基金会、联合国粮农组织、世界卫生组织、国际计划、美国 NIH 基金会、美国福特基金会、麦克阿瑟基金会等国际组织的资助，合作研究了多项有关中国弱势群体问题的项目。国际合作使研究所拥有了相关学术领域的国际对话能力，扩大了国际影响力。

研究所注重与国内各级政府部门的密切合作，已形成了与国家、地方各级政府的合作研究网络，为研究的开展及研究成果的推广提供了有利条件和保障。研究所多次参与有关中国弱势群体、国家与省区人口与发展战略等重大社会问题的研究，在有关政府部门、国际机构的共同合作与支持下，在计划生育和生殖健康、女童生活环境等领域系统地开展了有关弱势群体问题的研究，并将研究结果应用于实践，进行了社区干预与传播扩散。1989 年以来，研究所建立了 6 个社会实验基地，包括"全国 39 个县建设新型婚育文化社区实验网络"（1998～2000 年，国家人口和计划生育委员会）、"巢湖改善女孩生活环境实验区"（2000～2003年，美国福特基金会、国家人口和计划生育委员会）、"社会性别引入生殖健康的实验和推广"（2003年至今，美国福特基金会、联合国人口基金会与国家人口与计划生育委员会）等。其中，"巢湖改善女孩生活环境实验区"在国内外产生了重要的影响，引起了国家和社会各界对男孩偏好问题的重视，直接推动了全国"关爱女孩行动"的开展。

近年来，研究所开始致力于人口与社会可持续发展的理论、方法、政策和实践的系统研究，尤其关注以社会性别和社会弱势人群的保护与发展为核心的交叉领域。作为国家"985工程"研究基地的重要组成部分，研究所目前的主要研究领域包括：人口与社会复杂系统的一般理论、分析方法与应用研究——探索人口与社会复杂系统的理论和方法，分析人口与社会复杂系统的一般特征及结构，建立人口与社会复杂系统模型，深入分析社会发展过程中出现的重大人口与社会问题；人口与社会政策创新的一般理论、分析方法与应用研究——分析人口与社会政策创新的理论内涵与模式，人口与社会政策创新的政策环境、条件、机制、过程与应用，建立人口与社会政策创新评估体系；转型期面向弱势群体保护与发展的社会政策创新研究、评价与实践——以多学科交叉的研究方法，研究农村流动人口在城镇社会的融合过程，分析农民工观念与行为的演变及其影响机制，研究其人口与社会后果，探索促进农民工社会融合的途径，探讨适合中国国情的城镇化道路；国家人口与社会可持续发展决策支持系统的研究与应用——在人口与社会复杂系统和人口与社会政策创新研究的基础上，结合弱势群体研究所得到的结果，面向国家战略需求，从应用角度建立人口与社会可持续发展决策支持系统，形成相应的数据库、模型库、知识库和方法库，解决人口与社会可持续发展过程中的重大战略问题。

中国社会正处于人口与社会的急剧转型期，性别歧视、城乡社会发展不平衡、弱势群体等问题日益凸显，社会潜在危机不断增大，影响并制约着人口与社会的可持续发展。西安交通大学人口与发展研究所的研究成果有利于解决中国社会面临的、以社会性别和弱势群体保护与发展为核心的人口与社会问题。本学术文库将陆续推出其学术研究成果，以飨读者。

摘　要

　　中国转型期社会中的农村流动男性作为弱势人群，是社会风险后果的直接承担者；婚姻挤压下无法成婚的大龄未婚男性是该弱势人群中更加劣势的群体，面临婚姻挤压和人口流动双重风险环境的影响。缺乏婚姻由"性"需求引起的风险性行为将是婚姻挤压下大龄未婚男性的重要风险议题，而流动男性一直都是风险性行为的参与主体，风险性行为现象较为常见。由此可能造成的 HIV/AIDS 大范围感染和传播后果的风险性行为，将是包含大龄未婚男性在内的农村大龄流动男性面临的社会风险。因此，本书的分析将从社会风险视角对大龄流动男性个人面临的生殖健康议题进行人群整体风险趋势的分析研究。对于目前的生殖健康和 HIV/AIDS 风险研究而言，本书也综合了公共卫生、社会统计、公共管理学科诸多视角的研究，将大龄流动男性个人风险的分析从人群整体分析入手，引出了个人风险所隐含的社会风险和公共安全问题，强化了对流动男性 HIV/AIDS 群体风险态势的科学认知，有助于公共政策应对策略的提出和实施。

　　基于以上背景，本书结合质性分析和理论分析，以社会风险视角中的社会系统论视角为基础，提出了农村大龄流动男性风险性行为的分析框架，从而为从社会风险视角分析大龄流动男性的 HIV/AIDS 社会风险提供了理论路径；进而使用 2010 年西安市"农村大龄流动男性性与生殖健康及家庭生活问卷调查"数据进行了实证分析，从数据结果判断大龄流动男性与 HIV/AIDS 相关的风险性行为的现象、态势、特征以及影响因素，也明确了风险性行为背后所隐含的从个人风险到社会风险的传播扩散路径。在具体方法上，本书借鉴了多学科交叉的相关数据分析方法，引入了包括生存分析在内的多元统计分析技术，首先对比分析商业性行为和男男同性性行为，识别出商业性行为可能具有的 HIV/AIDS 大范围感染和传播后果的社会风险；在此基础上，围绕商业性行为讨论了农村大龄流动男性对 HIV/AIDS 的风险认知；还围绕商业性行为具有的"过去—未来"时间属性，探讨了农村大龄流动男性商业性行为的过去经历和未来倾向。

最后，本书针对研究结果，面向包括大龄未婚男性在内的农村大龄流动男性人群，从性与生殖健康权利保障和公共卫生政策促进等层面提出了政策建议。

ABSTRACT

In the situation of marriage squeeze and population migration, ruran-urban male migrants are the typical disadvantaged group and the first wave of risky victims who are directly and adversely affected. Among them, involuntary unmarried males who suffer from marriage squeeze will be the most disadvantaged members. They will experience the double risky circumstance, which includes both marriage squeeze and migration trend. In lack of marriage sex activity, sex demands and nonmarital sex activities will be significant risky patterns for these involuntary unmarried males; besides, male migrants have been the main participants of risky sexual behaviors and they have already experienced risky tendecy of risky sex. Therefore, risky sexual behaviors, which are highly relevant to HIV/AIDS transmission in society, are Social risks to elder ruran-urban male migrants in the current situation. In the current relevant research fields, this sutdy is a compositive analysis including public health, social statistics, public management and policy science issues. The authors state the public security topic by discussing individual risks of reproductive health and relevant population risks. This analysis improves the knowledge of HIV/AIDS risk trend among mirrant males and is helpful for government and society to supply response policy and implementations.

The current study analyzes the risky sexual behaviors among ruran-urban elder male migrants using suevey data of "questionnaire for sexual and reproductive health among ruran-urban elder male migrants" in 2010, Xi'an city. Survival analysis and relevant multivariate statistics are used as the methodology. The whole study applies the perspective of social risk theory and takes social system theory as the main reference. By applying and developing the basic framework of social system theory in risky research, the current study discusses the risky reality of commecial sex and MSM homosexual behavior. Commercial sex is identifiedas the social risk of risky sexual behaviors. Based on this result, the perception of sexual risks, as well as the time meaning (past-future) of sexual risks, are discussedwithin the group of commercial sex participation.

Finally, based on the conclusions, we provide public pulicy suggestions for theprevention to risks of sexual and reporductive health among ruran-urban elder male migrants, including these involuntary unmarried males.

序

从 1980 年开始，我国的出生人口性别比开始偏高。经过了三十多年的累积，随着高出生人口性别比累积的"80 后""90 后"中的过剩男孩进入婚姻队列，近年来由偏高的出生人口性别比带来的整体人口性别结构失衡的后果开始初步显现，加之我国快速的经济发展与社会转型，人口转型开始步入新的阶段。人口的性别失衡将成为我国目前乃至未来很长一段时间的社会常态，它所带来的挑战不仅是人口问题，而且其给社会带来的影响将涉及文化、经济、制度各个方面，与整个社会的可持续发展息息相关。

在上述背景之下，为了应对性别失衡问题，我国政府采取了多种方式进行治理。同时，伴随社会转型而出现的问题呈现复杂化的特征，尤其是社会多元化和多样化的迅速发展，对目前的性别失衡治理在新的人口转型背景下提出了新的挑战。因此，我国政府所倡导的社会治理亟须有所创新和发展，性别失衡治理成了我国政府转型和人口发展的重中之重。

我国的性别失衡公共治理是社会管理问题当中，由公共部门主导的典型公共治理实践问题。2009 年，笔者所在的课题组对陕西省的部分县区进行了性别失衡及其治理问题的综合调查，尝试从宏观政策公共治理的角度研究其对微观个体的影响，并第一次运用公共治理的理论对收集的数据进行了实证模型研究，尝试解释宏观的公共政策层面的治理对于微观个体的影响。

本书基于整体性治理理论提出性别失衡治理的绩效、结构和工具的分析框架，在人口社会管理问题中的管理理念和公共政策等方面突破了旧有的管理格局和机制，为政府治理性别失衡问题提供了理论支持。本书在性别失衡问题的研究视角上也具有重大突破，并为促进这一领域的理论研究和实证研究的深化奠定了基础和提供了未来的研究方向，同时对其他公共治理问题的研究提供了分析框架与策略。本书提出的性别失衡治理及其影响因素分析框架是性别失衡治理与公共部门治理领域的有益学术尝试，具有较大的现实意义和学术价值。同时，本书的研究成果有利于解决我国人口方面面临的和即将出现的社会治理问题，为政府的政策制定提供了理论基础。

目　录

Contents

第一章 绪论

第一节 研究背景

一 现实背景

当代转型期社会催生了社会结构的显著变化，也带来了多种社会矛盾，最终以社会风险的形式显露出来。社会风险首先表现为宏观风险环境的形成及其相关的社会矛盾和破坏性事件，包括由发展导致的环境风险、阶层分化导致的贫富加剧风险以及全球化发展风险（田启波，2007）。社会风险给社会造成不利影响，尤其是在社会文化、经济以及公共福利层面造成的风险后果，成为当前转型社会中突出的公共管理问题（张海波，2006），也是公共政策调解社会矛盾的重要对象（童星，2010）。在中国转型期阶层分化的背景下，弱势群体的生存与健康成为社会风险在微观层面的主要形式（陈占江，2007；刘峰，2009；谭磊，2003）；另外，社会公众的理念、行为、需求也在变化，原有社会结构和社会规范如果不能随着社会公众需求的变化而调整，就无法有效约束和引导公众的理念和行为，社会风险就会从弱势群体的风险行为中表现出来，最终在微观行为风险的累积中逐渐在宏观社会层面显现（石奎，2005）。因此，转型期的中国社会，弱势群体的生存与健康问题将是社会风险对社会和谐产生不利影响的重要表现。

中国在转型过程中，人口结构发生了重要的变化，其中，人口性别结构失衡下的婚姻挤压问题关系到人口结构和社会形态，因而对中国可持续发展具有重要的影响（李树苗等，2009）。从世界范围来看，性别失衡分布的区域主要是东亚、南亚、高加索等具有重男轻女传统文化的地区，因而上述地区都存在不同程度的婚姻挤压（Guilmoto，2009）。婚姻挤压的直接原因在于劣势男性缺乏成婚条件而无法获得女性配偶，造成这部分劣势男性晚婚甚至终身无法成婚的现象。由于女性更倾向于寻找社会经济条件更好的男性配偶，因而社会经济劣势的男性将在男多女少的婚姻市场中更加弱势，成婚概率显著下降（姜全保等，2009），婚姻挤压的社会风险就会出现（姜全保等，2010）。

婚姻挤压的直接后果是弱势地位的男性成为婚姻市场中婚姻挤压的承受群体，在缺乏婚姻家庭关系和相应支持下成为社会孤群，从而在个人生活、发展、健康等方面处于明显的弱势状态（李艳等，2009）。这些在人口数量上与女性不匹配的男性无法在婚姻市场中顺利成婚（张仕平、王美蓉，2006），尤其是社会经济劣势的弱势男性很可能长期甚至终身无法成婚（Attane et al.，2013）。在农村，男性弱势群体特别是28岁以上的大龄男性成婚机会更加稀少，他们也被称为"大龄未婚男性"，即大龄"光棍"群体（靳小怡等，2010）。大龄未婚男性由于缺乏婚姻家庭支持和社会资源而成为典型的社会弱势群体（李艳等，2009），在社会风险面前很容易成为首先被冲击的脆弱群体。为了改变自身资源劣势，婚姻挤压下的男性将会强化流动需求，因而中国流动人口中将逐渐出现婚姻挤压男性。

农村人口向城市流动是典型的中国转型期特征，也是人口可持续发展面临的重要挑战（李小云，2006；宋健、何蕾，2008）。农村流动人口由于远离家乡社区以及缺少家庭成员和社区资源支持，加上其自身社会经济地位较弱，因而在身体健康、心理健康等方面处于风险应对的劣势（黄会欣等，2008）。远离家乡社区以及缺少家庭成员和社区资源支持同时也造成他们不再受到社区及家庭规范的直接约束，使之很容易成为风险行为和风险后果的直接承担者（黄淑萍，2008）。此外，在面临社会风险的同时，流动人口也面临个人资源稀缺和缺乏自我保护意识等问题。特别是在HIV/AIDS传播隐患的风险性行为中，流动人口无论是对风险的认识还是风险防范都面临严峻局面，成为HIV/AIDS和性传播疾病主要的被感染群体（刘越等，2010；李孜等，2010），并且由于其与家庭成员和社区的联系而成为风险人群与普通人群之间风险传播的桥梁人群（张开宁等，2007）。在目前中国 HIV/AIDS 传播急速上升的态势下，流动人口已经成为 HIV/AIDS 感染者的突出代表（李孜等，2009）。

婚姻挤压下农村大龄流动男性面临的风险更加复杂。由于中国社会特别是农村地区性行为的婚姻道德属性，大龄未婚男性普遍存在性压抑（张群林等，2009），表现出经济贫困导致的农村"性"贫困；在中国文化情境下，性行为参与一般限定在已婚家庭夫妇中，近年来随着社会观念的开放和年轻群体的同居以及未婚性行为趋势，性行为也在未婚人口中逐渐增多（潘绥铭等，2004）。但是，婚姻挤压下的男性成员作为社会资源的弱势群体面临交往劣势，很难获得成年人正常的性行为渠道。因此，商业性行为就很可能成为他们重要的性参与渠道（杨博等，2012）。另外，在当代社会逐渐出现了同性婚姻或同性伴侣需求的声音（魏伟、蔡思庆，2012），男男同性性行为已经在婚姻挤压社会环境中初露端倪（Yang et al.，2011）。由于男男同性性行为正在成为 HIV/AIDS 传播最主要的性行为渠道，这就加剧了婚姻挤压社会中个人性行为风险的复杂性和多样性。因此，婚姻挤压社会中的个人性行为风险将逐渐成为个人行为风险的重要形式之一，并由于婚姻挤压下弱势男性人群的逐渐增多而可能出现风险累积，进而上升为社会风险。

当大龄未婚男性成为流动人口后，也会面临风险性行为参与增多的局面，并且有可能在性压抑下更容易参与风险性行为，因此面临 HIV/AIDS 大范围感染和传播的社会后果。因此，人口流动态势下，婚姻挤压风险后果在性与生殖健康中开始显现，风险性行为将是农村大龄流动男性进入城市后面临的重要风险类型。婚姻挤压下的男性流动人口，特别是那些农村弱势男性人群，既可能由于社会风险的直接参与而成为风险的直接制造者，也可能成为风险参与的主要群体，是重要的风险人群之一。面临国家层面的社会治理体系建设需求（李树苗等，2012），有必要在婚姻挤压背景下，分析农村大龄流动男性的风险性行为，为社会治理体系中有关 HIV/AIDS 风险防范的公共卫生、公共健康干预提供策略参考。

二　理论背景

针对转型期中国特有的社会问题与风险特征，理论界对于社会风险的关注主要围绕自然灾害事件、社会群体事件以及公共健康危机等风险展开讨论（张海波、童星，2012；胡鞍钢、王磊，2006），反映出中国社会风险在转型期特有的复杂性和多样性，也折射出社会治理体系和公共管理机构在灾害预防、社会发展和公民权益保障中依然存在改进空间（吕孝礼等，2012）。不过，目前研究对于转型期人口结构变化下的风险议题关注不多。人口转型也是中国当代社会转型的重要体现（李树茁等，2009），特别是人口性别结构变化下的婚姻挤压以及人口流动使得中国社会在未来一段时间面临诸多挑战（李树茁等，2006），婚姻挤压后果以及人口流动中弱势人群的脆弱性将是社会风险的新特征。

鉴于目前中国转型期的社会现实，与社会风险相关的主流理论探讨和实证研究主要关注自然灾害及其风险管理、食品药品公共危机、社会群体事件及其策略建议等宏观风险层次，对于从微观层面探索具体人群风险行为和风险主体风险认知的关注不多。由于社会风险议题具有紧迫性，已有研究大多从社会风险视角下对紧急性、突发性和急迫性的宏观社会风险现象进行讨论并取得了丰富成果，而对带有微观风险含义的行为进行探讨的研究并不多见。在涉及微观层面健康风险行为的讨论中，公共管理学科集中于 SARS、一般传播疾病等议题（李小云，2006；宋健、何蕾，2008），尚未涉及与 HIV/AIDS 传播相关的商业性行为、男男同性性行为等敏感话题讨论；而公共卫生领域对上述风险话题的探讨仅从卫生医疗角度进行专业治疗讨论，还没有从社会风险视角去看待弱势人群的微观风险问题及其个人风险的社会累积效应（曾婧等，2007）。

婚姻挤压是当前中国农村男性面临的宏观情境。随着人口结构中男女比例失衡现象的持续，婚姻市场上男多女少现象以及弱势男性婚姻挤压将是直接后果（Guilmoto，2009），会影响社会可持续发展与社会治理体系运行（Bongaarts and Sinding，2009）。婚姻挤压直接影响男性的生存与发展，特别是年龄在 28 岁以上很难成婚的大龄未婚男性，他们更是农村地区资源劣势群体的典型代表，是婚姻挤压最直接的受害群体。已有研究关注农村大龄未婚男性的生活、健康以及心理福利等，但是研究很少关注婚姻挤压导致的性与生殖健康风险（杨博等，2012）。因此，有必要分析婚姻挤压情境下的风险性行为。

虽然婚姻挤压主要发生在农村地区（杨书章、王广州，2006），但是随着人口流动，婚姻挤压下的大龄未婚男性使得婚姻挤压风险从农村扩散至城市（姜全保等，2010）。城市经历带来的社会规范变化和社会经济条件变化使得流动人口在城市中的风险性行为增多（韩全芳等，2005），大龄未婚男性性压抑下的风险性行为需求会带来 HIV/AIDS 感染风险，而由于其健康和资源劣势，他们的 HIV/AIDS 存在大范围感染和传播的可能，成为社会风险。现有研究多从生殖健康和疾病传播的个人风险视角进行与公共卫生和疾病预防相关的研究（曾婧等，2007；Zhen et al.，2012），尚未从社会宏观风险情境角度进行流动人群的风险性行为探讨。人口流动中无论是婚姻挤压男性还是一般男性，都可能因为风险性行为而面临 HIV/AIDS 大范围感染和传播的社会后果。

从社会风险视角分析婚姻挤压下流动人口的风险性行为，是在已有社会风险研究成果的基础上进行借鉴和拓展，也是在公共管理学科层面针对风险人群的微观风险行为进行分析并提出应对政策。风险性行为研究集中于公共卫生和医学诊断视角（徐刚等，2004；Yang et al.，2012），很少结合社会宏观背景和社会治理进行探讨，因而也为公共管理学科引入社会风险理论视角进行相应的分析提供了研究空间。公共管理学科的社会风险研究可以从社会宏观环境出发，从分析社会风险的宏观背景入手，发现风险内涵和主要人群，将宏观风险视角落实到微观风险分析中，将宏观社会风险具体化到微观风险层面，为转型期中国社会风险研究提供实证数据验证，为社会治理体系提出公共政策应对策略和建立风险预防措施提供理论参考。

第二节　研究问题

结合现实背景与理论背景，本书将关注转型期在社会风险环境中的弱势群体及其风险性行为和后果。在婚姻挤压社会背景下，本书将提出社会现实问题和科学理论问题，设计具体的研究内容。核心内容是在社会风险视角下将农村大龄流动男性作为风险主体，关注风险性行为的现状、特征与影响因素。其中，在社会风险视角下提出农村大龄流动男性的风险性行为分析框架是全书分析的基础和前提；以该分析框架为基础，围绕包含 28 岁以上大龄未婚男性在内的农村大龄流动男性，针对风险性行为的类型、特征以及影响因素等展开具体分析，具体的研究问题如下。

一 现实问题

性别失衡下的婚姻挤压已经开始在农村出现，经济基础和社会资源较差的男性面临成年阶段无法成婚的难题（Lipatov et al.，2008）。他们在经历个人健康劣势、心理劣势以及社会交往劣势的同时，个人行为倾向呈现与已婚人群存在显著差异的特殊性，这种特殊性既表现在家庭生活方式、个人和群体健康水平、心理福利与社会福利等热点议题中，也表现在个人性行为和生殖健康等敏感议题中，而后者很少被关注和讨论。在中国道德氛围下，性行为与婚姻家庭直接联系，非婚性行为虽然不违法，但也是不合理的性行为方式（潘绥铭等，2004）。近年来，非婚同居现象和婚前性行为现象增多，但是性行为依然具有固定性伴侣或者法理伴侣的属性（黄盈盈、潘绥铭，2013）。婚姻挤压导致农村弱势男性超过一定年龄阶段后会面临非常困难的成婚局面，如28岁以上的大龄未婚男性（吕孝礼等，2012）。因此，婚姻挤压下，28岁以上的大龄未婚男性无论是在婚姻家庭框架还是在固定性伴侣界定下都不具备性行为的道德空间，性压抑普遍存在（张群林等，2009；杨博等，2012）。随着城镇化的推进，这部分人群将会加入中国人口流动的大潮中。农村大龄流动男性已经被证明在流动过程中存在很高的风险性行为倾向，而大龄未婚男性在流动中更有可能参与到风险性行为中，加剧了农村流动人口HIV/AIDS大范围感染和传播后果的复杂化。

农村大龄流动男性中，无论是大龄未婚男性，还是其他男性，在城市社会中都是典型的弱势人群，在个人健康、风险预防与保护以及风险应对等方面存在很大的劣势。弱势地位也导致这一群体在转型期阶段的社会风险面前极具脆弱性。在忽视性行为敏感话题的前提下，社会风险领域尚未对这一群体与HIV/AIDS风险相关的行为和后果进行关注。缺乏对HIV/AIDS敏感话题的关注将导致无法正确认识流动人群在HIV/AIDS风险面前的不利处境。不仅如此，风险参与者由于缺少HIV/AIDS预防和自我保护，在成为社会风险的个人承受者的同时，也会由于城乡往返流动和单身男性未来成婚等原因，其个人风险有可能家庭化、社区化甚至社会化。因此，有必要关注婚姻挤压背景下流动男性在性与生殖健康层面的风险性行为，填补敏感话题讨论和个人风险研究的空白，为社会风险防范与治理政策提供现实参考。

因此，本书拟从社会风险视角，关注婚姻挤压背景下，包含农村大龄未婚男性在内的农村大龄流动男性的风险性行为，从风险性行为的社会风险识别、风险主体的风险认知以及风险性行为特征等方面进行系统分析，并引入与社会情境相关的影响因素进行探讨。在此基础上，从健康福利和公共卫生等层面提出性与生殖健康方面的公共管理工作框架及其实施策略。

二 理论问题

社会风险的理论视角一直以宏观社会发展中的风险事件及其体制机制因素为关注对象，包括自然灾害、群体事件、公共安全威胁等（陈远章，2008；胡鞍钢、王磊，2007）。但是，个体微观风险行为的累积和扩散，如HIV/AIDS，也会将微观风险扩散至群体层面并最终以社会后果的形式表现出来，个人风险行为也存在家庭化、社区化甚至社会化的问题。因此，社会风险的研究工作需要针对个人微观风险行为及其扩散进行关注，以丰富社会风险的内涵和研究路径。

中国转型期发展中，社会结构出现变化和调整，为社会风险的出现提供了社会宏观背景。人口结构变迁是社会结构变迁的重要组成部分，因而也是社会风险形成的重要原因。人口结构变迁既包括性别结构变迁导致的性别失衡与婚姻挤压，也包括区域结构变迁导致的农村人口流动。两种人口结构变迁叠加，大大激化了农村大龄流动男性的社会风险。其中，性行为风险是最直接和最明显的风险构成要素。流动人口已经被证明在世界范围内是风险性行为的主要参与者（Mir et al.，2013；Myers et al.，2013；骆华松、敬凯，2000），而大龄未婚男性流动进入城市后，很可能由于长期的性压抑而出现更强的风险性行为趋势（杨博等，2012）。为了提高研究问题的科学性和全面性，需要融入婚姻挤压的社会背景，讨论HIV/AIDS的大范围传播风险，因而引入社会风险视角来关注农村大龄流动男性的风险性行为。本书中，来自农村地区的28岁以上大龄未婚男性是风险性行为的潜在主体；同时纳入非婚姻挤压的28岁以上大龄流动男性，与婚姻挤压下大龄未婚男性进行对比研究，总结婚姻挤压下风险性行为在大龄流动男性群体中的现状和特征。

因此，本书将基于社会风险视角，参照已有研究中的风险分析框架，关注婚姻挤压背景下农村大龄流动男性的风险性行为，并结合婚姻挤压背景和大龄流动男性特征提出相应的分析框架并进行应用分析，将社会风险宏观概念运用到微观的 HIV/AIDS 大范围感染和传播风险中，讨论微观个人行为风险的社会累积后果。

第三节　研究目标

本书将根据上述现实问题与理论问题，围绕农村大龄流动男性，针对他们的风险性行为进行社会风险视角下的解读。研究的总目标是：根据风险性行为具有的 HIV/AIDS 大范围感染和传播社会后果，在社会风险视角下围绕婚姻挤压下农村大龄流动男性进行风险性行为研究。具体研究过程将围绕以下分目标进行。

第一，在社会风险视角下，提出农村大龄流动男性风险性行为的分析框架。该分析框架将作为本书的理论指导，确定本书实证章节的分析内容和分析步骤。

第二，在分析框架的指导下，围绕社会风险的定义即造成 HIV/AIDS 大范围感染和传播的风险性行为，针对不同类型风险性行为进行社会风险识别，确定哪类风险性行为具有 HIV/AIDS 大范围感染和传播后果从而成为当前婚姻挤压下农村大龄流动男性的社会风险。

第三，根据被识别出的带有 HIV/AIDS 大范围感染和传播后果的风险性行为，讨论农村大龄流动男性对 HIV/AIDS 的风险认知水平，进行风险主观感知分析。

第四，根据被识别出的带有 HIV/AIDS 大范围感染和传播后果的风险性行为，讨论参与该类型风险性行为的时间问题，包括农村大龄流动男性中该类型风险性行为的过去经历和未来倾向，进行风险性行为的时间属性分析。

在完成上述研究目标的基础上，本书将根据分析框架和实证研究结论，从公共政策层面探讨可行的干预措施与公共卫生服务策略。

第四节　研究意义

本书是在中国社会转型期背景下，结合已有社会风险与风险性行为研究的丰富成果，更进一步针对微观具体行为风险及其风险累积效应，讨论当前婚姻挤压下的人口态势和人口流动过程中出现的性行为风险，因此具有一定的现实意义和理论意义。

第一，本书从转型期人口结构变迁的视角，将婚姻挤压和人口流动作为社会转型期宏观背景，将社会风险含义扩展到微观个体风险性行为导致的 HIV/AIDS 大范围感染和传播风险，扩展了社会风险的含义。本书借鉴社会风险已有研究成果，将个人风险性行为放入宏观社会情境中探讨，有利于从个体风险行为角度进行社会风险的微观特征分析，明确个体微观层面 HIV/AIDS 后果的累积效应；与此同时，对社会风险主流研究尚未关注的敏感话题如商业性行为、同性性行为及其导致的 HIV/AIDS 后果，本书进一步扩展了对社会风险形式及其社会后果的认知。

第二，本书在风险性行为主题中引入了社会风险视角，有利于社会风险理论及其已有成果的扩展应用，也促进了对流动人口风险性行为的科学认识。主流研究在关注突发事件和宏观风险的同时，很少关注社会风险环境中特殊弱势群体的个人风险行为及其带来的社会风险含义。个人的微观行为来自社会宏观环境，但是具体的测量是在微观层面。因此，本书从社会风险视角进行个人风险行为的分析，为从微观研究主体总结个人风险的社会含义提供了理论参考，同时也为在宏观风险背景下探讨个人风险行为提供了路径探索。

第三，本书有助于在婚姻挤压背景下明确特殊人群在 HIV/AIDS 大范围感染和传播风险中的风险性行为与特征。针对中国的婚姻挤压和人口流动趋势，本书关注包含 28 岁以上大龄未婚男性在内的农村大龄流动男性，突出了风险性行为导致的 HIV/AIDS 大范围感染和传播风险，丰富了对婚姻挤压后果的认知，也提升了对流动人口风险性行为社会后果的认知，有利于明确弱势群体在 HIV/AIDS 大范围感染和传播中的处境，为了解流动人口的风险性行为后果提供参考。

第四，本书有助于为婚姻挤压风险后果的治理策略提供实证参考，为公共健康和卫生策略创新提供借鉴。在关注生理健康与心理健康的研究中，还没有对农村流动人口风险性行为带来的 HIV/AIDS 大范围感染和传播后果进行关注。本书结合婚姻挤压的宏观社会背景进行研究，探讨了风险性行为的具体形式和影响因素，能够为公共卫生政策机构和 HIV/AIDS 防治机构提供数据支持，同时也对性别失衡治理中涉及 HIV/AIDS 的政策体系在城市中的应用与实施提供了实证基础，是性别失衡治理以后果为导向的治理政策的重要补充。

第五节　概念界定

一　婚姻挤压

婚姻挤压是指人口结构中男女数量失衡，在婚姻市场出现女性数量少于男性数量，从而造成部分男性无法找到婚姻配偶的现象（Pham et al.，2008；Park and Cho，1995；Jayaraj and Subramanian，2004）。一方面，婚姻挤压源于女性歧视造成的较高女婴死亡率（Ganatra，2008；Guilmoto，2009；Li et al.，2000），如一些国家和地区居民在生育行为中人为选择胎儿性别所导致的"女婴失踪"现象（Guilmoto，2009；Li et al.，2000；Lipatov et al.，2008），东亚、南亚、高加索等具有重男轻女文化传统的地区都存在不同程度的婚姻挤压；另一方面，女性向上成婚的择偶路径，即女性更倾向于选择经济条件好的男性成婚，也是劣势男性婚姻挤压的重要原因（张仕平、王美蓉，2006）。

婚姻挤压的后果使得与女性数量不匹配的多余男性无法在婚姻市场中顺利成婚，尤其是处于社会经济劣势的男性弱势群体面临的婚姻挤压更加严重，最终成为大龄未婚男性"光棍"（Attane et al.，2013）。因此，婚姻挤压来源于女性歧视下的性别失衡以及女性择偶路径导致的弱势男性成婚困难，婚姻挤压的直接后果是弱势地位的男性成为婚姻市场中的婚姻挤压群体，在缺乏婚姻家庭关系和相应支持下成为社会孤群，从而在个人生活、发展、健康等方面存在明显的弱势（李艳等，2009），并且由于风险参与而成为影响社会安全和稳定的潜在风险人群（潘绥铭、杨蕊，2004）。

二　农村大龄流动男性

本书中的农村大龄流动男性，是指包含 28 岁以上大龄未婚男性在内的农村大龄流动男性。本书核心关注人群之一是婚姻挤压社会情境下的农村大龄未婚男性，研究显示这部分人群在 28 岁左右时的婚姻挤压程度明显加大

（Li et al.，2010），他们在个人风险性行为增多的同时，还可能由于未来的婚姻家庭关系而放大个人的性与生殖健康风险，进而将个人风险扩散至家庭风险、社区风险并最终以群体性的社会风险形式展现出来。为了与大龄未婚男性做对比，更准确地分析大龄未婚男性与同龄男性之间的差异，本书以28岁婚姻挤压的标志年龄为特征，纳入一般流动男性样本。因此，本书婚姻挤压背景下的农村大龄流动男性，特指28岁以上由农村流动进入城市务工的男性，其中包含大龄未婚男性。

三　风险性行为

风险性行为是指个人性行为方式中具有较高的 HIV/AIDS 和其他性传播疾病感染概率的性行为方式，主要风险是在一定时期内与多个不固定性伴侣发生性行为导致的 HIV/AIDS 和其他性传播疾病感染风险，集中表现为多个性伴侣现象较为普遍的商业性行为和男男同性性行为（He et al.，2006；Abdala et al.，2013；Kayeyi et al.，2013；Zhang et al.，2011）。由于安全套在预防 HIV/AIDS 和性传播疾病中具有重要功能，因此安全套使用是上述风险性行为发生中风险防范的有效方式（Wang et al.，2005），即"无保护性行为"的风险属性（Kapadia et al.，2011）；但是已婚人口的安全套使用并不完全具有风险属性（Graham et al.，2009），因而无保护性行为的风险范围存在局限性。因此，带有多性伴侣特征的商业性行为和男男同性性行为成为风险性行为中最直接的风险形式。

在商业性行为中，性工作者的多性伴侣现象使得商业性行为交易中 HIV/AIDS 和性疾病感染与传播概率非常高（Trillo et al.，2013），而流动人口中普遍较低的受教育水平和经济资源，导致其在商业性行为中的自我保护措施较少（Yang et al.，2005），显著增高了感染风险的概率；在男男同性性行为中，由于当前婚姻道德氛围对同性性伴侣关系的否定，同性性取向群体缺乏婚姻家庭关系束缚进而存在多性伴侣现象（Weine et al.，2013），HIV/AIDS 相互感染的现象更为普遍，男男同性性行为已经成为当前社会中 HIV/AIDS 经由性传播途径扩散的最主要渠道（Chen et al.，2012），因而同性性行为的风险属性也同样明显。

四　社会风险

一般意义上的社会风险是指由于社会发展过程中的风险事件后果出现扩

散直至放大到社会层面的风险形式，是风险的社会后果（Ganatra，2008）。本书中的社会风险，是指卫生条件和自我保护条件较差的农村流动弱势群体所面临的可能造成 HIV/AIDS 大范围感染与传播后果的风险性行为。由于人群的集聚效应和弱势群体脆弱性，个人 HIV/AIDS 感染与传播风险会逐步累积进而发展成为社会群体风险，威胁社会公共卫生和公共健康安全。中国流动人口特征不仅包含农村流动人口特征（刘电芝等，2008），还具有婚姻挤压背景因素，因而农村大龄流动男性成为转型期中国社会重要的社会风险群体。

在风险性行为中，商业性行为和男男同性性行为的直接风险后果均表现为个人较高的 HIV/AIDS 感染和传播后果，因此上述两种风险性行为就可能成为本书所界定的社会风险，本书将在实证分析中进行比较分析，识别出哪种类型的风险性行为是社会风险。商业性行为是流动男性较为方便获得的风险性行为方式（Johnson and Mercer，2001），流动中接触风险的概率很大；另外，男男同性性行为已经成为性行为渠道传播 HIV/AIDS 最主要的风险性行为方式（Xu et al.，2011），男男同性性行为参与者很可能会在短期内形成 HIV/AIDS 感染群，形成社会中的风险群体。

第六节　数据来源与研究方法

一　数据来源

本书的数据来源为"乡—城大龄流动男性生殖健康和家庭生活调查"，调查工作于 2009 年 12 月至 2010 年 1 月进行，调查点位于陕西省西安市。为了结合婚姻挤压社会背景，本书选取了 28 岁以上来自农村的未婚流动男性，即婚姻挤压背景下的大龄未婚男性；与此同时，抽样过程中还纳入 28 岁以上的一般流动男性，用于对比分析婚姻挤压对象和一般流动人口的风险差异。调查工作组选取了调查点方便抽样原则，选择市区内流动人口聚集的三个大型劳务市场，其分别位于城东、城北和城南。由于调查问卷篇幅较长，被访问者大部分受教育水平不高，答题时间相对缓慢，因而每周周末在劳务市场调查的同时，调查人员还在调查期内每天前往学校周边打工者聚居的建筑工地和小型劳务市场，邀请样本中的 28 岁以上的男性流动人口前往学校答题。由于建筑工地主管单位拒绝提供打工者名单，调查人员同样采用了方便抽样原则。

二　研究方法

本书试图从社会风险视角进行婚姻挤压背景下大龄流动男性风险性行为的研究分析，因此研究方法上首先需要从理论综述中寻找适合本书研究问题和对象的理论概念框架，进而针对现实问题和本书主体，对理论概念框架进行完善和应用，进而结合问卷数据进行实证数据的分析和讨论本书从社会风险视角切入的问题，以风险系统论分析框架为基础，提出本书分析的整体概念框架。

本书首先从前瞻性研究和质性访谈资料中总结出农村大龄流动男性在婚姻挤压社会背景下在性与生殖健康方面所面临的问题和社会风险后果，从而总结出本书研究该类群体的风险性行为时，在引入理论框架基础的过程中需要关注哪些方面；在此基础上，从社会风险视角出发，本书讨论婚姻挤压形成的社会风险环境，提出关注婚姻挤压背景下乡—城大龄流动男性在性与生殖健康层面风险性行为的必要性；从而分析和比较了社会风险理论体系主要理论内容在本书分析中的适用性，确定了社会系统论作为本书社会风险分析视角的理论框架。其次，本书基于卢曼在有关风险的社会学研究中提出的风险系统论及其分析框架，界定乡—城大龄流动男性风险性行为的社会风险含义，通过理论综述和社会风险视角下的理论概念模型，结合中国现实情境与流动人口特征，对理论概念模型进行完善和应用，提出乡—城大龄流动男性风险性行为分析框架。

在提出分析框架的基础上，本书使用问卷调查数据，通过微观数据分析进行社会风险视角下的风险性行为讨论。本书的数据分析应用了统计学方法。具体方法上应用了统计学中的描述分析，包括交叉表分析和生存分析中的 Kaplan-Meier 估计；影响因素回归分析，包括二分类变量的 Logit 回归、生存分析中的 COX 比例回归方法以及序次变量的 OLogit 回归方法。

第七节　研究内容与框架

本书首先从社会风险视角提出婚姻挤压背景下的农村大龄流动男性风险

性行为分析框架，在区分风险含义和风险主体的基础上，纳入风险行为的"时间"属性，通过一阶观察和二阶观察，从风险行为的社会风险识别和风险性行为的风险认知入手，认识农村大龄流动男性的风险现状以及风险主体的风险认知；同时通过时间属性分析，从风险性行为的"过去—未来"时间属性出发，认识农村大龄流动男性风险性行为的过去经历和未来倾向。此外，本书还引入社会情境因素作为风险性行为的影响因素进行分析。具体内容如下。

第一，从社会风险视角提出婚姻挤压下农村大龄流动男性风险性行为的分析框架。流动人口风险性行为在国内外研究中已经较为成熟，涉及心理、公共卫生、社会学等多个理论视角。在当前中国转型期，社会风险是社会宏观发展与个人社会生活中必然面对的现实挑战。在传统的以自然灾害和与社会治理相关的社会风险定义基础上，本书试图将婚姻挤压后果、流动人口性与生殖健康风险相结合，从社会风险视角提出农村大龄流动男性风险性行为的分析框架。该框架旨在从社会风险视角，将婚姻挤压与人口流动作为风险性行为产生的社会背景，进行风险性行为的社会风险识别、风险主体的主观风险感知以及风险性行为的时间属性分析等。

第二，针对农村大龄流动男性，对比具有 HIV/AIDS 感染和传播概率的风险性行为，按照是否具有 HIV/AIDS 大范围感染和传播后果识别哪类风险性行为是社会风险。基于婚姻挤压背景，本书将围绕进入城市的农村流动男性，进行 28 岁以上农村大龄未婚男性和 28 岁以上其他农村大龄流动男性人群的比较分析，用于说明婚姻挤压后果中不同群体风险性行为的差异与特征：首先通过统计数据分析，明确两类风险性行为的基本概况；其次关注与风险性行为相关的社会情景，包括个人社会经济地位、流动经历、观念与规范、社会媒体等影响因素。在得出的分析结论基础上，参照风险后果的计算公式，根据统计数据分析结果和风险性行为的社会现实状况，构建风险性行为的社会风险后果计算指标并进行计算，识别哪类风险性行为是社会风险。

第三，探讨风险性行为主体的风险认知。针对风险性行为的 HIV/AIDS 感染和传播后果，明确风险主体对风险行为的风险认知水平。由于 HIV/AIDS 大范围感染和传播是社会风险性行为的社会后果，因此本书将通过 HIV/AIDS 知识水平探讨风险性行为主体的风险认知。HIV/AIDS 知识水平中包含了具体的 HIV/AIDS 知晓度、传播知识、感染知识以及风险感知，可以反映出风险主体在自身知识结构中表现出的对于风险本身的观察结果。本书将比较农村大龄流动男性有过风险性行为和没有风险性行为两个群体间在HIV/AIDS 知识水平上的差异，解读知识误区和知识缺陷对于大龄流动男性风险认知水平的影响。在描述分析的基础上，将进行与社会情境相关的影响因素分析。

第四，围绕被识别为社会风险的风险性行为，分析流动人口参与风险性行为的过去经历和未来倾向，明确农村大龄流动男性风险性行为的时间属性。通过对风险性行为参与的过去经历与未来倾向的分析能够了解大龄流动男性风险性行为的时间含义，明确风险性行为参与和流动经历的关系，有助于分析流动人口风险性行为参与的需求。风险性行为的过去经历分析将关注初次风险性行为年龄所体现出的年龄特征；未来倾向将关注未来参与风险性行为的可能性。对风险性行为过去经历和未来倾向的影响因素也将进行分析探讨。本书中的主要问题和研究结论将成为婚姻挤压社会和人口流动趋势下社会治理政策的有益策略参考。

根据研究背景分析，结合本书的研究目标与研究方法，形成全书的整体研究框架和思路（见图 1 – 1）。

第八节　章节安排

如图 1 – 1 所示，本书试图通过社会风险视角分析婚姻挤压下流动人口风险性行为，包括风险性行为的类型、年龄模式以及风险认知水平及其影响因素分析等，各章节内容设置安排如下。

第一章，本书的绪论部分，首先从中国转型期人口结构变迁和人口流动现实中，论述本书的现实背景与理论背景，在此基础上，提出本书的研究问题和研究目标，进行核心概念的界定，明确整体研究思路和研究内容。

第二章，进行相关的理论综述和文献回顾：首先，针对婚姻挤压社会背景，总结当前婚姻挤压下大龄未婚男性以及一般流动男性的研究进展，明确该人群的构成、特点以及生存现状，提出本书主体人群的分析依据；其次，针对本书核心概念即风险性行为进行研究综述，总结风险性行为的类型、特点以及人群特征，提出本书风险性行为的分析依据；最后，总结社会系统论视角的含义、分析方法与应用研究，提出本书的理论依据。

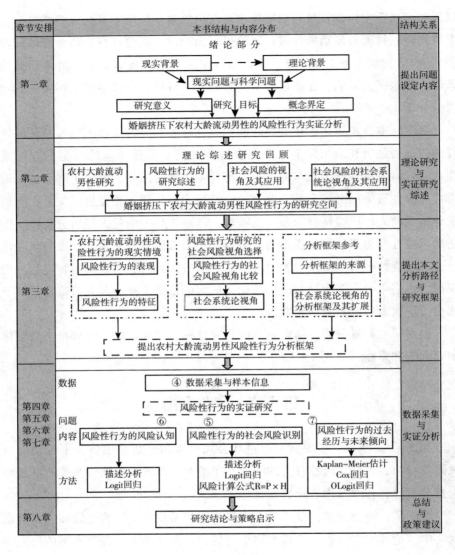

图 1-1　本书框架

　　第三章，构建农村大龄流动男性风险性行为分析框架。首先，进行婚姻挤压背景下农村大龄流动男性及其风险性行为的情境分析，讨论特殊环境下特定人群风险性行为的特征，提出风险性行为应用社会风险视角的理论需求；其次，根据理论需求，进行社会风险视角在本书中的适用性比较，确定社会系统论视角作为本书的社会风险视角；根据该视角中社会风险的研究路径与方法，总结社会系统论视角的社会风险分析框架，并进行分析框架的扩展；最后，根据扩展后的社会风险分析框架，结合大龄流动男性及其风险性行为的特殊性，进行具体操作化，提出本书中的农村大龄流动男性风险性行为分析框架并提出验证思路。

第四章，进行分析数据的工具设计与现场采集工作。调查工具使用问卷，借鉴已有的性研究问卷和相应量表，结合本书社会背景和目标人群开发量表并设计问卷；调查过程中借助笔记本电脑平台，将问卷电子化，便于个人单独答题，有助于个人隐私保护。回收数据后进行数据整理，保证数据质量，提供本书分析的基础。本章还将介绍调查样本的基本信息以及关键变量的描述统计结果。

第五章，对农村大龄流动男性的风险性行为进行类型分析，进行社会风险识别。首先，对商业性行为和同性性行为进行描述分析和纳入社会情境因素的影响因素进行分析，明确两类风险性行为的客观现状与影响因素差异；其次，根据两类风险性行为的客观现状与影响因素，结合两类风险性行为潜在的 HIV/AIDS 大范围感染和传播后果，构建风险性行为社会风险后果的指标体系，参照经典的风险后果计算公式，计算两类风险性行为的社会风险后果程度，判断哪类风险性行为属于社会风险。

第六章，进行风险性行为相关的风险认知研究，具体内容为探讨 HIV/AIDS 知识水平。首先，进行人群的 HIV/AIDS 知识水平描述分析，明确流动人口对 HIV/AIDS 的基本认知情况；其次，将大龄未婚男性与一般流动男性进行对比分析，纳入社会情境因素进行 HIV/AIDS 知识水平的影响因素对比，明确婚姻挤压下特殊人群 HIV/AIDS 风险认知与普通人群的差异；最后，根据是否参与风险性行为将农村大龄流动男性分为两组，比较不同风险参与者 HIV/AIDS 风险认知的影响因素差异。

第七章，根据被识别为社会风险的风险性行为，进行"过去—未来"时间属性分析，明确风险性行为的过去经历和未来倾向。首先，围绕风险性行为过去经历，描述农村大龄流动男性第一次参与风险性行为的年龄，总结风险性行为参与的年龄特征，进而纳入社会情境因素进行影响因素分析，判断风险性行为过去经历的影响因素；其次，描述未来风险性行为的可能性，总结农村大龄流动男性的风险性行为参与动机，同样纳入社会情境因素进行影响因素分析，判断风险性行为未来倾向的影响因素。

第八章，总结结论，在此基础上根据分析框架和研究结论，提出有针对性的大龄流动男性风险性行为防范措施，包括风险防范与治理的框架设计及其实施策略，进行与 HIV/AIDS 预防相关的公共卫生、公共健康以及社会安全策略讨论；本章还总结提炼出本书的主要创新点，同时列出本书存在的局限和研究展望。

第二章　研究综述

第一节　农村大龄流动男性研究

本书界定的农村大龄流动男性主要是在婚姻挤压下大龄未婚男性的基础上提出的，是 28 岁以上包含有大龄未婚男性的流动男性群体，目前学界还没有针对该群体进行专门研究；本节将就目前学界对婚姻挤压下的大龄未婚男性和一般流动男性及其社会风险进行研究述评。

一　婚姻挤压与农村大龄流动男性研究

（一）婚姻挤压与大龄未婚男性

中国的性别偏好在传统文化中根深蒂固，逐渐造成了社会普遍存在的性别不平等现象，人口性别结构中的男女比例失衡现象开始出现，也预示着中国未来必将出现婚姻市场上的女性缺失和婚姻挤压（Attane，2006）。在中国，婚姻挤压一直以女性向上成婚和男性经济社会资源劣势的形式表现出来，即女性往往更愿意与比自身更高社会经济地位的男性构建婚姻关系（Guilmoto，2009），劣势男性本来就在婚姻市场中处于不利地位，性别失衡在改变男女性别结构的同时，通过女性资源稀缺性法则，进一步增大了劣势男性婚姻挤压的程度（Lipatov et al.，2008），大大加深了劣势男性成婚的难度。

在婚姻挤压下，社会经济地位较差的男性群体必然在婚姻市场上成为弱势群体，成为婚姻挤压的主体人群（Attane et al.，2013）；随着年龄的增长，成婚概率大大降低，当这些弱势男性群体超过 28 岁后，成婚概率显著下降，最终成为被迫失婚的大龄未婚男性（靳小怡等，2010；Li et al.，2010）。大龄未婚男性与其他人相比，本身就由于生理、经济、家庭、环境等主客观因素而成为"贫困"人群，生活条件、发展技能以及社会交往存在明显劣势（靳小怡、刘丽鸽，2009）；他们缺乏婚姻家庭支持，心理福利和生理健康都处于较低层次（李艳等，2009）。

大龄未婚男性的经济贫困及其相关的社会资源缺乏，造成他们在成婚和发展上的根本劣势，因而经济贫困是女性缺失下大龄未婚男性承受婚姻挤压的最直接原因（靳小怡等，2010）。然而，贫困除了经济贫困之外，还存在于个人的性行为中，表现为一种贫困后果，即"性贫困"。随着婚姻挤压的深化，"性贫困"逐渐成为大龄未婚男性日益显现的弱势群体特征：由于中国社会将"性"置于婚姻家庭和人口再生产框架内（潘绥铭等，2004），近年来这种严格的关联有所松懈（黄盈盈、潘绥铭，2013），但是依然在观念上将固定性伴侣看成性行为的重要道德指标，因此无法成婚的农村大龄未婚男性将面临性压抑（张群林等，2009），表现为个人性行为层面的"性"贫困。"性"贫困不仅反映了大龄未婚男性婚姻家庭支持的缺失，更重要的是反映了婚姻挤压社会结构对经济贫困的大龄未婚男性个人性行为权利的剥夺，将经济贫困扩展到个人私生活领域，表现为"性"贫困。

（二）农村流动男性的特征

农村流动男性人群构成特征较为单一，均表现出较低社会经济地位的弱势人群特征，人群内部的差异主要表现在年龄层次差异中，体现出不同代际人群的行为与心理差异。流动人口的总体年龄趋势显现出成年化趋势，成年人是流动人口构成的主流人群，因而中国流动人口的年龄模式显现出流动人口平均年龄向劳动力年龄靠拢的趋势（段成荣，2008）。流动人口的年龄模式还表现在城市出生的第二代流动人口即新生代流动人口与第一代流动人口的显著差异，新生代流动人口虽然出生在城市，但是户籍制度的局限依然使得他们与父辈一样处于城市边缘（陈占江，2008），并且由于受教育水平、生活信息、社会资源的改善而逐渐形成有别于城市居民的小群体，在城市社会认同上与本地居民存在巨大差异（方小教，2010）。

此外，流动人口中外出务工依然以男性为主，而且绝大多数是离开配偶单独流动（韩全芳等，2005），存在个人风险参与的潜在空间。综合来看，流动人口在数量增长的同时，年龄与代际差异也逐渐显现，流动方式表现出"候鸟回巢"式的流动现象；男性流动人口在中国职业和家庭支持中的核心角色，使其与女性流动人口相比存在更大的心理和生活压力（刘越等，2010），逐渐暴露出他们的生存与发展问题。

二　农村大龄流动男性的社会风险研究

（一）大龄未婚男性的社会风险

目前，针对大龄未婚男性的社会风险主要从成婚困境、生活福利、养老与健康等方面进行分析。大龄未婚男性带来的社会风险首先是婚姻市场女性缺失下的"光棍"聚集现象（姜全保等，2010），这将会导致未来中国存在相当数量的大龄单身男性，进而给社会稳定带来影响；其次是大龄未婚男性的生活福利方面存在显著的风险因素，由于缺乏生存与发展资源，大龄未婚男性将不得不面临很差的生活条件和稀缺的发展机会，个人的心理健康水平普遍较低，也会带来一定的社会不稳定因素（姜全保、李波，2011）；最后是由于缺乏婚姻家庭支持，大龄未婚男性的养老和健康问题也是学界重点关注的领域，研究发现大龄未婚男性不但自身无法提供父母的养老支持，自己的未来养老问题也将成为社区和国家的养老负担（姜全保等，2009），特别是缺乏有效的家庭支持将会导致这一群体未来面临显著的健康风险，对社会公共健康资源提出了需求（李树苗等，2009）。

随着经济和社会发展，婚姻挤压下的大龄未婚男性因为缺少婚姻关系而具有更高的流动性（姜全保等，2010）。由于婚姻挤压，大龄未婚男性缺少婚姻配偶，这就提出了敏感的性话题。由于中国社会传统文化和道德观念依然将婚姻家庭与性行为相联系（潘绥铭等，2004），大龄未婚男性将无法获得成年人合法合理的性行为渠道，处于性压抑状态（张群林等，2009）。虽然非婚姻性行为逐渐得到社会认可，但是依然限于固定伴侣的婚前性行为或者离婚丧偶后与固定伴侣的非婚性行为（黄盈盈、潘绥铭，2013），是否具有固定性伴侣成为判断非婚性行为合法性和合理性的重要标准。大龄未婚男性是社会资源劣势群体，他们很难获得固定的性伴侣，因而仍然无法获得稳定的性行为渠道。作为成年男性，大龄未婚男性在"性"贫困下无法满足自身的性需求，对于女性的性侵犯、对于已婚家庭的负面影响以及妇女儿童拐卖等现象也有可能随之出现（靳小怡、刘丽鸽，2009）。

在目前社会情境下，大龄未婚男性的风险性行为带有叠加风险。首先，随着外在环境变化，除了一般流动人口面临的社会规范真空下的风险性行为倾向之外（Li and Cai, 2009），还面临未婚状况下家庭约束缺失导致的非婚性活动增加；其次，农村大龄未婚男性存在的性压抑也可能导致流动经历中的风险性行为增多。风险性行为带来的个人健康威胁和疾病传播风险，使得大龄未婚男性流动人口成为社会公共卫生、健康与安全领域关注的突出群体，婚姻挤压后果在弱势人群的性与生殖健康层面开始显现。

（二）农村流动男性的社会风险

农村流动男性的社会风险与当前流动人口生存所处的制度环境有关。农村流动男性的社会问题往往涉及他们作为弱势人群的生存和发展权益，大部分农村流动男性处于低端劳动力工作状况，因而在城市中属于收入、医疗和福利保障的弱势群体，他们的生存发展问题也是中国当前普遍存在的流动人口社会问题（丘珂等，2008）。由于户籍制度的存在，农村流动男性始终游离于城市户籍制度之外，无法获取城市社保与福利政策，成为"非完全"的城市化迁移人群（王桂新，2004）。这种"非完全"特点还表现在阶段性返乡现象，这与不能完全融入城市户籍体系以及无法获得城市生存条件相关。

农村流动男性的社会风险还表现在生存与发展困境及其导致的社会关系局限方面，造成该群体与其他社会群体存在冲突现象。农村流动男性很难获得与城市居民相同的待遇，因而成为城市中的边缘弱势群体（吕露光，2005）。他们与本地市民和社区交往不多，相对封闭，形成心理、文化以及行为的显著差异（吕露光，2006），社会距离和心理距离不断拉大，甚至出现流动农民工和本地市民之间的相互疏远、排斥状态（陈占江，2008）。由于社会歧视和非市民待遇，农村流动男性群体性的心理忧虑逐渐显现，行为失范成为可能，造成社会不稳定局面（张海波、童星，2012）。

（三）研究述评

本节围绕婚姻挤压下的农村大龄未婚男性和一般农村流动男性进行了研究总结，明确了对婚姻挤压社会中不同类型的流动弱势人群生存和发展现状的认识，同时也发现了目前针对婚姻挤压下农村大龄流动男性的研究还存在研究内容的扩展空间，对于性及相关的性行为风险存在一定的忽视，这为进一步关注农村大龄流动男性的风险性行为提供了研究基础。

首先，大龄未婚男性已经成为中国婚姻挤压下典型的弱势群体，面临显著的生存与发展困难。婚姻挤压是时下中国社会结构变迁和人口变迁下面临的重要挑战，而在婚姻挤压下出现的大龄未婚男性群体则逐渐成为中国弱势群体的典型代表。大龄未婚男性在生存、发展以及社会交往方面都存在劣势，直接造成该人群较差的经济困境和健康困境，而这更进一步加剧了大龄未婚男性的成婚压力，他们实现婚姻的机会更加渺茫，婚姻挤压的情况日趋严重，婚龄滞后的现象有可能最终形成终身无法成婚的困难局面。

其次，包含大龄未婚男性在内的农村大龄流动男性具备成为社会风险承担者和制造者的可能性，是社会风险研究中应该予以关注的重要群体。中国转型期的特征之一在于弱势群体成为社会风险重要的承担者，也可能成为潜在的制造者。大龄未婚男性和其他流动男性一样，都处于经济劣势和健康劣势，特别是大龄未婚男性还缺乏婚姻家庭支持，因而上述人群很容易成为社会风险直接的被冲击人群，他们在风险中的抵御能力和自我保护能力都较弱。在社会风险形势下，农村大龄流动男性将成为集中聚集的风险弱势人群，有可能出现潜在的风险后果聚集效应。而大量大龄未婚男性聚集将会在社会上出现"光棍"聚集现象，这将会成为社会和谐稳定的消极因素之一而长期存在。

最后，涉及大龄流动男性的风险性行为及其 HIV/AIDS 大范围感染和传播后果，还没有引起足够的重视。大龄未婚男性在经济贫困导致的社会生存、发展与交往劣势之外，在个人行为层面还面临成年男性性压抑现象，即"性"贫困。"性"贫困根本上源于无法成婚导致的婚姻家庭缺失，而在行为上，风险性行为就有可能成为流动进入城市后的大龄未婚男性的性行为的重要渠道，风险性行为带来的 HIV/AIDS 大范围感染和传播后果有可能是他们面临风险的重要方面，但是现有研究还未涉及如此敏感话题的讨论。与此同时，有关农村流动男性的社会风险研究已经显现出农村流动男性在城市社会中由于劣势而存在的社会风险态势，但是还没有从社会风险的角度去审视农村流动男性风险性行为所体现出的社会含义。

第二节　风险性行为研究

一　风险性行为的含义

中国是具有丰富民族文化和历史习俗的传统国家，在本书关注的"性"问题上，无论是历史上还是现实中，都存在着敏感话题的回避和淡化（闫玉、姚玉香，2013）。中国古语中的"招蜂引蝶""花柳病"等词汇都表达出了对"性"行为所牵连的风险的旁敲侧击式的描绘。因此，中国社会中对"性"话题及其风险的观点，实质上体现出了中国悠久历史传统和民族文化中在"性"话题方面存在的婚姻家庭伦理和社会伦理。

首先，在中国，婚姻家庭始终是性存在的唯一合法渠道，是中国寻常百姓直至达官贵人都唯一认可的合理实践空间。从有关史学研究中发现，无论是古代社会的三妻四妾，抑或是新社会的一夫一妻，性的婚姻属性始终存在（刁龙，2014）。随着社会逐渐开放，当前社会中对性的开放态度已经出现了极大变化，但是依然将"一夜情""婚外恋""商业性服务"等婚外性行为方式视为非常规和不道德的行为，只是随着社会发展而逐渐增加了对其的容忍程度，本质上依然未绝对否定"性"的婚姻属性。从一定程度上来看，性的风险定义也存在由于主流文化的偏见而夸大婚外性的风险后果。不过，无论是社会道德还是公共卫生与疾病防控实际数据，婚外性行为都是风险性行为后果的最主要表现途径（杨彦京，2014）。

其次，社会伦理也存在着对"性"话题的回避和漠视。社会伦理的视角主要从新中国成立后中国社会文化的发展历程来分析社会伦理中"性"的存在和广大民众对"性"的态度与看法。例如，新中国成立后的社会伦理在一开始就将"性"这一私人属性与社会形态改造中的私有制一起逐渐消除了，每个人的"性"权利与私人资本产权一起作为小我服从大我的直接体现（蒲星光，2005）。随着改革开放后社会风气的变化，人们逐渐意识到自我生活需求的重要性，因而从社会伦理层面逐渐对"性"持宽容态度。可以认为，社会伦理层面对"性"话题的关注和态度类型，本质上反映了社会大众对"性"及其所带有的风险含义的真实感受。社会对风险性行为的关注恰恰表现了主流人群的伦理价值观念中，对非婚性行为及其风险的忧虑，也是社会伦理对性风险议题的真实反映。

因此，本书所关注的"性"话题，其所具有的风险和社会含义在中国并不是新生事物，而是已存在的人类正常现象，只是由于当前转型期社会所具有的人口流动、弱势群体健康风险以及特殊的疾病传播风险，中国社会中的"性"话题及其风险议题更加复杂、急迫，需要进行学术研究和政策探讨，从而获得更加准确的认知，为应对策略提供事实参考。

二 风险性行为的风险定义

风险性行为的风险含义在于行为本身具有的高 HIV/AIDS 感染率。中国目前 HIV/AIDS 感染人群逐年递增，仅在 2008 年前九个月，全国即确认新增病例 44839 个，与此同时，共计死亡病例 6890 个（UNAIDS，2013）。HIV/AIDS 城市传播中的流动感染者日益增多，例如城市 HIV/AIDS 感染样本中超过 50% 有流动经历，而流动人口感染率更超出全国平均水平 3 倍（Zhang et al.，2013）。高传染率主要源于性传播途径，其中尤以商业性行为和男男同性性行为这两类风险性行为传播率最高，两者都由于存在多个性伴侣现象而增大了 HIV/AIDS 感染风险（Httn et al.，2013；Naik et al.，2005）。流动人口特别是男性流动人口是当前最明显的传播群体（Hesketh et al.，2006），主要源于较多的商业性行为参与（Naik et al.，2005；Peng et al.，2010）；同时男男同性性行为中的人口流动特征也逐渐强化（Chen et al.，2012）。因此，HIV/AIDS 的传播在逐渐增多的流动人口商业性行为以及逐渐显现的同性恋群体同性性行为中得到扩散，这两类行为也成为流动人群风险性行为的典型代表（Httn et al.，2013；Naik et al.，2005）。

从世界范围来看，风险性行为不仅存在于流动人口中，还广泛存在于青少年、特殊疾病人群以及老年群体中（Turchik and Gidycz，2012；Peltzer et al.，2013），风险发生的地域遍及全球，从发达国家到发展中国家均存在不同人群和不同形式的风险性行为参与，发展中国家及地区如东南亚、撒哈拉非洲以及拉丁美洲均是风险的高发地区（Schrodr et al.，2003；Stoebenau et al.，2013；Weinhardt and Carey，2000；Kobori and Visrutaratna，2007）。但是风险性行为的群体却存在一些普遍特征，例如贫困地区居民、移民群体以及性工作者等（Grau et al.，2013），都是不同社会中相应的弱势群体。因此，风险性行为的发生与弱势群体特征紧密相关。

三 商业性行为

（一）商业性行为的特征与风险后果

针对商业性行为，已有研究发现流动人口在流动中存在商业性行为参与的便利条件，流动人口在城市经历中的经济收入增加以及家庭社区约束减弱是商业性行为参与的重要条件（Fang et al.，2007）；加上流动人口聚居生活居多，商业性行为的氛围也是重要的影响条件。对于中国大部分流动男性而言，离开家乡和配偶独自流动，具备了商业性行为参与的外在条件，本身的性行为需求则是内生动力，因而一般流动男性的商业性行为就是流动环境下最主要的风险性行为类型。

商业性行为的风险含义在于，行为过程带有很高的 HIV/AIDS 和其他性传播疾病感染和传播率。与多个性伴侣保持性关系是商业性行为存在风险的最本质特征。商业性行为中存在普遍的多个性伴侣现象，从而加大了自身感染 HIV/AIDS 和其他性传播疾病的风险（Friby et al.，2011；Myers et al.，2013；Muvunyi and Dhont，2012）；与此同时，感染者也会通过与多个性伴侣保持性关系而传播疾病风险（Kaufman et al.，2007）。在中国，由于保护措施和健康服务的缺乏，商业性行为中的性工作者存在较高的 HIV/AIDS 和其他性传播疾病感染风险，因而与性工作者的商业性行为会显著增大流动男性感染疾病的风险（Yang et al.，2005；Leah et al.，2010；Fang et al.，2007）。虽然安全套能够有效降低 HIV/AIDS 和其他性传播疾病的传播率（Graham et al.，2009），但是并不能绝对消除感染风险。中国商业性行为存在风险的重要原因是弱势群体如男性流动人口参与的商业性行为大多存在于较低经济消费场所，其性工作者自身并不具有普遍的安全套使用动机，流动男性的商业性行为中安全套使用率很低（Wang et al.，2005），加之农村男性作为弱势人群的个人素质和自我保护理念较弱（Yang et al.，2012），商业性行为的 HIV/AIDS 和其他性传播疾病风险广泛存在。

（二）中国商业性行为的风险特点

中国带有高风险含义的低端商业性行为主要与参与主体的自身条件有关。在性工作者自身缺乏保护措施的情况下，流动男性自身的健康劣势决定了其无法具备足够的自我保护知识和保护理念，对于商业性行为的风险评估不足（夏国美、杨秀石，2005）。总体而言，已婚流动男性的商业性行为参与要明显少于未婚流动男性，低年龄流动男性的商业性行为参与要多于高年龄流动男性的商业性行为参与（Kiene and Subramanian，2013），但是如果考虑到流动经历，流动男性整体呈现出流动经历越久，商业性行为参与趋势越强的趋势（Yang et al.，2009），年龄并不能完全反映商业性行为参与倾向的差异。流动经历对商业性行为的影响还表现在，与经常往返于流出地和流入地的流动男性相比，长期流动在外的流动男性商业性行为参与比例更高（夏国美、杨秀石，2005），反映出家庭和社区约束对流动男性商业性行为参与的影响。

商业性行为的风险后果首先在于个人的 HIV/AIDS 和其他性传播疾病感染和传播。针对中国商业性行为参与者的 HIV/AIDS 知识调查发现，商业性行为参与者特别是流动男性对于 HIV/AIDS 认知较低，对于 HIV/AIDS 风险的判断低于其他性传播疾病，因而商业性行为参与者存在很高的 HIV/AIDS 风险，特别是商业性行为参与者主动不使用安全套保护措施的现象较为常见（夏国美、杨秀石，2005），这就失去了风险参与中最后的保护屏障。商业性行为的直接后果是流动男性较高的 HIV/AIDS 感染风险，而间接后果则是 HIV/AIDS 感染风险通过个人向社区和家庭的扩散，具备了社会风险的含义。

（三）商业性行为的社会风险含义

如果经由商业性行为获得 HIV/AIDS 感染，首先对风险参与者个人的健康造成损害，其次对其社会生存发展造成根本影响，因为当前普遍存在的 HIV/AIDS 社会歧视势必将感染者隔离于社会交往和社会公共服务之外（Puri，2006）。此外，未婚流动男性的商业性行为参与更具风险性，因为未婚男性通过商业性行为承担 HIV/AIDS 感染风险很可能在未来婚姻生活中在配偶间传递，增加了 HIV/AIDS 传播的家庭风险（骆华松、敬凯，2000）。无论是流动男性的 HIV/AIDS 感染率，或是家庭社区出现的 HIV/AIDS 风险趋势，都对于社会具有风险后果含义，因为 HIV/AIDS 传播不仅带来了直接的健康威胁，更重要的是这种目前尚无法治愈的疾病形成的恐慌和歧视氛围，使一些感染者被隔离于社会交往和社区生活之外（Hertog and Hiovanna，2007），心理和生理受到打击和压抑，心理失范、行为失范的趋势逐渐出现，也形成了健康风险之外的社会不稳定因素。

四 男男同性性行为

（一）男男同性性行为现象及特征

与此同时，风险性行为在近年来也具有了新的含义。随着性多元化社会理念的出现，同性性倾向人群即同性恋人群开始逐渐出现在公众视野，他们的"出柜"趋势同时也将这一人群的风险行为趋势带入公众视野：最新的数据显示，新增 HIV/AIDS 感染者中有超过 80% 的比例是经由男男同性性行为传播（Chen et al.，2012；Weine et al.，2013）。由于目前社会婚姻制度和文化观念中并不认同同性性伴侣的合法地位，同性性倾向群体中的多个性伴侣现象非常普遍（Naik et al.，2005），这进一步强化了男男同性性行为的高风险特征。男男同性性行为特殊的行为方式则明显增大了参与者 HIV/AIDS 感染的风险（Yang et al.，2011）。因此，男男同性性行为成为当前新出现的风险性行为类型。

针对男男同性性行为风险，已有研究发现同性性行为存在于同性性倾向的少数群体中，并不具有大众化趋势。同性性行为风险主要存在于同性性倾向人群内部，但是随着这一群体数量的增多，HIV/AIDS 感染率的升高也提出了同性性倾向的性行为风险议题。因而在同性性倾向群体中，男男同性性行为就是最主要的风险性行为类型。目前，将男男同性性行为作为风险类型识别主要存在于同性恋群体研究中（曾婧等，2007；Chen et al.，2012），但是男男同性性行为也会发生在男性聚居形式中，例如军队和监狱等（Knapp，2008）。因此，男性聚集也存在同性性行为风险的可能性，男性聚集场所或者男性数量过多集中的社会形态中，男男同性性行为也可能是重要的风险性行为类型。

男男同性性行为参与者并不都是同性恋群体，有研究就证明在性伴侣缺乏的情况下，例如军队、监狱等，男男同性性行为现象也较多（Knapp，2008），因而同性性行为并不完全与同性恋人群相联系，但是后者是男男同性性行为的最主要参与群体。男男同性性行为与婚姻的关系表现出了主流社会关系对于性少数人群的制约，同性性行为者大多数为同性恋人群，相当数量存在掩饰自身真实身份而与女性配偶成婚的现象（杨博等，2012），但是却在婚外途径进行同性性行为参与，在增大个人风险的同时，也由于家庭关系的存在而将风险扩大到家庭层面。男男同性性行为群体的高收入特征比较明显，在已有研究中也证明了同性恋群体的社会经济水平一般都较高（魏伟、蔡思庆，2012），因而农村男性的参与比较少见（Yang et al.，2011）。因为总人口中存在着同性性倾向人群的一定比例，同性性行为参与者并没有显著的年龄区分。

（二）男男同性性行为现象的社会风险后果

男男同性性行为中 HIV/AIDS 感染率非常高，已经成为性行为途径传播 HIV/AIDS 最重要的方式，HIV/AIDS 新增病例有七成以上是男男同性性行为参与者（Chen et al.，2012）。男男同性性行为最直接的风险源头是多个性伴侣现象（曾婧等，2007），由于其特殊的行为方式，HIV/AIDS 感染很容易在多个性伴侣之间传递，因而男男同性性行为群体已经成为中国目前最主要的 HIV/AIDS 感染和传播群体（Chen et al.，2012）。虽然男男同性恋者的性活动仅限于自身小群体内部，但是也存在于部分已婚同性恋群体婚姻之外的同性性行为参与（Naik et al.，2005），因而风险后果在小群体内部和家庭层面同时存在。小群体的风险累积以及家庭层面的风险扩散，最终会形成社会中明显的风险群体效应和风险扩大效应（刘慧君、李树茁，2010），因而少数人的风险行为也具有社会风险的效果。

五 风险性行为的主体特征

（一）人口流动与风险性行为

性行为的风险性在于行为中 HIV/AIDS 的高感染概率（Stein et al.，2007），因此，风险性行为的含义首先是 HIV/AIDS 高感染风险，因此，对于风险性行为的界定就需要从风险含义的区分入手，确定具体的风险含义。在风险性行为中，缺乏保护措施的多个性伴侣现象是风险性行为最常见的形态（Yip et al.，2013），这种风险形态集中表现为社会低端劳务人员如流动卡车司机、城市农民工等流动人口的商业性行为（Woolf-King，2011）。除了商业性行为，多性伴侣现象在大众人群中并不多见；不过，随着多元化性行为的出现，同性恋人群多个性伴侣问题也开始成为风险性行为重要的内涵。因为得不到婚姻关系认可，同性性行为人群往往更容易存在多性伴侣现象（Chen et al.，2012），男男同性恋人群目前具有非常高的 HIV/AIDS 感染和传播风险，进一步提高了风险性行为的风险系数。因此，多性伴侣特征的商业性行为和同性性行为，是性行为风险最具代表性的风险含义。

在中国社会，流动人群风险性行为出现了显著上升趋势，特别是城乡间流动更容易发生商业性行为，农村流动男性是当前风险性行为参与主体的主流人群（Hesketh，2006）。当前户籍制度与城市福利保障将他们排除在服务对象之外，流动到城市的农村居民逐渐扮演着城市边缘人角色，个人生命质量和卫生健康水平处于劣势（张开宁等，2007）。因而流动人口不仅在风险性行为中面临较差的风险抵抗能力，并且由于其在城市生活中的劣势地位，个人健康和卫生劣势还会进一步衍生出弱势群体风险的社会后果，成为社会风险的重点人群。

近年来，同性恋人群也显现出流动特征。同性恋人群往往受到主流观念和文化氛围压制，普遍受到排挤和歧视（Dillon and Worthington，2011），因而离开原有住所寻找同类人群是这一群体的普遍现象，这就表现为同性恋群体自身亚群体聚集的特征（魏伟、蔡思庆，2007）。另外，由于主流婚姻文化和道德规范并不认同同性恋人群的伴侣关系和家庭需求，因而同性恋者中经常更换伴侣现象非常普遍，缺乏长期稳定关系和家庭约束，个人的流动性较强（Chen et al.，2012）。因此，流动人口在同性性行为风险中也是重要的风险主体。

中国社会情境下，流动人口的风险主体角色还在于流动特征带来的疾病感染风险向其他群体甚至家庭扩散的可能性（Kincaid et al.，2011）。中国的流动人口往往来自农村地区，教育背景、经济资源和卫生条件等都处于劣势，在风险性行为中的风险抵御能力很差（Cai et al.，2013）；成为城市社会的边缘人群后，他们往往形成小群体聚居特征，与城市市民来往较少，而远离原有的农村社区的同时也失去了社区规范及道德的约束（Liu，1999），风险性行为的个人抵制能力逐渐减弱，风险性行为逐渐增多（Yang et al.，2009；Lin et al.，2005）。

（二）年龄差异与风险性行为

风险性行为由于与个人性行为生理需求相联系，因而时间属性实质上通过个人生理年龄体现出来，因而带有一定的年龄模式。首先，年轻群体整体而言要比年长群体具有更高的风险性行为参与倾向（He et al.，2006）。但是对流动人口而言，流动时间的长短对个人的影响更大，因而流动时间越早，或者第一次流动的年龄越小，则参与风险性行为的现象越普遍（Yang et al.，2012）。如果流动的年龄较大，则参与商业性行为的年龄也较大

（Yang et al.，2009）。未婚流动人口的风险性行为参与相比已婚流动人口要多，而流动人口中未婚男性的年龄层次普遍低于已婚男性（Kinene and Subramaanian，2013），因而风险性行为年龄模式还与婚姻状况有关联。此外，风险性行为参与的低年龄群体大多属于辍学外出务工者，文化程度普遍不高，因而在自我保护和风险防范上更容易承担风险后果。

年轻群体的风险性行为初次年龄也是研究界重点关注的方面。年轻群体的性行为的初次特征，例如初次性行为年龄能够显示出个体在风险性行为中的时间属性以及对未来风险参与的影响（Johnson and Tyler，2007），性行为开始年龄越晚，发生婚外性行为的现象也越少（Stein et al.，2007）；同时，性行为开始年龄越晚，性伴侣数量也相对越少（Legkauskas and Stankeviciene，2009）。低年龄阶段的风险性行为更容易加剧个人、家庭、社区层面的风险后果程度：低年龄阶段男性特别是流动男性教育和经济水平都较差，风险性行为中的自我保护和风险意识很低，增大了自身在风险参与中的 HIV/AIDS 感染率；同时，低年龄阶段男性在未来还会成婚，自身性传播疾病的感染带出了风险性行为在家庭和社区层面的传播议题；在社会层面，个人风险和家庭社区风险的累积效应会逐步显现，由于流动人口经济和健康资源劣势，他们的群体风险逐步积累进而扩散至社区和社会，成为带有社会风险含义的风险后果。

六　风险性行为的研究现状

（一）风险性行为的现实状况

风险性行为的客观研究主要是针对社会中某类人群中客观存在的风险性行为进行分析，研究内容主要包括风险性行为的产生、方式、过程以及后果，同时针对特定人群风险性行为的行为干预和教育也是重要的研究内容。在风险性行为研究领域，针对亚非拉发展中国家及地区弱势人群的风险性行为研究是该领域最主要的内容。最常见的是针对非洲生殖健康服务基础和 HIV/AIDS 高传播率地区的研究，常见于针对未婚人群、流动人群以及青少年风险性行为参与的关注（Yang et al.，2009）。在亚洲地区，风险性行为的主要研究同样针对弱势人群，如教育程度较低的青少年和性工作者等群体进行带有 HIV/AIDS 和 STIs 传播风险的性行为论述（Myers et al.，2013）。针对青少年的研究主要是从青少年风险性行为产生的原因、性行为风险方式以及教育等层面进行讨论，其中教育干预和风险预防是突出的研究关注（Li et al.，2010）。

中国作为发展中国家，同时具有世界上最大的人口数量，因而风险性行为在特殊人群中的传播也存在着重要的个人健康和公共卫生含义。中国的风险性行为研究主要集中于社会中较为常见的风险弱势人群，如流动人口，这其中包含有一般的农村流动人口，也包含有特殊人群如性工作者、吸毒人群等（潘绥铭、杨蕊，2004）。针对流动人口的研究主要集中在东南沿海流动人口数量众多的地区（张仕平、王美蓉，2006），这些地区也是风险性行为高发的地区。Xiaoming Li（2006）等学者针对流动人口风险性行为及其HIV/AIDS风险的系列研究集中讨论了中国农村流动人口在城市流动经历中的风险性行为参与，验证了流动人口在中国同样是风险性行为的重要参与者（Attane，2006）。在针对青少年的研究中，风险性行为的预防干预和教育引导是风险性行为研究的重要方向，主要是针对青少年人群特征进行分析，发现青少年教育阶段性与生殖健康教育的缺乏，进而提出有针对性的教育策略（Attane et al.，2013）。目前的研究，总体上是从公共卫生、健康教育层面进行的研究讨论，反映了目前风险性行为的学科特征，即以健康、卫生、疾病预防科学为核心，同时提出一些与卫生和疾病防控相关的卫生策略和教育策略探讨。

（二）风险性行为的主体认知

在与风险性行为相关的风险认知层面，对于HIV/AIDS感染风险的个体感知研究是主要内容。感知风险研究中主要测量与个体有关的HIV/AIDS感染风险的自我风险感知及其影响因素（Li et al.，2004），风险感知体现出了个人对风险概率直观的认识，但是并没有表现出个体对于风险现象的细化观察和认识，因而无法反映个体层面对风险的认识，也就无从判断风险主体的风险真实认知。而以HIV/AIDS知识为核心的风险认知能力则能够体现出风险认知水平的全面性，因为HIV/AIDS知识结构中包含了风险性行为类型、特征、风险传播以及风险防范的综合概念（张戎凡，2006）。HIV/AIDS知识水平体现了风险主体在风险环境下以观察者身份观察风险现象而获得的直观认识，体现出风险主体对风险程度进行观察得到的直接判断（卢曼等，2001）。

中国流动人口的HIV/AIDS认知能力普遍不高，这与流动人群本身社会阶层特征相关联。首先，中国农村流动人口来自农村地区，受教育水平普遍较低，在生殖健康和风险保护方面存在较大的知识空缺，对于 HIV/AIDS 风险的了解程度不高（Ji et al.，2007）；其次，中国现有的 HIV/AIDS 教育体系在教育系统内实施，而农村大龄流动男性中有很多人是中学教育中断后即进城打工（胜令霞，2008），因而缺乏获得 HIV/AIDS 知识和风险认知的途径。不仅如此，人口计生部门针对流动人口的生殖健康服务和风险防范有具体的实施（李孜等，2009；李孜等，2010），但是对于 HIV/AIDS 知识和风险认知还缺少专门的内容设置与工作实践，因而目前并不清楚流动人口在 HIV/AIDS 知识体系中的认知水平。

（三）风险性行为的影响因素研究

对农村大龄流动男性而言，社会经济地位、流动经历、态度与主观规范以及社会媒体信息是农村男性进入城市并受到城市环境影响后的个人环境变迁因素，也就是环境变化下的情境变化因素，因此，以上四类因素成为影响风险性行为的重要情境变量。社会经济地位反映了农村流动人口在城市经历中自身素质和条件的变化，对风险性行为参与具有显著的促进作用（Baumeister and Vohs，2012）；流动经历带来了流动人口社会环境和个人观念的变化，也能够显著促进流动人口的风险性行为（Zhou et al.，2007）；态度与主观规范是流动人口风险性行为的主要影响因素（Engquist，1992；Snyder，1976），由于社会环境变化，流动人口围绕风险性行为的态度和主观规范也会变化，因而对风险性行为产生了一定的影响；最后是社会媒体信息，这是信息时代下风险性行为独特的外在环境因素。

随着社会经济地位（Social Economic Status，SES）的提升，流动人口行为会随着外在条件的改善而变化（李伟东，2006）。在性与生殖健康层面，收入增加为参与商业性行为提供了物质支持；而社会地位的改善也可能导致流动人口更容易参与风险性行为。因而性压抑中的大龄未婚男性，流动经历中的社会经济地位改善很可能成为风险性行为的重要助推因素。然而，社会经济地位只能解释对风险性行为的部分影响，社会经济地位也可能与其他因素共同对行为产生影响。因此，有学者将社会关系等社会资本要素纳入讨论（方小教，2010），用于讨论其对健康风险的影响，因为社会关系信任、社会关系网络以及社会规范的缺乏是流动人口出现犯罪等失范现象的主要原因（韩全芳等，2005）；与此同时，社会经济地位能够帮助流动农民工改善社会资本，从而减少越轨行为的发生。在公共政策层面，针对流动人口社会经济地位变化进行应对干预也是预防流动人口行为失范的重要措施（李孜等，2009；李孜等，2010）。

流动经历被证明与流动人口风险性行为存在显著关联。中国的男性流动人口大部分离开配偶子女单独流动，虽然并不是独自居住，但基本上与同乡或工友集中居住，在缺乏家庭约束和社区规范的情况下，个人行为自由和随意程度会显著提升，商业性行为现象逐渐增多（Leah et al.，2010；Fang et al.，2007；Kiene and Subramanian，2013）；另外，进城务工的男性流动人口正当壮年，生理需求也是他们在离开配偶过程中主动寻求商业性行为的现实原因（Kiene and Subramanian，2013）。因此，有过流动经历的男性，一部分已经有过商业性行为经历，在持续流动中，反复参与风险性行为的现象将持续出现（Lin et al.，2011）。在同性性倾向的男性中，原有社区由于道德约束和家庭束缚，他们的同性性行为风险受到限制；而在经历流动后，随着小群体认识人数的增加，大大扩大了个人交往范围，同性伴侣关系具备更多的选择，因而增大了同性性行为风险（Chen et al.，2012）。具备较多流动经历也意味着男性同性恋者有了广泛的社交网络（魏伟、蔡思庆，2007；杨博等，2012），因而同性性行为风险概率显著增加。

风险性行为的外在环境影响首先是特定环境下形成的个人对于风险性行为的态度。对于风险性行为持有认可态度，其自身参与风险性行为的现象较多（Lormand et al.，2013；Kirby et al.，1994）。态度涉及对于具体风险的客观态度与主观认同，例如认为商业性行为或多个性伴侣属于正常现象的流动人口，其自身参与商业性行为的概率显著增大（Shrestha et al.，2013）；而对于商业性行为具有参与意愿的流动人群，一般都具有商业性行为参与历史（Liu et al.，2005）。与此同时，与环境因素相关的主观规范也是风险性行为的重要影响因素，主观规范反映了周围人群对于风险性行为的具体看法，代表了周围环境对风险行为的认可度和对个人的影响作用（Kobori and Visrutaratna，2007），主观规范越强，周围人群参与风险性行为的现象也越多。主观规范既有直接的态度表达，例如周围人群对商业性行为持否定态度则反映了主观规范对商业性行为的抵制作用（Nagayama et al.，2005）；也有间接的态度表达，例如周围人群参与商业性行为数量的多少也能够在一定程度上反映商业性行为的主观规范（Nagayama et al.，2005）。

随着社会媒体和网络信息的日益发达，色情信息传播成为风险性行为的重要促进因素，越轨行为信息成为社会行为失范的重要影响因素（王勇，2010）。中国的调查数据显示，男性人口的色情录像接触一般都显著高于女性人口（Njue et al.，2011），色情信息对于男性人口的行为影响也比较明显，看过色情录像的流动男性参与商业性行为的概率更高（Attwood，2005）。另外，男性流动人口离开家庭和配偶独自流动，生活孤独，与城市社区的隔离状态也减少了社会交往机会，因而对色情录像和信息的接触逐渐增多。而目前的手机通信和网络信息的传递方式与速度都更加简洁，即使作为弱势人群的流动人口也能够接触到相关信息，因而也在一定程度上激发了个人生理需求，加之流动过程中受到的约束较少，个人风险性行为参与会显著增多。

七　研究评述

风险性行为的研究主要集中在公共卫生学视角下的分析，特别是针对流动人群和青少年风险性行为的研究构成了目前风险性行为的研究重点。整体而言，风险性行为的研究关注社会中处于性与生殖健康弱势地位的弱势人群，是针对风险人群和特定风险类型的研究。不过，当前的风险性行为研究大部分依然处于公共卫生学科，缺乏公共管理学科的探讨。

首先，风险性行为形成了成熟和完善的研究范式。风险性行为主要关注可能导致高 HIV/AIDS 个人传染风险的性行为方式，例如与多个性伴侣现象相关的商业性行为、同性性行为等；随着研究人群的扩大，风险性行为研究也逐步形成了完善的调查研究路径和问卷内容体系，风险性行为的衡量标准也日趋成熟，成为社会科学与社会医学领域重要的研究主题。

其次，风险性行为研究突出了流动人口和青少年研究特点。一是流动人口风险性行为，国内外相关研究中主要讨论流动人口特别是流动男性的风险性行为，这源于流动人口所具有的社会经济地位劣势以及高 HIV/AIDS 感染率的现实。二是青少年是风险性行为的另一个关注重点，主要是因为青少年在青春期内存在较高的风险性行为参与意识，很多源自对性的无知或者不良信息引诱。这两类人群构成了国内外风险性行为研究的主体。

再次，随着社会结构变迁与人口变迁，针对中国当前人口结构变迁下的风险性行为研究还不多见。中国特殊的环境体现为农村地区的婚姻挤压现象；当大龄未婚男性与其他农村男性一起进入城市并成为流动人口后，还不确定是否与其他流动人群一样会参与风险性行为。由于性压抑，这部分人还很可能具有更高的风险性行为倾向，因而也将面临更高的 HIV/AIDS 个人风险，并面临 HIV/AIDS 大范围感染和传播的社会风险。因此，针对婚姻挤压下的流动男性人群，应该进行风险性行为的具体探讨，在当前中国社会环境下讨论风险性行为的社会风险含义。

最后，风险性行为研究在学科范式上存在一定的局限，具备进一步从公共管理学科和社会风险视角进行分析的拓展空间。风险性行为研究的范式和路径多种多样，但是基本都是围绕健康议题展开，无论是从社会学、人口学还是公共卫生与社会医学等角度，都体现出人群健康分析的特质。但是，风险性行为带来的高 HIV/AIDS 传播率并不是单纯的个人健康或群体健康议题，也是社会的公共安全议题。由于 HIV/AIDS 难以治愈，HIV/AIDS 患者和传播不仅带来公共卫生问题，也带来相关的社会关系、社会交往等家庭社区议题，具有了公共性质，因而也需要拓宽学科思维，从风险性行为的社会风险含义分析中，找到有针对性的公共管理策略与实施路径。

第三节　社会风险的主要视角及其应用

一般意义上的社会风险是指由于社会发展过程中，某一领域出现风险事件，风险后果在该领域扩散直至放大到社会层面的风险，是风险的社会后果（Ganatra，2008）。社会风险与自然客观因素存在关联，例如自然生态风险导致的自然风险是人类社会发展进程中始终经历的风险形式。随着社会发展全面性的加强，社会风险愈来愈体现出社会结构、制度、文化以及与人群变化相关的特点，社会风险的产生、形式和后果都与人类社会发展息息相关（Guiloto，2009）。

处于转型期的社会结构，中国的社会风险研究更加具有针对性和具体性（张华、赵海林，2008）。张海波对转型期中国社会的风险分析证明了社会风险本质上来源于现代化过程（张海波，2006）。转型期社会中，社会结构变迁也引发了弱势群体生存与发展面临的风险，其中包含了人口流动及其相关的弱势群体生存与发展议题。从弱势群体权利视角来看，权利上的弱势地位也直接导致了弱势群体在社会风险中的弱势地位（张海波、童星，2012），而弱势群体的风险聚集效应最终会导致社会风险，成为社会公共管理议题（张海波，2006）。因此，针对转型期社会风险等治理研究也成为中国社会风险研究的重要领域，也带出了公共政策在风险治理和公共福利促进中的角色问题，公共管理和公共政策必须提出有针对性的治理策略和防范体系（杨雪冬，2006）。因此，社会风险理论是诸多社会研究视角针对社会风险进行分析的综合体系，涵盖了多样性的视角，形成了一套风险研究范式。

总体而言，西方学者最早从制度和文化视角进行社会的风险来源与风险后果分析，而建构学派则从社会主体即人的角度出发，分析社会风险的感知与对策；随着近年来中国转型期社会发展复杂程度的增强，风险因素也孕育其中，学者们也从多个领域进行风险观察和对策讨论，主要代表性的视角包括了社会风险的放大视角、风险分析的跨学科视角以及社会风险的全球化视角。

一 制度视角及其应用

社会风险最早出现于乌尔里希·贝克提出的"风险社会"概念，贝克（2004）将传统农业社会在工业化发展进程中出现的现代化问题视为社会发展中不可避免的社会情境因素（贝克，2004）。在他看来，社会风险的含义在于科技改变自然和人类社会所导致的消极后果的不确定性，具有潜在的发生概率，是社会安全和社会危机之间的过渡阶段（贝克，2012）。与贝克相类似，安东尼·吉登斯同样将制度分析作为起点，将现代社会发展中的制度缺陷视为社会发展的不确定因素，并认为由于乡村社会与现代技术发展在制度层面的冲突从而出现社会风险趋势（吉登斯，2000）。吉登斯进一步扩大了社会风险的外延，他认为社会风险经过最初的自然灾害与技术风险后，风险的原因、形式以及后果都将逐渐从外部性的环境风险过渡到人为因素下的制度性风险（吉登斯，2000），风险具备了社会发展含义，就成为真正的社会风险。制度视角下的社会风险，往往被看作一种可以测量的风险发生概率，运用统计学或通过公式量化得出；同时也被看作影响社会大众人群和社会发展的危机后果（吉登斯，1998）。

中国社会风险研究学者的研究分析一般都结合了中国特有的转型期特征，因而社会风险的制度视角较为常见，其关注中国转型期面临显著的社会结构调整和阶层分化，认为风险形成的原因很多，潜在风险变量丰富，任何变革要素都会构成社会风险源头（Krimsky，1992），特别是制度缺陷是首要风险要素，弱势群体便是首当其冲的风险应对者。从近些年中国社会风险的爆发趋势可以看到，三聚氰胺事件、松花江污染以及"非典"爆发等社会风险中，都体现出社会制度体系的滞后与不足，风险爆发后最大的脆弱人群也是风险预防和应对能力最差的弱势群体（杨安华等，2012）。从社会风险的含义中，可以总结出中国所面临的重大社会风险主要有五类，包括了自然灾害、生产事故、公共卫生、社会安全、经济风险等（张海波，2007），这五类风险主要源于转型期社会制度变迁带来的社会冲突和不适应，各种社会矛盾也为社会风险的出现提供了社会基础（滕尼斯，1999）。发端于西方的社会风险理论是以西方社会技术革命发展带来的社会变革为根本假设，进而从技术风险预防和治理角度进行风险治理理论探讨（Lupton，1999）。然而，中国现代化进程与西方截然不同，在人口结构、社会结构以及公共管理体系等方面都经历了变革与发展，因而中国的社会风险具备转型期社会独有的特征。

二 文化视角及其应用

有别于制度视角，斯科特·拉什（2002）则从文化视角进行社会情境因素分析，认为自然风险和技术风险虽然是社会风险的最直接来源，但是本质上来看是由于社会结构在环境变迁和技术革新过程中的不适应，需要从人类整体的发展中分析社会风险含义和后果（斯科特拉什，2002）。从这一点上看，社会风险更重要地表现在非制度性的社会运行要素中，例如文化，是社会发展中组织、机构以及个人都需要予以面对的可变因素。社会风险是现代人心理观念以及价值观对社会结构变化的心理失范造成的，道格拉斯（Douglas）（1982）和维达斯基（Wildavsky）（1982）就将现代社会的风险分为社会等级制度变革导致的社会政治风险以及市场竞争法则下的经济风险（Douglas and Wildavsky，1982），反映出了人们心理观念、思维习惯等对于现行社会结构变化导致风险的担忧，带有经济属性、社会印记以及文化导向，成为联合国组织界定全球社会风险的"风险"定义（Douglas，1986）。

社会风险的文化视角更多关注转型期社会中文化变迁带来的社会主体生活方式变化，特别是不同社会主体由于文化差异造成的社会冲突和矛盾。例如，关于流动人口社会风险的研究就指出，流动人口的行为方式和文化理念就带有二元化社会结构的文化惯性（李伟东，2006）；流动人口的生活方式往往也容易形成相对的封闭状态，这种社会隔离现象也成为其承担社会风险后果的直接原因（王梅，1995；郭星华，2000）。社会隔离状态下不仅形成了流动人口弱势群体特征，也造成其在疾病传播、自然灾害、突发公共事件等风险中极具脆弱性，很容易成为风险的直接承担者（刘鸿雁等，2004；张雪筠，2007a）；同时，小群体社会隔离还会催生出社会归属感缺乏以及自律性减弱现象，进而出现社会隔离群体的行为失范和犯罪现象（武晓雯，2010；张雪筠，2007b）。因此，流动人口不仅是社会风险的直接承担者，也是潜在的风险诱发因素。中国流动人口在城市中的脆弱性是他们成为社会风险主体的最本质特征（吕露光，2005）。由于社会融合程度低，流动人口与本地市民和社区交往不多，相对封闭，形成文化心理以及行为方式的显著差异，社区之间、社群之间的矛盾冲突时有发生（吕露光，2006）。弱势群体和阶层的集聚效应会形成群体性的心理忧虑，更可能发展成为群体性的行为失范，造成社会不稳定局面（胜令霞，2008），甚至出现流动农民工和本地市民之间的相互排斥状态（陈占江，2008）。

三　建构视角及其应用

在客观分析社会风险的同时，社会风险的建构视角同样关注转型期中国社会主体自身对社会风险的认识。建构视角认为社会风险带有很强的社会建构特征，风险危害的产生有赖于个体行为人的实际参与和反馈，因而多以风险感知等主观因素研究居多（Thompson and Wildavsky，1982）。近年来的社会风险研究主要注重风险理论的建构，集中于对社会安全事件的分析及其风险后果的评价（吕孝礼，2012）。在具体的风险类型识别上，有学者根据中国社会现实构建了适用于中国社会情景的社会风险度量指标体系（宋林飞，1995）；与此同时，一些风险指标体系设置能够用于构建社会风险预警的评估模型，从而为社会风险识别提供实证基础（陈远章，2008）。但是，随着中国社会发展和结构变革，新的社会问题不断出现，传统的面向社会固定构成要素的风险指标体系不能够涵盖新的社会发展领域，例如人口性别结构变迁下的性别失衡局面以及疾病传播驱使下的公共卫生挑战等（马晓红，2006）。目前，社会风险的认知研究是建构视角较为多见的理论应用，特别是针对中国城乡差异，社会风险认知研究主要讨论农村地区的社会风险认知与城市存在的显著差异，突出了农村社会风险认知水平的劣势（谭磊，2003）。因此，城镇化发展战略中，农村的群体脆弱性还会随着人口迁移向城市扩散（陈占江，2007），成为城市中社会风险规模和范围扩散的重要桥梁，缺乏对风险的必要感知将大大增加农村风险人群在城市生活中的风险概率。

四　风险放大视角及其应用

风险放大理论（Theory for the Social Amplification of Risk）是罗杰·卡斯帕森（R. Kasperson）分析风险传递及其社会后果的理论学说，风险放大理论将风险存在与社会制度和规范体系相关联，引入风险人群对风险的主观感知，提出风险心理因素、社会因素以及制度规范因素会通过社会结构对风险的影响，加强或者削弱风险主体对风险的感知，从而形成风险行为的固化进而强化风险的含义与影响（罗杰等，2005）。社会风险放大视角的分析将某一领域的风险因素纳入宏观社会情境分析，提出了特定风险对社会环境的影响，同时社会环境也会通过主观和客观因素造成特定风险范围和主体的扩大，最终形成社会含义的社会风险（刘慧君、李树茁，2010）。风险放大理论提出了社会风险的扩散问题，明确了社会风险的演化过程，对社会风险的原因、作用机制及其潜在后果提供了分析路径（刘慧君、李树茁，2010）。

社会风险放大视角也是近年来社会风险研究的主要路径。由于社会风险后果表现为社会公共政策在面临风险和危机时的滞后性，因而公共政策在社会风险环境下成为一种被动应付的政策局限。风险后果还具有普遍性特征，一些制造风险的机构或者个人虽然可以暂时远离风险源，但是最终都会受到风险波及（杨雪冬，2006）。在风险社会下，任何团体和个人都不能脱离风险而独善其身，社会风险最先伤害弱势群体和弱势人群，但是最终会形成风险累积效应而逐渐成为社会风险（赵华、陈淑伟，2010）。在具体放大过程中，首先是社会风险会带来个人理念和行为的变化，弱势群体将可能出现心理上的社会焦虑和行为上的行为失范从而表现为个体、群体的失范行为（张海波，2006a）；由于社会中群体风险具有的外部性特征，因而弱势人群也会经由较差的风险预防能力而成为风险主要受众进而成为风险人群，随着数量聚集和风险后果的积累，逐渐形成带有影响社会他人的公共性特征（张海波，2006b）。群体风险的外部性逐渐发展变化最终形成影响社会其他人群和整体利益的社会风险事件，而现有制度无法有效应对则成为风险放大的重要因素（于建嵘，2009）。

五　跨学科视角及其应用

多学科综合分析是中国社会风险研究者较为重视的社会风险理论视角。

童星和张海波等学者针对中国转型期社会的复杂性，提出社会风险不仅表现为自然灾害和工业技术风险的危害，也包括公共卫生与公共安全突发事件的破坏性后果，还包括社会结构的变化和阶层分化导致的社会群体矛盾与冲突等（张海波、童星，2012），因此跨学科可以提供多领域交叉的分析框架与研究范式（童星、张海波，2009），提供社会风险的有效治理。基于综合视角的社会风险定量研究就是超越了学科界限，将不同领域社会风险要素进行测量，提出了社会风险量化指标的研究实践（胡鞍钢、王磊，2006）。李强等针对中国快速城市化下的社会风险议题，也从综合视角分析社会风险的形式和类型，提出社会风险所包含的人口、经济、环境、技术以及制度规范等学科内容，构建了城市社会风险的综合分析框架（李强、陈宇琳，2012）。跨学科视角不仅提供了社会风险分析的多元视野，更提供了针对不同风险类型进行治理和防范的公共管理应对路径，提出了具备针对性和适用性的社会风险管理模式和公共政策应对策略，具有解决现实挑战的问题导向（张海波、童星，2009），这也是中国社会风险研究的特色之一。

面对中国当前复杂的社会转型过程，从制度、文化或者某一群体进行社会风险的分析存在一定的局限性，因而近年来从跨学科视角出发的社会风险研究提供了更加宽泛的路径。在跨学科视角下，社会风险及其社会后果的研究与中国转型期社会变迁、人口变迁以及制度变迁相吻合，认为社会风险带有转型期的社会发展印记（范广垠、童星，2012）。由于社会变迁的复杂性和多样性，社会风险是社会经济发展不协调和社会分化的必然结果（宁夏，2009），某一领域的社会风险还会由于社会尚未完善的防范体系和弱势人群而得到放大和扩散，造成新的风险后果进而威胁社会整体发展（Krimsky，1992）。因此，中国的社会风险是包括社会经济发展问题、制度体系建设、公共政策需求以及技术和自然灾害在内的风险集合（张乃仁，2013），在方法论上也需要从经济学、政治学、社会学以及管理学等学科进行交叉分析，获得对社会风险更加全面的认知（张海波，2006；吕孝礼，2012）。

跨学科视角不仅拓宽了分析风险的视角，还进一步提供了解决风险的策略。例如跨学科视角在分析风险本身的基础上，有学者引入公共管理学科路径，提出构建具有系统性特征的整合治理模型和社会风险整合治理机制，能够提高风险防范能力（张云昊，2011）；也有研究认为社会风险的政策干预离不开政府干预治理，政府应该主导社会形成必要的风险应对能力，发挥维护公共利益的积极角色（赵华、陈淑伟，2013）。由此看出，跨学科视角特别是公共管理理论与实践在社会风险防范和干预中能够促进风险认知的提升，促进社会各个系统之间的相互影响从而减少风险对社会的冲击和损害，是现代社会体系应对社会风险的有效举措（张海波、童星，2009）。

六　全球化视角及其应用

在全球化背景下，各个国家和地区社会在发展中还会面临社会风险的全球化现象，最具典型的即为自然生态风险导致的环境议题，已经成为国家社会进行风险治理与预防的重要合作领域（王斌，2010），社会风险体现出了全球性危机及其破坏后果，社会风险的跨度和含义都大大加大了。全球化视角下的社会风险及其危机后果，为中国在逐步国际化和全球化过程中应对社会风险提供了理论视角和路径参考，扩展了社会风险问题的外延，提升了社会风险问题本质的分析和探讨（王磊，2009）。全球化不仅从生态危机等宏观层面表现出国家地区间的社会风险相关性，也体现出了对社会风险微观元素的影响，例如全球化金融危机及其风险后果在形成国家层面经济发展危机的同时，还进一步影响了基层农村社区及家庭的风险应对策略，构成了乡村经济和家庭发展的困境（胡玉坤，2012）。

全球化视角的应用研究常见于关注跨国性的社会风险议题，例如区域性的生态危机和自然灾害扩散（王健，2014）；也有学者从热点地区国际冲突导致的难民危机和资源危机入手，探讨环境冲突导致的人道主义灾难及其社会风险含义（冯志宏，2008）。随着世界经济一体化的加深，国际经济危机导致的风险后果也会扩散到本国境内，因而也就催生了从全球化视角分析本国社会危机的实践探索（胡玉坤，2012）。针对中国在国际社会角色与责任的增强，因此有学者建议应该从全球化背景下的社会发展现实入手解决国内出现的社会矛盾与冲突，从全球化视角探索社会风险的解决路径（王磊，2009）。全球化视角的分析可以将本国社会风险的现状与全球化发展趋势相联系，反映了社会风险国际趋势，为国际合作解决社会风险提供了理论和实证研究参考。

七　研究述评

本节是对社会风险理论及其主要研究视角的总结。社会风险理论体系中的各个视角各有侧重，都是针对风险及其社会后果进行分析的理论参考和分析路径借鉴。在形成完备的理论体系和成熟的实证研究范式基础上，社会风险的诸多视角也存在一定的扩展空间。

首先，社会风险视角是一项综合的理论体系。社会风险研究起源于西方，最先伴随着工业革命和科技革命兴起后给社会带来的制度变革而出现，主要是围绕社会制度变化过程中出现的自然、生态、技术风险而出现的理论探讨和应对策略分析；随之出现的文化视角和建构视角，逐渐加深了对社会风险中社会结构之外的元素包括文化和社会主体在风险中角色的认识；国内学者的社会风险也从社会风险放大视角和跨学科视角进行了针对性的解读。因此，在当前转型期的中国，社会风险是伴随着转型期矛盾而始终存在的，社会风险理论体系和各个不同的研究视角为分析转型期社会问题提供了理论支撑和实证分析路径。

其次，社会风险的不同视角在分析具体问题中存在局限性。制度视角关注宏观风险事件和相关因素，重点在于发现导致社会风险产生的宏观制度，因而容易忽略微观个体在社会风险和制度中的主观能动性；文化视角虽然关注社会文化氛围，但是却过于强调社会非正式制度因素带来的社会风险；建构视角则围绕主观能动性假设进行风险分析，但是主观意愿与实际风险的发生并不是绝对关联的；社会放大视角最大的问题在于放大的具体形式很难准确测量，用于实证研究的操作性问题是难点。由于中国社会问题的复杂性，跨学科视角具有很好的理论应用价值，但是如果针对具体环境下的具体问题分析，跨学科视角依然显得过于宽泛；全球化视角的分析更多关注宏观层面带有国际化趋势的风险类型，涉及本国特殊人群和特定风险的研究，全球化视角并不适用。

第四节　社会风险的社会系统论视角及其应用

有关社会风险的分析理论中，有别于一般范式中从风险源、风险主体再到风险后果的因果链条路径，社会学家卢曼提出了从系统论看待社会风险的独特范式，即社会风险的社会系统论视角。从社会系统论的风险定义中，可以看到卢曼将风险看作社会中存在的系统在与外界环境进行沟通过程中产生的矛盾和冲突（Luhmann，1993）。社会系统的构成大到社会生活与运行中形成的宏观组织体系，也包括社会个体集中的组织机构构成的组织系统，而微观层面人与人之间的交往和相互关联也是一种以沟通（communication）

为核心的系统组成（Luhmann，2013b）。因此，社会风险的形成，本质上是社会系统在生存和发展过程中与外界环境进行沟通中出现的矛盾和冲突。

一　社会系统论及其社会风险分析路径

（一）社会系统的构成

在社会系统论视角下，社会中存在的风险与社会组织、人群等存在直接关联。社会中的系统分为三种类型，即社会系统、组织系统以及人与人相互关系构成的社交网络或者人群（Goroddeck，2011）。首先是宏观层面的社会系统，包含了社会运转所涉及的所有领域和主体，是与自然系统相对立的系统组成，也是社会系统最宽泛的含义（Morner and Krogh，2009）；其次是组织系统，是社会中某一领域存在的机构如公司、团体等，体现了社会运行中宏观概念中具体的子系统，这种组织系统的运行往往与正式制度和非正式制度的形式构成系统的运行风险（Schnebel，2000）；最后是社会交往中人与人之间的相互关系也会构成一个系统，这个系统往往是由相同类型的人群构成，具有一定的人群特征和行为特质，表现出带有人为特质的系统性（Luhmann，2013b）。因此，在社会系统构成中，由特殊人群构成的团体也成了社会中重要的系统组成，并且因为人为因素的多样化和主观能动性，这个系统更加复杂（Maria and Berglmair，2008）。图 2 - 1 是在已有研究的社会系统定义基础上加入社会人群特征后，总结出的社会系统构成链条。

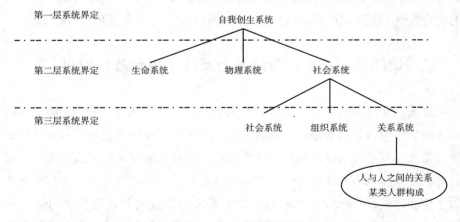

图 2 - 1　系统的构成

资料来源：改编自 Luhmann 关于社会系统的界定（Luhmann，2013b）。

系统的特征首先表现在系统的自我封闭性，即系统内部形成固定和排外的运行规则，或者表现为组织制度与组织文化（Luhmann，2012），或者表现为某类人群的人群特征与行为规范（Luhmann，2013a）。对于特定人群系统而言，系统的封闭性更加直观，例如某类人群共有的属性与特征决定了该人群系统在社会体系中的地位和特点，也决定着该人群系统日常的行为方式和态度理念，这些特质都将该人群中的每个人与社会体系中其他人群相区隔（Silva et al.，2008），例如弱势人群就构成了一个典型的自我封闭性的人群系统。

其次系统特征还表现在系统的自我创生特质方面，即系统内的行为规范和态度理念都是该系统人群自发形成的共有事务，虽然带有外界环境催化的影响，但本质上是系统内部成员自发形成的（Johnson，2008）。因此，当涉及系统存在的风险议题时，风险的产生往往与系统本身需求存在直接关联，例如农业系统内存在的粮食危机不仅与外界环境有关，农业产业自身的发展和需求问题也是风险产生的本质原因（Noe and Alrøe，2014）；相同的例子也存在于健康议题中，社会系统论视角将公共健康看成社会中人群构成的系统，这个系统分为社会健康、生理健康以及心理健康等子系统（Pelikan，2010）。

（二）社会系统存在的风险

社会系统的一个突出特征是系统内部存在的"自我创生"（autopoietic）特点，使得社会系统论视角下的社会风险有了新的定义：首先，在风险源上，系统内部自身需求是社会风险形成的基本假设（Koskinen，2013），因而社会风险成为社会发展中的一种必然现象；其次，系统内部的"自我创生"特点也会受到外界环境影响，因而社会风险的产生也会由于社会环境的变迁而出现变化（Luhmann，2012）。系统的这种特性反映出既开放又封闭的特征，即系统往往由于封闭性而成为带有某种特征的组织或者人群（Luhmann，2012），同时系统的开放性又将系统内部的封闭性导致的问题通过系统与环境的沟通而扩散出来（Luhmann，2013a），成为社会问题，这也成为社会系统论视角下社会风险形成的重要理论依据。

社会系统存在的风险事件最直接的后果是对系统本身的伤害和影响。最直观的社会系统风险是近年来较多提及的社会与环境之间的风险议题，社会系统的风险在于环境变化带来的自然生态风险。但无论是何种形式的风险，都是社会系统自身需求直接或间接导致的风险因素（Callaghan and Luhmann，1998）。社会系统的这种自我创生特性是自身需求包括风险需求的最直接原因。因此，社会系统的风险，虽然也与外界环境变迁有关，但是这种风险最源起的因素，实质上是系统自身的需求所致。

对于人与人之间相互关系构成的人群系统，由于人的主观能动性，人群系统的自我需求更加持续和多样（Becker and Haunschild，2003），因而系统的自我创生特性会诱发风险因素。人群系统面临的风险，实质上与系统的封闭性和开放性紧密相关。人群系统的封闭性显示了某类人群相同特质构成的人群特征，这种特征一般具有排他性，因而人群系统的封闭性也形成了这类人群与社会其他人群相区隔的状态（Koskinen，2013），例如弱势人群与主流人群的社会隔离，或者流动人口与城市居民的社会隔离。自我创生导致的风险需求也与某类人群由于某些弱势地位导致的资源稀缺相关，例如公共卫生领域，每个人构成健康系统面临的风险，与具体个人在资源稀缺下的风险行为直接关联（Pelikan，2010）。人群系统的开放性也会导致风险的产生。开放性显示了社会系统与外在环境存在无处不在的相互沟通和联系，构成了风险的外在激化因素（Maria and Berglmair，2008）。风险源自系统自身需求，又在系统与外在环境沟通过程中受到影响（高宣扬，2005）。

（三）社会系统论视角下的社会风险分析路径

社会系统论视角下的社会风险，可以通过系统性的二阶段观察进行分析。其中，一阶观察是研究者根据社会现实对社会风险进行客观现状分析；二阶观察则是研究者不再直接观察风险，而是通过观察风险主体如何观察自身的风险程度，即研究者观察风险主体的风险认知，从而获得对社会风险主观层面的认识（Luhmann，1993）。因此，社会系统论视角下的社会风险还有着系统化的分析路径，包括主观分析和客观分析。在主观分析和客观分析的基础上，社会系统论视角下的社会风险分析还带有"时间"属性的纵向系统分析特点（Baralou et al.，2012），对于风险的分析不仅要关注某一时刻的风险状态，还要关注风险的过去经历和未来趋势，从过去、现在和将来的纵向链条观察风险（Nobles and Schiff，2014）。对于风险的观察分析，社会系统论视角认为当下讨论的风险是已经发生过的风险，展示出风险的历史维度，是过去时态的风险形式，因此在风险的代表性上存在局限（Kestrom and Andersen，2003）。因此，需要从风险的时间属性切入，从过去和未来两个方面来判断风险的真正含义（Callaghan and Luhmann，1998），体现出社会风险的系统性认知路径。

因此，卢曼提出的社会系统论视角中，把风险的形成看成个人行为加总进而成为系统行为的过程，系统行为代表了系统内个人行为的集合（Koskinen，2013），因而在系统内个人风险的基础上提出了系统整体的风险具有的社会含义。社会系统论是卢曼对贝克的风险社会定义的全新解读，扩展了贝克等人从制度主义视角下解释社会风险的视角。有别于制度视角将社会风险看作技术与工业社会运行过程中客观存在的特质，卢曼认为社会风险是社会系统内自我创生导致的必然存在，系统的封闭性使得风险效应首先得以在系统内累积，进而通过与社会结构变化存在的关联，在系统的开放性特征中逐渐转化为社会风险形式（焦瑶光、吕寿伟，2007）。因而社会风险带有社会结构变化的必然性，研究应该关注决定风险运行的结构性因素，从社会系统论视角审视社会风险内涵（Messner，2014），将"设定差异或区别作为认识一切现实建构开始时的决定性因素"（秦明瑞，2003）。

二　社会系统论的研究应用

（一）国外社会系统论视角的研究应用

国外对社会系统论的应用研究主要集中于管理科学和组织科学领域。在卢曼的社会系统论体系中，系统的定义被分为物理机能系统如每个人的生理系统，组织系统如公司和协会，以及人与人之间相互关系构成的关系网络或者群体如特定人群（Luhmann，2012）。Nassehi 在分析中发现，如果将组织运行看成一个系统，则组织在管理过程中的决策活动就是一个系统沟通的过程（Nassehi，2005）。在决策的每个阶段，区分都构成了决策的先决条件，包括了区分决策内容、决策目标以及决策主体等。如果将一个社会组织运行看作一个社会系统，在系统内部的每个单元，或者是人，或者事物，都涉及彼此在系统内的沟通和交流从而实现知识和信息的创新。因此，组织作为一个社会系统，无论是决策活动、知识创新或者信息交流，沟通都是组织成员在组织内外所有活动的必要途径（Seidl and Becker，2006），是社会系统具备生命力的必要元素。同样，如果将社会赖以运转的法制系统看成社会系统，社会系统论视角同样可以用于探讨法制系统在运行中的问题（Heinze，2003）。

社会系统的定义中包含有人与人相互关系构成的社会网络或者人群，因此一些研究也针对某类人群进行了社会系统论的应用，例如，针对不同文化的比较研究中发现，每个文化的主体构成了特定的文化人群，形成了一个既封闭又开放的系统，封闭在于本人群文化对外界文化的排他性和隔离性，而开放又显现出本人群文化与外界环境不可避免的信息沟通（Dievernich，2014）。根据社会系统的定义，系统具有的自我创生特质也从文化发展中显现出来（Dievernich，2014），因而持有某类文化的特定人群所构成的系统，在文化层面以社会系统的特质运行。与此相类似，某类人群构成的职业组织也成为一个特定的社会系统，这个系统兼具社会系统定义的组织属性和人群属性，人群在组织内的行为趋势与组织对人群的行为规范显示出了社会系统在自我创生下运行的规律（王奇，2008），这也体现出由人群构成的社会系统的封闭与开放。

（二）国内社会系统论视角的研究应用

国内学者对社会系统论也进行了理论应用研究。与西方学者一致，国内学者最先也从系统的直观定义出发将社会系统论视角引入组织和管理研究领域。例如将公司董事会成员看成公司内部一个独立的社会系统，董事会对外部的信息发布和内部的信息上报都可以看成系统与外界环境进行的沟通（刘力刚、霍春辉，2004）；也有学者直接将企业组织作为社会系统，观察企业运行过程中信息交流和沟通对企业的作用（李秉文、付春香，2012）；在行政学与管理学领域，社会发展的整体宏观框架更能直观地看作一个社会系统，其中的经济、社会、生活以及法律等架构构成了社会系统内部不同的子系统。面对城乡二元化发展的困局，社会系统论为社会发展提供了全局性的发展思路（管志利，2013）；而政治信任也可以经由对公共行政系统进行完善和提升，通过强化行政系统的交流而促进政治信任（鲁楠、陆宇峰，2008）。

法律研究是社会系统论在中国研究实践的另一个重要领域，首先是对法律系统的分析发现沟通是社会系统产生法律纠纷和缓解法律冲突的最核心途径，沟通表现在各个社会系统之间以及社会系统和社会环境之间的冲突方面，也是冲突的缓解机制（宾凯，2011）；与此同时，法律研究还提供了一条社会系统分析的路径基础，即较为常见的"二阶段"观察，其中"一阶"观察直接由分析者发现并分析问题，而"二阶"观察则是通过当事方陈述，判断当事方自己对问题的认知（宾凯，2010）。同时，法律研究也发现社会系统虽然封闭，但也存在开放交流的可能性，因而任何社会系统都会产生相互影响而具备关联（Luhmann，1998）。

（三）国外社会系统论的社会风险研究应用

社会系统论给风险分析提供了独特的思维和视角，目前已经有国外学者针对社会风险的不同形式进行了社会系统论视角的应用。根据卢曼的社会定义，人与人之间的相互关系或者网络构成的特定人群也可以看成一个封闭而又开放的系统（Ferreira，2014），因此，Ferreira 在对风险的分析中认为，个体虽然不是社会系统，但是个体组成的人群却构成一个社会系统，因而可以通过对个体行为的观察，获得对该人群构成的社会系统的认识（Zehetmair，2012）。这就提出了个人风险特别是弱势群体风险如何从社会风险后果来观察的问题。在针对自然风险对社会的影响后果分析中，表明了自然风险如何经由社会系统成为社会风险的过程，例如由特定人群组成的社会系统，其风险的社会含义主要在于该系统内的风险趋势是源于系统内每个个人的风险决策行为，逐渐累积成为社会系统的风险决策行为，最终显现出社会风险的趋势（Dallmann，1998）。也有研究指出，在自然风险发生时，如果社会系统缺乏沟通和信息交流，则该社会系统将面临更加严重的风险伤害后果，进而成为自然风险到社会风险的媒介（Iddens，2000）。

社会系统论应用于社会风险讨论并进行了具体操作化的研究主要包括了公共健康议题和社会可持续发展议题。在公共健康议题的研究中，社会系统论视角下的公众健康被操作化为生理健康、心理健康和社会健康，具体度量操作化为寿命和生命质量，体现出社会中的每个人都是一套围绕健康运行的子系统，而每个人的健康系统构成了健康层面的社会系统，个人健康系统的有效运行和保障将是社会公共健康的重要保障（Pelikan，2010）。在有关农业的社会可持续发展研究中，农业被操作化为一个可持续并带有供给保障特征的社会系统，社会系统论视角下的可持续发展风险被具体操作化为环境问题和食品安全，进而分析了农业生产作为社会系统所面临的风险及其对可持续发展的影响（Noe and Alre，2014）。在这篇与农业相关的社会风险研究中，社会系统和环境的相互关系是社会风险程度的重要影响因素（Noe and Alre，2014）。

（四）国内社会系统论视角的社会风险研究应用

国内研究在社会风险领域对社会系统论的应用直接体现出分析路径的创

新。卢曼认为风险在客观存在的基础上，需要结合具体的社会环境和人群进行差异分析，明确风险含义之间的边界以及与风险相关人群之间的边界，区分出具体的风险含义和风险主体（肖文明，2008）。社会系统论的核心目的是通过关注已经客观存在和发生的风险现实，提供一种分析具体风险的方法论和一条分析路径（Xing and Zhang，2010）。从区分到观察，体现了研究内容的理论界定与分析实践。区分是根据客观差异界定风险边界和风险人群边界的理念辨析过程，观察是从具体操作层面进行风险分析的实践过程（秦明瑞，2003）。因此，区分和观察，成为社会风险理论基础上针对具体社会风险问题及其风险人群进行科学分析的有效途径，体现为风险认识过程的系统性。社会系统论视角还强调社会风险分析的最终归宿在于风险的应对措施，只有在正确观察社会风险现象的基础上，风险的应对措施才能对症下药，提高风险应对策略的针对性。

在卢曼针对风险的社会系统论中，首先通过差异分析区分了社会结构因素，获得明确的风险含义和风险主体，进而围绕具体的风险主体，进行有针对性的风险观察，获得对风险的系统性认识（Messner，2014）。风险议题是卢曼从社会系统论视角下解读现代社会中不协调现象的主要关注点。社会系统论摆脱了以往风险研究中关注风险成因和风险过程的框架局限，认为风险研究是在明确现实差异的基础上，区分风险构成要素后，有针对性地进行观察最终获得对风险的系统性认识（张戍凡，2006）。

因此，社会系统论是在风险已经客观存在的基础上，分析风险"是什么"和"如何"的系统路径，是一种对既有现象的科学解读。卢曼的风险认识论从差异视角开始，认为首先需要区分风险要素的差异（秦明瑞，2003），明确风险含义和风险主体。在社会风险视角下，社会系统论不是要重复传统视角下对风险的因果链条关注，而是要在区分风险含义和风险主体的基础上，进行有针对性的观察研究，既观察风险类型本身，也观察风险主体如何观察自身风险（肖文明，2008）。与此同时，要将风险的"时间"属性纳入分析过程，避免通过某一时间截面的风险现象去推论社会整体风险概况的局限（张戍凡，2006）。从社会系统论视角来看，社会分化是社会风险形成的重要原因，而通过差异分析进行风险类型和主体的区分，成为社会风险视角分析的首要环节。

三 研究述评

本节总结了社会系统论的含义及其在社会风险研究中的应用情况。由此可以看出，社会系统论可以作为新的社会风险视角，应用于目前的社会风险主要视角无法完全适用的研究领域；特别是社会系统论为社会风险研究提供了新的理论视角和研究方式，开拓了社会风险研究的视野。

首先，社会系统论为社会风险分析提供了全新的视角和分析方法。社会系统论视角作为社会风险理论体系的重要组成，代表了系统思维下的社会风险分析路径。针对其他视角存在的局限，社会系统论视角下的社会风险分析能够包含风险主体、风险客体、风险环境与风险后果之间的复杂关联，在系统定义过程中明确制度和文化因素，在针对环境与系统沟通的分析中明确了风险后果的放大效应和风险主体的主观建构。社会系统论视角的系统性思维将跨学科视角具体落实到一个分析主线上，明确了理论分析和实证研究的具体路径。

其次，社会系统论视角在社会风险领域的研究具有丰富的拓展空间。社会系统论视角下的社会风险分析一般聚焦在社会热点领域，如农业生产链系统和个人健康系统及其风险导致的社会后果议题，论述了某一领域特定风险由于自身系统与环境的相关性而带来的系统风险向社会风险的传递效应。但是，社会系统论视角下的系统定义并不都是特定的组织系统或者生理系统，人与人之间相互关系构成的关系网络例如特定人群，也是系统的重要体现。因此，社会系统论视角可以用于分析由特殊人群组成的人群系统及其风险议题。此外，在社会系统论视角下，社会风险的外在环境是系统风险的重要影响因素，但是外在环境是不断变化的，因而环境的效应更多从当时当地的社会情境因素中表现出来，可以针对社会系统论视角进行影响因素的扩展。

第五节 小结

本章是对本书研究主体相关的理论及其实证研究基础进行的综述，有助于本书分析中明确已有研究成果，发现研究空间与不足。本章第一部分针对本书分析的核心人群之一即大龄未婚男性进行了对已有研究的梳理，进而明确了婚姻挤压下农村男性人群的特殊性；本章第二部分针对本书核心分析概念即风险性行为进行了研究梳理，从风险性行为的定义、风险主体以及研究现状三个层面对已有研究进行了汇总和评价；第三部分针对社会风险的主要研究视角进行了综述，并根据常用的研究视角总结了中国社会风险研究的主要进展；第四部分针对本章将要使用的社会系统论进行了社会风险研究相关理论和实践的研究综述，奠定了社会系统论作为社会风险视角的理论基础。

本章的理论与文献梳理工作得出以下结论。

首先，针对婚姻挤压下大龄未婚男性的研究已经对人群特征、生活与发展现状及其潜在的社会风险取得了大量结论，明确了该类人群作为弱势群体具有的社会脆弱性。但是已有研究还没有从人口流动背景下去分析流动进入城市后的大龄未婚男性面临的脆弱性以及风险问题；随着流动男性在城市中风险性行为的增多，大龄未婚男性在城市中的风险性行为及其 HIV/AIDS 风险议题还没有予以关注。流动人口中大龄未婚男性在 HIV/AIDS 风险面前比其他流动人口更加处于劣势，因而他们的风险性行为将是该人群在城市中面临社会风险的重要议题。

其次，风险性行为研究目前存在局限性，主要表现在理论视角的局限方面。由于风险性行为最直接的后果是 HIV/AIDS 传播，因而风险性行为大部分研究都针对健康和卫生领域的疾病传播议题，还未有研究从社会背景分析和风险主体分析入手对风险性行为的社会后果进行探讨，这成为公共管理学在特定社会情境下关注弱势人群风险性行为的理论空间。针对婚姻挤压下大龄未婚男性的研究虽然也关注群体社会风险，但是还没有涉及敏感的"性"话题，而这一话题由于与人的天然属性相关，因此也不应该被忽视。特别是考虑到婚姻挤压下这一群体缺乏婚姻伴侣导致的性行为缺乏，风险性行为很可能成为重要的替代形式而使得该群体面临 HIV/AIDS 风险。

再次，社会风险视角为转型期的中国社会风险的分析提供了理论依据和路径参考。社会风险理论体系中包含的制度、文化、建构、风险放大等视角以及近年来经常采用的跨学科视角主要关注转型期中国社会的自然生态、人群聚集等公共危机以及市场与经济危机、突发疾病及其相关的公共健康风险等，体现了社会风险与社会制度和文化存在的紧密关联。对于社会主体和个人的风险感知研究则体现出了社会风险视角越来越重视风险主体人群对风险的认知，为社会风险的政策干预和预防提供了参考。在宏观分析层面，社会风险放大视角和跨学科视角都为社会风险研究提供了分析路径和理论支持，为科学认识转型期复杂而多样的社会风险奠定了基础。

复次，目前应用较多的社会风险视角在理论分析和实证分析中也显示出各自存在的局限性。无论是制度视角还是文化视角，都是从客观环境分析风险，忽视了个人作为风险承受主体或者风险参与主体所具有的主观能动性；建构视角一定程度上忽视了社会风险现实特别是环境变迁导致的风险形式与内容的变化；而风险放大视角中，风险放大的具体测量很难进行准确操作，因而进行具体风险的实证分析存在一定的困难。作为本书分析对象的风险性行为，由于其天然的个人行为属性，很难将其与制度和文化直接关联，因为"性"需求是人天然的本能属性，虽然能够受到环境和文化影响，但是本质上并不源于制度和文化，更与后天的建构无关。而作为风险性行为后果重要标准的 HIV/AIDS 感染率，显然很难获得相关信息。因此，以上视角的理论路径都很难应用于敏感的"性"分析，都存在一定的局限性。

最后，社会系统论提供了社会风险研究的全新视角和路径参考。社会系统论视角中，人与人相互关系构成的社会网络或者社会人群也是一个有形的系统，该系统由于与所在环境存在关联因而会将系统风险通过交流或沟通而成为社会风险形式，最终表现出社会风险后果。社会系统论视角可以应用于婚姻挤压下特殊人群如农村大龄流动男性进行风险性行为分析：由于"性"需求，"性"行为风险在大龄流动男性组成的人群系统内是客观存在的现实。社会系统论视角下的风险分析不仅包含有风险的客观现实分析，也包括风险的主体认知分析，从而体现出客观分析和主观分析相结合的横向系统分析特征；与此同时，该视角对于风险"时间"属性的关注，强化了从纵向时间维度进行社会风险分析的系统性。因此，社会系统论视角下的风险性行为研究不仅具有了社会风险研究的意义，也强化了风险性行为研究的系统化。

第三章　农村大龄流动男性风险性行为分析框架

本章目的在于获得从社会风险视角去观察特殊人群风险性行为的科学路径，从而尽可能全面、系统和科学地探索农村大龄流动男性在婚姻挤压下的风险性行为现状及其社会风险含义。本章的内容具体如下。

第一节，针对风险性行为在性别失衡与婚姻挤压社会背景下带有的社会风险含义，首先论述性、性别失衡、大龄未婚男性以及风险和社会政策相关联的必要性，提出本章分析的理论基础。

第二节，针对婚姻挤压和农村大龄流动男性进行基于社会现实的情景分析。通过已有的访谈案例，对婚姻挤压下的农村大龄流动男性的风险性行为进行特征总结，为本书社会风险视角的选择提出理论需求。

第三节，根据以上情境分析和理论需求，进行风险性行为研究的社会风险视角选择。具体的选择过程是：基于理论需求对社会风险的常用视角进行比较，总结社会风险各个视角的侧重点，明确各类社会风险视角在分析农村大龄流动男性风险性行为中的局限性，提出社会系统论视角的可行性；在此基础上，根据已有研究总结出社会系统论视角下社会风险的分析框架并根据农村大龄流动男性及其风险性行为特点，进行分析框架的扩展探讨。

第四节，提出农村大龄流动男性风险性行为的分析框架及验证思路。根据社会系统论视角下的社会风险分析框架，结合分析框架的扩展，最终提出适用于农村大龄流动男性风险性行为的分析框架并提供验证思路。

第一节　性、社会性别以及性别失衡与公共政策的关联性

中国转型期的性别失衡不仅造成人口性别结构中男多女少，而且形成了婚姻市场上的不匹配现象，出现大量无法成婚的未婚男性"光棍"群体（姜全保，2010）。性别失衡也凸显了女性群体的权利需求和福祉被忽视，性别不平等被持续强化（杨菊华，2012），实质上也是对女性成员平等权利和发展权利的挤压和侵害。性别失衡风险后果也表现在大龄未婚男性的婚姻挤压方面，由于中国道德和文化传统中将性和婚姻家庭紧密联系，直接造成性别失衡后果必然存在与性相关的风险，例如大龄未婚男性"光棍"的性压抑和风险性行为倾向，而缺乏对"性"和性别本身进行科学分析使得主流观点将光棍男性看作性风险的源头（姜全保，2011），弱势群体出现污名化和标签化趋势。因而性别失衡及其后果都对社会性别的角色和地位造成影响，也对个体的与"性"相关的行为和观念造成影响，因此敏感的"性"话题和社会性别议题与当代中国的性别失衡社会后果共存，均涉及个人健康、权利以及政策需求，是无法回避的相关议题。

在性别平等与发展领域，世界范围内出现了新的声音与理论界定，最典型的是以多元权利为核心的"性"理论（sexuality）（Parkeret et al.，1995；Jolly，S，2006）。国际卫生组织将"性"界定为以性、性别身份、性体验以及生育为核心的综合概念，不仅反映了人类在思维、想法、欲望、信念以及态度中围绕性的事物和行为，也体现了社会生活中个人与性、性别和性行为相关的价值观念以及社会关系等（World Health Organization，2002）。"性"所体现出的人类认知和行为同时也受到来自生理、心理以及社会多方面因素的影响，是贯穿个人一生的综合概念。因此，以"性"为核心的研究不仅包含性和社会性别含义，同时也将与性、性别相关的社会议题与个人议题纳入研究范围，展现出多元化视野特征。在多元视野下，一些与权利、健康和政策相关联的新现象和新事物逐渐显现，例如多元化理念下的同性婚姻/伴侣需求等（魏伟，2007），都是对传统二元婚姻和家庭模式的冲击，对性别失衡分析及其治理也提出了新观点，因而性别失衡的理论研究与治理

政策创新都无法回避多元视角下的健康及权利需求；与此同时，女性群体权利意识和社会参与需求逐渐显现，性别气质传统定义也受到质疑，传统的男女社会性别特征也开始发生变化，性别失衡的现象与后果在社会性别层面表现出多元化特征。

由此看出，性别失衡不仅涉及男女比例失衡及其两性社会风险，还涉及性的行为与态度、性的关系与协调、性别地位与角色以及不同弱势群体健康和权利需求的社会情境因素，体现出弱势群体健康和权利需求的紧迫性。因此，围绕两性性别结构及其失衡后果的分析与政策实践，已经无法忽视性别定义多样化和权利需求多样化的社会现实，需要融合"性"、社会性别中的健康和权利视角，以政策创新为路径，从多元视野下提出新的性别失衡分析架构和治理干预策略体系，提升性别失衡治理中对健康、权利的关注以及对政策需求的呼应。本书拟从多元视野出发，首先分析性、社会性别以及性别失衡的本质共性和差异，进而通过健康和权利的探讨识别性、社会性别和性别失衡之间的关联，以政策创新为路径，从多元视野下重新解读性别失衡及其治理，最终提出可操作的社区干预路径。

一 性、社会性别和性别失衡：共性和差异

（一）共性分析

性别失衡不是中国的特有现象，在女性歧视和男孩偏好的文化中普遍存在（李树茁等，2012）。性别失衡根源是性别偏好的文化，而重男轻女生育偏好造成的出生人口性别比持续偏高是当前中国性别失衡的最直接原因（杨菊华，2012）。性别失衡表现出社会对女性群体生存、发展和社会参与的漠视，例如就业市场和家庭继承中的女性歧视等（汤兆云，2008）；性别失衡还造成婚姻挤压后果，农村地区弱势男性的婚姻条件将更加苛刻，个人福利和健康福祉不断下降；在 HIV/AIDS 和性疾病传播的风险环境下，缺乏婚姻的男性如果参与风险性行为，性别失衡后果就会在健康层面显现。因此，性别失衡会进一步影响女性群体的生存和发展权利，也造成光棍男性群体面临健康风险，其本质上反映了社会主体结构中对社会弱势群体健康和权利需求的忽视。

另外，以"性"为核心的经验研究把性看作以身份识别和自我建构为核心的个人认知，围绕性少数人群（LGBTQ）的存在、气质、生活以及与

普通人的冲突而展开，倡导性少数人群的生存与健康权利（Nicholas Bamforth et al.，2011；Stephen Farrier et al.，2013）。中国的"性"话题近年来成为社会热点，反映了社会理念和行为的变化印记，从李银河"同性婚姻合法化"议案，到"上海换妻事件"，再到近年来媒体不断炒作的"同志人群"等，可以看出中国社会的"性"话题变得日益公开，而社会媒体和舆论的唇枪舌剑则直接反映了公众对性的复杂认知。在主流声音对性少数人群漠视的同时，性少数人群同样具有权利需求；随着性传播成为 HIV/AIDS 最主要的传播渠道，"性"的健康风险成为热点议题，而"男同"群体的高风险现实又将性少数人群推上了风口浪尖。因此，"性"的本质与每个人切身福祉相关，是主流群体和少数群体共有的幸福、快乐以及健康的权利需求。

有关社会性别的观点，主要关注两性的社会与家庭分工，例如男耕女织、男主外女主内、男性阳刚和女性温婉等（方刚，2011）。针对社会性别歧视的传统文化观念，性别平等理念强调男女两性在社会和家庭分工中的平等，弱化男性依赖及男性家庭核心地位。由此可以看出，社会性别本质上也是一种权力分配的量纲，传统认知定义了男性权力的垄断，而新理念则反映了女性平等权利。近年来，中性化的女性、大学生"伪娘"、"女汉子"等非传统性别气质的出现，开始改变男女两性性别气质的传统含义，冲击了社会旧有观念和习俗，为社会性别的后天选择提供了多重选项。上述社会性别的多重表现形式实质上是个人选择生活方式的权利需求。因此，社会性别的本质同样也带有权利属性，代表了个人在成长过程中具有多元化的生活方式，体现出不同群体多样化的权利需求。

（二）差异分析

虽然健康、权利需求代表了性、社会性别以及性别失衡的共性，但是三者之间及其政策干预等，依然带有各自的特点和差异。

性领域中的健康是与弱势人群行为和心理相关的关注点，例如女性生殖健康、性暴力，"光棍"男性 HIV/STIs 传播风险以及男男性行为风险等；而权利视角则关注性别弱势群体如性少数人群的生理和心理需求，减少歧视和权利漠视；其研究与实践通过交叉学科分析人类个人隐私和社会生活中的"性"行为与角色，关注个体关系、知识、社会情境以及文化等（Gillian Fletcher et al.，2013）。因此，性的理论研究与实际问题涉及宏观社会情境与微观社会关系，例如同性交往需求甚至同性婚姻倡议（魏伟，2007），凸显了性少数人群存在的现实性（黄盈盈等，2013）。

社会性别领域的健康与权利更多关注女性弱势人群，通过性别角色和性别地位构建性别平等机制；社会性别与性别失衡的原因、现状和后果相关联，构成了从文化和历史传统角度解读男孩偏好直至性别失衡的理论基础（杨菊华，2012）。此外，性别气质的话题也提出从弱化性别刻板印象的过程中提高女性生存和发展权利，例如从性别气质的角度解读社会性别现象，这对性别角色的传统定义提出了质疑（方刚，2011），客观上与性别失衡治理的性别平等理念类似，共同构成了对传统性别偏好文化的冲击。

性别失衡研究和实践围绕性别失衡的现状、原因和后果，关注地区与人群差异，分析对象的层面包含了社会、家庭和个人，治理实践则是针对原因、后果进行政策干预。因此，性别失衡研究与实践是问题导向的研究与实践，是服务于全体公民权利保障和社会可持续发展的战略措施。性别失衡显示了部分群体在社会和家庭关系中的弱势地位与权利劣势，例如性别歧视对女性权利的侵害，男性的性需求被合理化而女性的性需求被污名化等；大龄未婚男性"光棍"不仅处于经济和健康劣势，而且被主流社会看成性暴力和性疾病传播的桥梁人群（李艳等，2009），被明显标签化。因而性别失衡是带有宏观社会问题导向并且包含了中观和微观的研究与实践。

由此可以看出，性、社会性别和性别失衡具有共同的健康和权利本质。面对性别失衡社会不同人群的健康和权利需求，性、社会性别以及性别失衡是社会发展、人群变化以及制度变革中必须面对的紧迫议题，需要在多元视野下明确相互关系，探索可能的连接路径共同促进社会发展与权利保护。

二 性、社会性别和性别失衡的关联与政策路径

中国社会的现实情境决定了性和社会性别不可能独立存在，恰恰因为"性"和社会性别的存在和变化，性别失衡和社会性别不平等问题才有了更宽阔的视野和分析空间。性别失衡问题所展现出的性与社会性别现状、性别不平等现象以及不同群体的权利需求，印证了转型社会的性、社会性别以及性别失衡围绕健康、权利需求存在广泛的关联，其中制度体系是关联关系存

在的基础，而政策将成为保障权利需求的重要途径，也将是三者相互关联的路径。

"性"的定义包含个体生活和发展的全部要义，从生育行为到性别身份，从风险倾向到风险行为，从人与人之间的亲密关系到与性相关的愉悦体验等，涵盖了个人观念、行为、社会交往和主观心理感知等每个人生存和发展的基本要素（Eusebio Rubio-Aurioles，2011）。这些要素也显示出性别失衡社会中每个人都是利益相关者，而制度则提供了有效的利益保障和权利保护。参考 Eusebio 关于性的社会模型，本书进一步提出了性、社会性别以及与性别失衡相关的健康与权利模型（见图 3－1），分析了社会建构和主体建构视角下三者的相互关联。可以看到模型中的社会建构确定了个体的社会属性，而个人主体建构同时也影响了社会对个体的界定和判断，主体建构和社会建构始终是相互影响并不断变化的。因此，性、社会性别和性别失衡在健康和权利需求的核心理念下，通过制度体系发生相互作用，也各自对制度本身发挥影响作用。

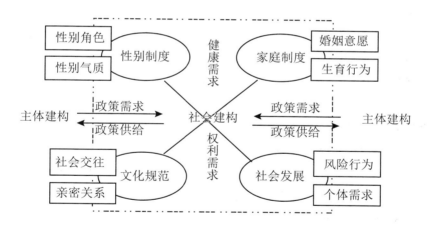

图 3－1　性、社会性别以及性别失衡的健康与权利模型

（一）性别制度的健康与权利需求

与性别角色相关的身份认同是当前性别制度的首要挑战。性别失衡在客观上加剧了男孩偏好，强化了两性在社会和家庭中的差异地位，是社会建构性别角色的直接体现；然而，随着同性性倾向等自我建构的出现，性多元化和性少数人群给传统的性别角色注入了新的含义，改变了传统性别制度对于男女两性的定义，也改变了两性结构下的健康需求含义和权利需求定义，造成性别失衡下的传统性别制度面临的理念和人群冲击，为性别失衡治理提供了新的选择；而女性社会参与意识和权利需求的提升也大大改变了其从属和被支配地位，特别是多元化的性别气质出现对性别偏好产生了深刻影响，后者赖以存在的理念基础被动摇，主体建构下的个人气质选择和角色定位不再完全参照传统社会的性别角色，个人生活方式的选择带来了新的个人健康需求，也将为性别制度的改变提供动力，性别失衡治理多年来面临的理念束缚出现了松动迹象。

（二）家庭制度的健康与权利需求

婚姻与生育行为的变化给家庭制度带来了冲击。性别失衡及其治理一直关注家庭体系内的生育性别偏好现象，但是在传统文化深厚的地区无法深入家庭制度内部改变性别不平等思维。在性别多元化的思潮下，首先是家庭制度的根基即婚姻出现重大变化，少数性多元化群体以不结婚或同性婚姻关系为诉求，根本上动摇了男女两性婚姻制度，改变了家庭构成模式，进而改变了传统家庭制度中的生育行为和模式，为性别失衡及其治理带来了新的变化因素。新的家庭模式与生存方式也出现了新的家庭健康服务需求和家庭发展权利需求，家庭制度需要进行扩展和提升。社会建构了家庭制度和规范，而主体建构则为家庭制度提供了非主流的选择方式，也就从根本上动摇了家庭制度内部的权力分配模式和性别偏好倾向，家庭体系内的健康和权利也将需要新的政策机制予以保障。

（三）文化制度的健康与权利需求

社会交往和亲密关系表达是文化制度对个人行为的规范。无论是社会交往还是亲密关系表达，传统性别观念下的文化规范都强调男性的主动地位和女性的从属地位，实质上反映了性别歧视在文化制度中的存在，文化制度中的社会建构缺失个人权利环节。随着性多元化和社会性别平等意识的强化，个人之间的亲密关系表达不再强调性别地位，而是更倾向于主体自我感知，主体建构中实现社会亲密关系交往，而非单纯遵循社会建构下的传统文化规范，新中国的自由恋爱观念就是改变传统中国社会"父母之命媒妁之言"的典范，赋予个人以婚姻恋爱权利。有学者关注性行为中的性别地位和权利差异，实质上就是文化规范中的性别权利在性中的表现（Nicola Gavey，2012）。多元化的社会交往和亲密关系类型也提出了新的个人健康挑战，需要文化制度构建新的个人卫生和健康观念，促进人群生理健康和心理健康水平的提升。

（四）社会发展制度的健康与权利需求

性别失衡下的社会发展存在风险要素，强化了个体围绕健康和福祉的权利需求。社会发展制度最终将以保障个人生活与发展的基本需求为目的，因而存在性别歧视弊端的社会发展制度将无法有效保障个人健康和发展的权利。面向个人生活保障、发展促进、健康保护等权利需求，多元视野下的社会发展制度在保障主流人群权利的同时，也将关注女性弱势人群、大龄未婚男性"光棍"以及性少数人群等，在就业歧视、发展劣势以及社会风险防范中加大对弱势群体健康和发展权利的保护力度，特别是在 HIV/AIDS 疾病传播等性少数人群集中出现的健康风险中（Brian Mustanski，2011），强化社会发展制度的保障功能。社会发展过程中的社会风险是社会建构过程中个体面临的客观环境风险，个体在风险环境中的需求也是主体建构的结果，体现了社会发展制度中个人健康权利需求的紧迫性和严峻性。

三　政策应用分析

在依托性别、家庭、文化、社会发展制度体系下，性、社会性别和性别失衡领域均存在与健康相关的权利诉求和政策需求（见图3-1），社会制度为个人生活与发展提供了政策保障，而个人生活与发展则为制度体系提出了政策需求。因此，以保障健康和权利需求为导向的性别失衡治理政策，能够成为三者具体连接和实践的有效途径。

（一）理念推广功能

性别失衡治理政策对于性别平等理念的促进策略强化了性别弱势群体如女性在家庭生活和社会参与中的权利保护，在当代性别气质多元化和性别角色多元化下，性别弱势群体还包含了性少数人群如同性倾向群体的性别角色定位，治理政策中的性政策体系可以通过内涵扩展和内容提升扩大性别弱势群体对象，在有关女性健康和权利保护中加入其他性别弱势群体的健康与权利保护内容，推进多元视野下的性别平等。

（二）生育行为导向功能

性别失衡治理政策面向导致生育偏好的家庭因素，从两性婚姻与生育角度进行行为和理念干预，纠正重男轻女偏好，保障女性家庭成员的健康、教育、财产继承等权利。随着多元化人群的出现，部分人群不再以男女两性结合为唯一选项（魏伟，2007），出现了同性家庭倾向，由此也造成生育文化的多样化。但是现有的社会规范缺少对同性家庭成员健康和发展权利的保护，因而面向家庭成员权利保护的治理政策在提升和完善中可以包含多元化性少数群体的权利保护议题，通过家庭政策干预改变家庭观念和家庭结构。

（三）文化培育功能

性别失衡治理政策的文化内容主要是改变社会和家庭中的性别观念和性别刻板影响，扭转造成性别偏好的思想和文化氛围。主流人群文化规范中对于亲密关系和社会交往的界定排斥了多元性少数人群的需求，因而治理政策中面向旧有观念和文化习俗的干预、宣传倡导是提升文化规范的有效途径，文化政策可以通过在治理过程中倡导多元亲密关系和社会网络的方式保护不同群体的权利，促进社会形成尊重少数人群的和谐氛围。

（四）社会发展促进功能

性别失衡治理政策的社会发展促进功能是治理工作成为国家战略活动的直接表现。面对当代社会多元群体出现的现实以及社会风险复杂化的挑战，协调个体需求和防范社会风险是社会发展政策的首要目标。在主流人群面临性别失衡社会风险后果的同时，性少数人群的 HIV/AIDS 传播风险以及"同妻"家庭失范现象等都是社会发展政策需要解决的现实问题。社会发展政策不仅要保障主流人群和一般弱势群体的健康和发展权利，也要关注少数人群的社会发展困境，在社会发展过程中促进全体成员的健康和权利保护。

四 多元视野下的性别失衡及其治理：政策创新中的健康与权利保护

从多元视野下审视性、社会性别以及性别失衡，首先要在宏观层面进行顶层设计，确定理念基础。本研究结合性别失衡现实、性与社会性别的发展趋势，提出了多元视野下融合性与社会性别的性别失衡及治理概念框架，如图 3-2 所示。

图 3-2 的顶层设计首先强调制度体系应该融合以人为本的理念对社会系统产生影响，借助公共政策对性别系统进行理念和行动干预。

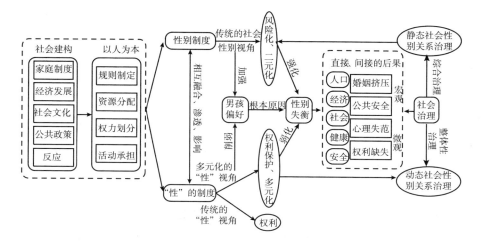

图 3 - 2　多元视野下的性别失衡及其治理

（一）治理相关者相互关系的确定

首先，治理政策中的规则制定能够明确治理主客体之间的关系，治理政策对于性少数人群、多元性别观念、性别平等的逐步认可和规范，将有助于保障健康和性别平等权利；其次，治理政策中的资源分配能够明确利益相关者的权利界定，如果治理政策能够逐步并且适当地界定社会各类人群包括性少数人群的资源分配和社会参与，那么将有助于保障各方权利；最后，权力划分能够化解社会矛盾和保障个人权利，活动承担能够明确利益相关者的义务，有助于性别失衡社会不同群体在各自权利需求层次和生活方式中协调合作。

（二）健康与权利理念的推广与深化

在多元视野下，健康与权利需求为形成新的性别平等氛围提供了理念基础，对男孩偏好起到了弱化作用；同时，健康和权利理念也将性别失衡社会的后果从二元化、风险化以及部分群体的负面标签化纳入理性、科学的权利保障视角，改变社会弱势群体的风险视角，从风险受害群体和健康及权利需求主体的角度来保障弱势群体的生存与发展。权利导向的治理理念和尊重主体建构的政策理念最终将针对性别失衡后果进行具体干预，引入性和社会性别后，权利保障的理念是治理活动的核心原则，有助于形成社会性别关系的协调格局。

引入性和社会性别来看待性别失衡，就是要从健康与权利角度来重新分析性别失衡的成因与后果，挖掘性别失衡的深层原因和后果。在多元性别、性别平等权利理念下，性别失衡从根本上源于制度上男性权力的垄断和对女性权利的压迫，因而权利需求是性别失衡的最根本原因。另外，风险主体的标签化和风险二元化普遍存在，现有的权利保护体系尚未关注所有的利益相关者。在多元视野下，性别失衡的后果本质上反映了对性别弱势人群权利与需求的忽视。因此，性别失衡社会风险是弱势群体权利缺失下社会发展的现实问题，更是弱势群体权利保障缺位下的必然结果，只有从弱势群体生存发展、健康和社会安全的权利视角出发，才能结合现实情境和利益相关人群进行治理和政策创新。

（三）治理政策功能的扩展

在引入多元视野后，性别失衡治理将提升为以健康、发展和权利保障为导向的社会管理。由于传统性别观念对于多元化少数人群及其权利的忽视，治理活动在治理对象、主体、工具以及方式上存在碎片化现象，在保障主流人群利益的同时忽视了少数人群的权利需求。在权利理念指导下，治理工作的布局将成为面向性别失衡下人口、经济、社会、健康以及安全的国家治理体系。在宏观层面，治理工作将在社会性别平等促进中进行内容和主体扩展，将弱势群体权利保护纳入社会治理体系；在中观家庭和社区层面适度讨论婚姻形式和多元性倾向的可能性与空间；在微观个体层面借助行为约束和公共服务对个人行为进行干预，保障个人健康和权利。与此同时，治理工作围绕"男女性别平等促进"和"弱化婚姻挤压风险"两条主线，忽视性少数群体及其非主流关系网络，两性性别平等和两性婚姻家庭模式形成了少数群体面对的"主流压迫"（Peterson et al.，2013）。性别失衡治理工作中纳入健康和权利保障理念后，治理工作将从原有的政府主导扩展为多样化的群众参与，从面向婚姻家庭扩展为对多元群体权利的保障，从对妇女儿童弱势群体权利的关注扩展为对所有弱势群体权利需求的关注。

在完善治理工作的同时，具体的政策措施和社区干预也需要围绕健康和权利进行开拓和创新。图3-3提出了多元视野下围绕健康和权利保护的治理政策创新和社区干预策略。治理政策首先以弱势群体的健康和权利保护为出发点，立足于制度、政策和文化等传统干预策略，进行人群、政策、制度以及工作效果等工作扩展，实现政策创新及其干预实施。干预工作处于当前转型期中国社会的可持续发展整体规划结构中，以十八大"建立国家治理体系"为工作总目标，从理念、手段、工具、策略以及效果评估等方面面向弱势群体的健康保障和权利需求，围绕人口发展、人口经济发展、社会福利促进以及卫生健康事业发展等展开，同时关注性别失衡下的社会风险态势与特征，在风险防范和风险治理中促进公共安全保障。

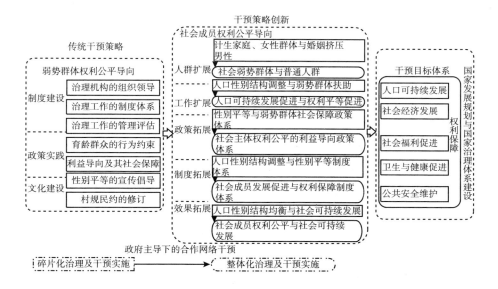

图 3 - 3　多元视野下的政策创新与治理干预

性别失衡是当代中国面临的社会挑战，也催生了社会可持续发展的政策需求。在性多元化、少数人群以及社会性别促进的现实下，性别失衡及其治理必须要反思传统制度体系的局限，探索治理政策的创新空间。通过引入多元视野，本书分析了性、社会性别以及性别失衡的本质含义与交叉共性，发现了三者之间在健康促进、权利保障方面存在广泛联系，而性别失衡治理政策为三者提供了实践结合的路径基础；提出了多元视野下性别失衡及其治理的新含义与新特征；以社会全体成员的健康促进和权利保护为根本理念，提出了治理工作的政策创新体系和社区干预策略。多元视野下的性别失衡及其治理策略，将为治理工作适应时代特征提供理论指导，为治理工作的持续推进提供动力。

第二节　农村大龄流动男性及其风险性行为的现实情境

"性"需求是每个人的自然动机。当代社会中，人们逐渐将"性"的含义从生育行为中剥离出来，使之成为一种生理层面的个人需求。对于流动人口而言，"性"需求下的个人自然动机也会由于环境的激发而出现风险性行为参与。对于农村大龄流动男性而言，大龄未婚者在性压抑下必然会出现风险性行为的参与动机；而大龄已婚男性如果离开配偶，则源自"性"需求的风险性行为也会出现。

在中国，"性"的话题依然敏感而隐秘。虽然大城市近年来在文化氛围和个人行为上出现了很大变化，人们对"性"的态度更加开放和包容，但在广大农村地区，"性"依然是与婚姻相关的生育行为。因此，婚姻挤压下的农村社会，无法成婚的大龄未婚男性就成为典型的"性"贫困人群（张群林等，2009），他们很可能成为潜在的风险性行为参与者。包含了这部分大龄未婚男性的农村流动男性将可能出现风险性行为需求，面临风险性行为导致的 HIV/AIDS 感染风险，特别是弱势群体特征导致的风险传播后果，因而他们就成为社会风险的直接承担者。

因此，风险性行为带来的 HIV/AIDS 大范围感染和传播风险，很可能成为农村大龄流动男性社会风险的重要内容。如果关注农村大龄流动男性的弱势群体特征及其社会风险，风险性行为就成为重要的分析对象。

一 农村大龄流动男性及其风险性行为表现

学术界和社会媒体还没有专门针对 28 岁以上包含大龄未婚男性在内的大龄流动男性的探讨和报道，但是针对 28 岁以上的大龄未婚男性以及一般流动男性的社会生存与风险已经有一些前瞻性研究和质性访谈资料可供借鉴。

在搜寻婚姻挤压下农村男性"性"问题的前瞻性研究的同时，为了进一步准确获悉相关群体在"性"层面的风险性行为需求及现实特征，本书作者收集到作者本人亲自参与和所属研究团队执行过的访谈内容，包括2008 年安徽巢湖《大龄未婚男性的健康、福利和家庭生活调查》、2009 年陕西神木《性别失衡综合治理工作调查》以及 2009 年陕西西安《流动男性的健康、福利和家庭生活访谈》。对上述访谈资料进行了风险性行为相关的信息挖掘，通过相关人群的口头叙述，试图找到能够反映大龄未婚男性和流动男性在城市经历中风险性行为及其后果的相关信息。

在访谈信息整理过程中，访谈信息反映出了不同的内容属性，包括了风险性行为主体的弱势群体聚集现象、性行为的需求信息、风险性行为的类型和后果、访谈对象的风险认知信息以及访谈对象参与风险性行为的时间信息等；此外，访谈对象还在访谈过程中提到了风险性行为参与的外在影响因素。

经过信息收集、归类，最终得到了表 3 - 1 的前瞻性研究结论与访谈信息，表中第一列是上述访谈资料中与本书相关的实地访谈内容；第二列是与本书人群相关的一些前瞻性研究结论；第三列为以上访谈资料和研究结论体现出的内容特征。由此反映了大龄未婚男性和一般流动男性的基本信息情况。

表 3 - 1　前瞻性研究结论与访谈信息

大龄未婚男性与一般流动男性的访谈信息	婚姻挤压下的前瞻性研究结论	所属内容
● 大龄未婚男性 ✓"我们几个结不了婚的人，大家平时也容易凑在一起，人家有家有孩子的人也顾不上整天跟我们在一起" ✓"找不到媳妇，人家也看不起我们，我们就经常自己活动，打打牌，喝喝酒，有时候也一起商量着干些啥，就是感觉亲切一些" ● 一般流动男性 ✓"很少跟这些'光棍'接触，感觉聊的话题都不一样" ✓"感觉那些老大年龄不结婚的人怪怪的，总感觉他们不安分"	婚姻挤压下的农村地区大龄未婚男性存在生活与发展的劣势，成为农村地区较为集中的弱势群体（Attane et al.，2013；张群林等，2009；Li et al.，2010）	弱势群体的聚集现象
● 大龄未婚男性 ✓"找不到媳妇，就没法生孩子，说白了就是晚上睡觉也没人陪，没有该有的夫妻生活" ✓"有时候也想去找'小姐'，没办法，男人该有的咱们也得有（指性生活），要不都不是男人了" ✓"都是成年人，有时候聊起来人家问道说还没跟女人睡过觉，挺丢人" ✓"听说过同性恋，没见过；他们的需求太奇怪了，不知道"	婚姻挤压下农村大龄未婚男性的双重贫困："经济"贫困与"性"贫困（张群林等，2009；Li et al.，2010） 　　农村大龄未婚男性的性需求普遍存在（张群林等，2009；Yang et al.，2010） 　　农村男性中存在男男同性性行为现象（Yang et al.，2011）	性行为需求
● 一般流动男性 ✓"常年在外打工，也就是偶尔回家时候能跟老婆在一起聚聚" ✓"找'小姐'的想法肯定有，一个人在外面，当然想" ✓"同性恋新闻里听过；男人跟男人发生关系，没听说过"	婚姻挤压下农村大龄未婚男性的双重贫困："经济"贫困与"性"贫困（张群林等，2009；Li et al.，2010） 　　农村大龄未婚男性的性需求普遍存在（张群林等，2009；Yang et al.，2010） 　　农村男性中存在男男同性性行为现象（Yang et al.，2011）	性行为需求

大龄未婚男性与一般流动男性的访谈信息	婚姻挤压下的前瞻性研究结论	所属内容
● 大龄未婚男性 　✓"听说过有'光棍'去找'小姐',结果得了性病,挺难为情的" 　✓"得性病的那个人肯定找'小姐'了,要不哪能得那种病" 　✓"得病没钱治病,要是得了只能自己扛着,很难受" 　✓"要是得了传染病,大家都躲得远远的,没有亲戚和朋友愿意走近" 　✓"找'小姐'可能也会得艾滋病吧,要是得了肯定不行,就等死了,我们可没钱治" 　✓"要是得病了没人管我们,我们只能找村长找政府,要不谁管我们,我们不能就自己可怜,社会得管我们" 　✓"同性恋跟得病没关系吧,不清楚" ● 一般流动男性 　✓"打工的时候听说过的'那事儿'也就是找'小姐',没听说过其他的" 　✓"听计生站的人说过,找'小姐'就是容易得性病,那玩意儿难治,搞不好还传染给老婆" 　✓"要是得了艾滋病就麻烦了,听说那是绝症,治不好,把家都毁了" 　✓"没见过同性恋,不知道艾滋病跟同性恋有啥关系"	农村大龄未婚男性很可能通过性交易途径获得性参与(Li et al.,2010;Yang et al.,2011) 商业性行为可能是婚姻挤压群体最直接和最方便的性行为参与方式(靳小怡等,2010;Yang et al.,2011) 大龄未婚男性的无保护性行为较为普遍,增大了他们在风险性行为中的 HIV/AIDS 风险(Yang et al.,2011;Zhang et al.,2011)	风险性行为类型和社会后果
● 一般流动男性 　✓"计生站的人给我们讲过艾滋病,我们听说不要在外面胡来,要不然得了病传染给家人就完了" 　✓"我看电视上演的那个艾滋病患者,挺可怜的,说是在外面找'小姐'弄的,很可怕,所以我是不会那样的" 　✓"看电视上说同性恋艾滋病,所以不能接触这样的人"	—	风险性行为的风险认知
● 大龄未婚男性 　✓"我认识一个找'小姐'的"光棍",那人很早就找过'小姐',这些年听说也经常去发廊(色情场所)" 　✓"要是偶尔找'小姐'也行,但听说是年纪轻轻就有过这经历,以后都会经常去" ● 一般流动男性 　✓"身边这些找'小姐'的人,都是年纪轻轻就出来打工的'老油条',估计出来晚的人还不知道是咋回事呢" 　✓"没老婆的人,肯定最近就想去外面搞些乱七八糟的(指找'小姐')"	—	风险性行为参与的时间信息

续表

大龄未婚男性与一般流动男性的访谈信息	婚姻挤压下的前瞻性研究结论	所属内容
● 大龄未婚男性 　✓ "去外面胡来的(指找'小姐')都是有钱去花的,没钱不行" 　✓ "得有朋友介绍你去那地方(指色情发廊),要不自己很多难为情去的" 　✓ "出去打工才能挣到钱,才能找到外边的女人,要不自己在村里这么穷,找谁都不行" ● 一般流动男性 　✓ "我见过的那个找'小姐'的人,平时就满不在乎,说是男人找'小姐'天经地义" 　✓ "要是不出来打工,我都不知道还有同性恋这一说" 　✓ "在网上看过黄色录像,一个人在外面打工,看了后自己更难受,还是想回家见老婆"	对男男同性性行为的态度显著影响了农村大龄未婚男性的男男同性性行为(Yang et al. ,2011) 　来自周围环境的主观规范对农村大龄未婚男性的风险性行为有直接影响(Zhang et al. ,2011)	风险性行为的影响因素

资料来源:2008 年安徽巢湖《大龄未婚男性的健康、福利和家庭生活调查》、2009 年陕西神木《性别失衡综合治理工作调查》以及 2009 年陕西西安《流动男性的健康、福利和家庭生活访谈》。

二　农村大龄流动男性风险性行为的特征

从以上访谈资料的总结中,可以发现来自农村的流动男性在城市务工过程中存在的风险性行为现象,并且由于弱势群体生存劣势以及城市生活环境的局限,他们的风险性行为可能具有与其他群体不同的特征。

(一)　农村大龄流动男性的风险性行为存在的社会后果

农村大龄流动男性是包含大龄未婚男性在内的 28 岁以上的农村流动者。在转型期的中国,这部分农村流动男性代表了中国社会阶层中处于社会经济劣势的劳动者阶层,很容易成为社会冲突的直接承担者,不仅形成了群体事件的参与主体,还大大增强了群体事件发生的概率,造成社会风险局面(刘慧君、李树茁,2010)。从中国历史分析中也可以发现,各个时期的社会风险弱势人群一般都是流动群体(姜全保、李波,2011),因此,在当代中国,来自农村的流动男性很容易成为社会风险的主体人群。

从表 3 - 1 访谈资料中可以看到,虽然社会风险展现出对社会发展和公民权益的伤害,但是流动人口也在承受着其他形式的个人风险,并且由于风险后果的累积效应而逐渐显现出社会风险趋势。例如,巢湖访谈和西安访谈都显示，农村流动男性在承受经济资源和社会发展资源稀缺压力的同时，也在承受着上述资源稀缺导致的个人健康和卫生条件的劣势。由于缺少资源，他们的健康风险很容易形成风险的集体效应和累积效应，例如流动男性性与生殖健康面临逐渐增大的 HIV/AIDS 和其他性传播疾病的风险。

（二）不同类型风险性行为的风险后果存在差异

鉴于较高的 HIV/AIDS 感染和传染率，商业性行为和男男同性性行为都有可能成为社会风险。从表 3 – 1 访谈资料中可以发现，商业性行为作为生理层面的"性"需求解决途径，已成为流动男性非常普遍的风险性行为方式。另外，男男同性性行为的 HIV/AIDS 传播率已经高居 HIV/AIDS 传播渠道的首要位置（Knapp，2008；张田勘，2010），也是性行为风险的重要表现。

商业性行为的突出特征是商业性工作者存在较多商业性行为伴侣，因而提高了性工作者自身感染 HIV/AIDS 或其他性传播疾病的风险概率。中国的特殊情况在于，进城务工的流动人口的商业性行为基本上属于低端性市场，即商业性活动主要存在于发廊、洗头房等低端场所，性活动中不使用安全套的情况非常普遍（潘绥铭等，2004；黄盈盈、潘绥铭，2013）。因此，鉴于流动人口群体在商业性行为中较少使用安全套，而且其群体在自我保护意识和风险防范策略上处于弱势，因而商业性行为对于个人健康和疾病风险传播具有显著的危害风险。

除了商业性行为，男男同性性行为在近年来也成为性行为风险的重要形式。国际卫生统计数据显示，男男同性性行为传播已经占到新增 HIV/AIDS 病毒感染案例的 80% 以上（Alquaiz et al.，2013）。目前在中国，男男同性性行为的群体并不多，仅限于小群体内部的行为倾向，因而其社会风险后果存在局限性。但是近年来同性性倾向现象逐渐增多，一些前所未有的行为模式如同性恋人群的"形式婚姻""同妻"现象逐渐进入社会视角，同性性倾向人群的行为风险也就存在着向普通人群扩散的可能性。

（三）主观的风险认知影响实际风险性行为参与

流动人口的风险感知已经被证明在个人风险行为中具有显著的影响作用，一般认为风险感知能够代表个人实质的风险行为倾向，也能够代表个人对风险的态度及风险参与趋势（刘电芝等，2008）。表 3 – 1 的访谈信息显示，农村流动人口由于自身较低的受教育水平和获得的信息资源较少，往往对自身接触到的社会风险缺乏正确认知，因而在心理防范和行为防范能力上处于劣势，在社会风险中会有较高的被伤害概率。

以风险性行为的风险认知为例，由于风险性行为的社会风险后果在于HIV/AIDS 感染与传播，因而风险认知可以从流动人口的 HIV/AIDS 风险认知表现出来，例如 HIV/AIDS 知识水平，能够反映流动人口对于 HIV/AIDS相关的性行为风险的观察能力。HIV/AIDS 风险认知的分析可以通过观察流动人口的 HIV/AIDS 风险感知，得到个人对自身 HIV/AIDS 风险程度的认识。风险认知能力也体现出流动人口在风险性行为中具有的自我保护能力，HIV/AIDS 知识是个体预防自身感染风险的重要保护基础，因而很多研究在关注风险行为本身的同时，也将 HIV/AIDS 知识水平作为风险行为的保护策略纳入风险性行为框架。

（四）风险性行为参与时间和参与倾向存在显著差异

在表 3-1 的访谈信息中，农村男性的突出特征是风险性行为的过去经历和未来倾向在不同群体间存在差异，特别是风险过去经历显示出农村流动人口不同年龄段的风险行为参与状况；而风险未来倾向则代表了流动男性持有的风险偏好。

首先，来自农村的流动人口由于出来的时间不同，社会风险经历也体现出年龄特征，例如流动时间久的农村男性更容易参与城市社会环境中的风险性行为；相比而言，流动时间晚的农村男性则更显得老实本分，很少有行为失范的风险发生；而农民工的犯罪现象一般都与较早的流动年龄相关。其次，农村流动人口中，在风险的未来参与倾向上也存在差异，表现在在同一个群体内部，不同经历、不同年龄的流动人口，具有不同的风险行为倾向，并不是所有的农村流动人口进入城市后都会出现相同程度的风险行为变化，每个个体的风险倾向也会随着个体流动经历的差异而不同。

（五）风险性行为具有社会情境下的影响因素

在表 3-1 的访谈信息中，疾病传播风险是最核心的性行为风险定义。疾病传播风险不仅与疾病本身的传播途径有关，更重要的是社会情境因素对个人感染风险的影响，即社会情境因素（contextual factors）形成的影响因素。Galea（2003）将与性行为相关疾病传播风险的影响因素看成个人生活环境中情境因素的集合，包含社会经济地位、健康和社会资源、态度与主观规范和现实生活环境因素。这些社会情境在现实生活中，往往是个人在与周边环境的沟通和交流中受到的来自环境的影响。

在这些影响因素中，首先，社会经济地位（SES）是个人生存于何种社会情境的重要影响因素，因为社会经济地位的劣势往往意味着较差的生活环境和周围较多的劣势人群，也意味着个体沟通的对象对个体会产生显著影响。其次，流动经历是个人社会情境变化的重要体现，反映了个体在新环境下进行沟通后受到的影响；态度与主观规范是个人在主观层面通过与周围人群和环境进行信息交流反映出的对个人行为的影响，其中态度不仅与个人原有生活环境相关，更与流动经历相关；而主观规范是个人感受到的来自周围人群的文化氛围或者行为规范，直接体现了个人在与周围人群沟通中受到的影响。最后，社会媒体信息是信息时代个人社会情境因素的重要体现，构成了现代人最主要的社会信息来源。

第三节　农村大龄流动男性风险性行为的社会风险视角选择

一　引入社会风险视角的必要性

从上一节的农村大龄流动男性风险性行为的特征中，可以判断：对于具备弱势群体特征的农村大龄流动男性而言，他们的风险性行为不仅具有HIV/AIDS 个人感染和传播风险，而且该群体的弱势人群特征，使得个人风险存在群体风险累积及其扩大的社会后果，因而他们的风险性行为表现为社会风险。

首先，风险性行为的主体是弱势群体的典型代表。本书中的农村大龄流动男性包括婚姻挤压下的大龄未婚男性和一般的农村流动男性，都是城市社会中的弱势群体，个人的生存和健康由于弱势群体的特征而具有脆弱性，是社会风险的首要被冲击者。

其次，弱势群体的风险性行为不仅具有个人风险后果，还具有社会扩散的可能，表现出社会风险后果。弱势群体由于个人健康和卫生资源劣势，在风险性行为导致的 HIV/AIDS 后果中会异常脆弱，很容易形成弱势群体HIV/AIDS 风险的集聚效应，甚至扩散至普通人群。

最后，风险性行为研究大多讨论与 HIV/AIDS 相关的个人健康风险，缺乏讨论风险性行为社会风险后果的方法论基础。因此，针对本书的特定背景和特殊人群，需要引入社会风险视角，进行农村大龄流动男性风险性行为研究的路径探索。

在进行社会风险视角的理论应用之前，考虑到社会风险视角在不同理论基础和观察角度基础上形成了不同流派，需要根据上一节总结得到的农村大龄流动男性及其风险性行为特征，进行社会风险视角选择的理论需求分析。表3－2是结合农村大龄流动男性风险性行为特征，针对社会风险视角提出的理论需求。这些需求意味着，从社会风险视角研究风险性行为，分析中需要包含具体研究内容和研究路径。社会风险视角的选择也将围绕理论需求进行比较，选择最适用于本书分析的社会风险视角。

表 3－2　风险性行为研究中社会风险视角的理论需求

	社会风险界定		社会风险分析过程			
	风险人群的界定	风险含义的界定	风险类型识别	主观风险认知	风险的参与时间	风险的影响因素
社会风险视角需要分析的主要内容	婚姻挤压环境下的农村大龄流动男性	"性"贫困与"性"需求下造成HIV/AIDS大范围感染与传播的性行为	何种类型的风险性行为属于社会风险	风险群体对风险性行为后果的认知	风险性行为的过去经历与未来倾向	来自社会情境的个体影响因素

二　社会风险主要视角的适用度比较

本部分将根据表3－2风险性行为研究中社会风险视角的理论需求，围绕社会风险视角的制度视角、文化视角、建构视角、风险放大视角、跨学科视角、全球化视角以及社会系统论视角七类视角进行对比分析，试图找到适用于农村大龄流动男性风险性行为分析的研究视角。

（一）制度视角的局限性

社会风险的制度视角以贝克和吉登斯的理论论述为特征，将社会风险的产生与人类社会制度变迁相联系（杨彦京，2014；浦星光，2005）。在目前中国转型期阶段，制度变迁及其相关的社会变迁是中国诸多社会问题特别是社会风险产生的最直接原因，因而国内目前围绕社会风险的相关研究都集中于讨论转型期阶段制度变革和社会结构变迁带来的社会风险因素，主要针对制度导致的社会风险后果进行分析和讨论，重点是识别出制度因素导致的不同风险类型，包括自然灾害、工农业事故、核风险以及群体聚集事件等（立本富，1992）；制度视角的分析目的在于从制度层面提供解决社会风险的政策策略。

但是如果将研究主题聚焦在特殊环境及其相关的特殊人群时，社会风险的制度视角很难具体聚焦在带有主观能动性的个人和群体层面。在婚姻挤压环境下，农村流动男性特别是大龄未婚男性的个体风险由于其潜在性，很难直接用带有制度色彩的分析方法进行解读，因而无法进行社会风险人群的界定；在缺乏关注风险主体人群的情况下，对于风险主体人群的主观风险感知则无从谈起。制度视角下的社会风险研究往往聚焦在客观存在的重大事故、风险现实，特别是转型期社会特有的宏观结构变化带来的风险因素（立本富，1992），用于讨论个体或者某类人群的风险行为则显得难以操作化。另外，制度视角一般是从风险的客观存在进行分析，关注于在某一时刻制度环境下的风险现象，很少关注风险的过去和风险的未来趋势。

（二）文化视角的局限性

以斯科特·拉什为代表的社会风险文化视角学派则从社会情境分析中，关注社会文化氛围及其导致的社会主体心理特征变化，从而提出了社会风险形成的文化因素。文化视角显然比制度视角能够更进一步关注人的变化，例如心理失范显现出的文化因素是社会风险的重要来源（Naik et al. ，2005）。文化视角下的社会风险主要聚焦在社会发展中的社会政治风险和市场经济风险等方面（Hesketh et al. ，2006），因而分析内容包含有风险人群界定、风险后果关注以及风险类型的识别。文化视角相比制度视角而言，开始将研究关注点延伸至个人心理需求的文化层面，更进一步关注了社会风险中的个人行为。

然而，针对本书的分析内容，性行为话题依然很难在社会风险的文化视角下进行操作化和解读。首先，因为性话题在文化层面存在非常明显的敏感特征，社会风险的文化视角研究重点在于分析社会变迁中的经济、政治和文化变革及其导致的人的心理变化（亚当、房龙，2005），缺乏对敏感问题如"性"的文化讨论，更没有研究从"性"需求的角度探讨与社会主体性行为风险相关的认知问题。其次，性行为作为敏感话题，长久以来都是人类文化中的禁忌议题，因而与性行为相关的文化界定并不清晰，很难通过文化视角针对性行为风险进行深入探讨。在目前中国社会氛围中性话题和性文化依然敏感的现实下，可能无法准确获知性行为风险所体现出的文化属性。与制度视角类似，文化视角也是关注于在某一时刻的文化环境下的风险现象，没有关注风险的过去历史与未来趋势。

（三）　建构视角的局限性

社会风险的建构视角在文化视角基础上又进一步，关注社会个体在社会风险中对风险的感知程度，借助于社会人的主观认知来衡量社会风险的存在和趋势（Kaufman，2007）。建构视角将社会发展和与人群生存发展相关的风险议题提升为社会风险议题，将社会风险的最直接受众即个体人和群体作为社会风险分析核心。建构视角为测量微观群体对社会风险的感知提供了理论参考（夏国美、杨秀石，2005；Kiene and Subramaian，2013）。在风险理论演绎的基础上，建构视角下的社会风险研究更加针对社会风险人群风险的事实参与和风险的主观认知情况，特别强调关注影响主体风险感知的外在影响因素（Kiene and Subramaian，2013）。

然而，建构视角在研究中突出了个体感知，但同时陷入了过于强调主观测量而忽视客观风险后果的矛盾中。建构视角下的社会风险研究，一般针对特定风险的人群进行认知研究，并不注重对风险现实后果的分析，因此一定程度上表现出研究假设的确定性而不是根据风险的实际后果进行社会现实分析（Galea et al.，2003）。建构视角虽然能够在研究对象和方法上，对风险进行具体测量和主体分析，但是一定程度上淡化了对客观风险及其外在环境因素的分析，而这些环境因素就包括了制度和文化等。因此，针对一项特殊人群特殊风险行为的实证分析，建构视角在分析中存在一定的不足。另外，建构视角很少去关注风险行为的过去经历和未来倾向，对感知的了解存在片面性，缺乏考虑风险的时间属性。

（四）　风险放大视角的局限性

风险放大视角是近年来社会风险研究非常关注的领域，该视角能够将某类风险放入社会宏观背景并结合风险主体的生存、发展以及社会交往等进行风险后果的放大分析，从而更加明确了风险的社会含义（Woolfking，2011）。风险放大视角不仅关注风险的客观存在，同时也关注风险存在的制度和文化背景，强调风险主体或个人对风险后果放大的重要作用（Hesketh et al.，2011），因而是目前较为全面的社会风险分析视角，也具备广阔应用空间。

但是风险放大视角分析社会风险的重要理论依据是风险后果的社会放大，因而已有研究都是通过理论推导或者案例分析阐述风险放大过程和放大后果（Woolfking，2011；Hesketh et al.，2011）。但是现实情况下，一项社会风险的放大后果很可能由于尚未发生而无法测量，或者是经过放大了的后果已经成为社会风险的最终形式并成为社会风险研究的直接关注对象，因而很难应用于一项实证性的风险研究。在关注风险性行为研究中，如果借助风险放大视角进行分析，则需要明确风险性行为后果例如 HIV/AIDS 疾病在普通人群中的传播情况。而现实情况则是诸如 HIV/AIDS 患者和性工作者等特殊"隐藏"人群（Hidden Population）很难通过抽查获得准确数据，风险放大的具体效应将很难测量。

（五）跨学科视角的局限性

社会风险的跨学科视角是针对当前中国社会风险的复杂化提出的研究创新路径。国内学者如童星、张海波等都从跨学科视角针对当前中国纷繁多样的社会风险形式和治理问题进行了跨学科探讨。例如，自然灾害导致的社会风险后果分析，在跨学科视角下可以综合自然科学、管理科学、社会学以及公共管理等多学科优势，为社会转型期应对自然灾害风险的风险类型识别与后果评估提供科学参考（童星、张海波，2009）；针对转型期社会公共危机和社会矛盾冲突频发的现实，跨学科视角则更进一步从社会风险的复杂原因和复杂群体分析中，提出了社会风险的跨学科分析路径，探讨影响社会风险的社会和个人因素，增进了对社会风险类型和后果的认知（张海波，2006；张海波、童星，2012）。

但是，由于社会风险具有突发性，跨学科视角主要关注风险本身及其后果，对社会风险的主体人群及其主观感知的关注并不多见，也没有详细讨论社会风险的影响因素问题。例如，在针对自然灾害导致的社会风险的跨学科分析中，重点在于识别出自然灾害导致的社会风险类型和后果而非风险主体人群的状况（童星、张海波，2009）；对于社会风险导致的公共危机和社会矛盾冲突，跨学科视角也重在找到风险事件导致的社会伤害而非对某类具体人群的影响及其人群的主观感觉（张海波、童星，2012）。

（六）全球化视角的局限性

全球化视角的局限性表现在社会风险问题的范围和跨度上。全球化视角主要针对国家、地区之间存在的风险联动局面，例如经济危机的全球影响及其风险治理（王磊，2009）、气候问题导致的社会风险跨国传播及其国际合作等（王斌，2010）。但是，针对本书所关注的问题，农村大龄流动男性的风险性行为作为一种社会公共管理议题，并不涉及社会风险的跨国传播和风险后果国际化的问题，因而其并不适用于本书的社会风险议题探讨。

（七）社会系统论视角的可行性

以上不同的社会风险视角的分析表明，无论是经典的制度视角和文化视角，还是近年来兴起的建构视角和风险放大视角，都在各自的理论框架和领域内具有很好的适应性，也解决了社会风险分析的理论问题和现实问题。然而，在围绕婚姻挤压下大龄流动男性的风险性行为探索分析中，以上社会风险视角由于各自的局限，很难适用于在特殊环境下分析特殊人群的风险行为及其社会风险含义，也并不适合在特殊环境下针对特定人群进行实证分析。

与之相比，社会系统论分析路径和方法具有理论和实践优势，社会风险视角引入社会系统论能够提供社会风险全新视角和方法路径创新。因此，社会系统论视角能够弥补以上社会风险各类视角的不足，特别是对于实证分析而言，社会系统论视角下针对风险的系统分析特征具有较好的参考性和可行性。

1. 社会系统论视角的内涵与分析过程

在社会风险领域，社会系统论是卢曼观察风险的独特路径，为有针对性地分析具体风险提供了可参考的操作分析框架。在对风险的社会系统论进行理论综述和研究总结的基础上，本书认为，社会系统论的核心目的是针对某个组织或者某类人群构成的独特系统，围绕系统存在的风险，提供一种分析具体风险的方法和分析框架。

首先，卢曼认为风险在客观存在的基础上，需要结合具体的社会环境和人群进行差异分析，明确系统的构成，判断系统由于自我创生存在的风险及其风险主体（Santis et al.，2012）。其次，风险分析框架在风险的具体分析中引入了二阶段观察，两个阶段的观察分析最终服务于风险的应对策略创新。观察过程是针对风险含义下的风险形式进行观察，获得对风险现象的直观认知和间接认知。直观认知是通过观察进行风险类型和特质的识别，间接认知也是通过观察，只不过是观察者去观察风险主体对风险的观察（郑莉，2004）。

另外，在观察过程中纳入风险的时间属性（肖文明，2008），可以扩展风险本身的时间维度，扩大风险分析的时间范围，增强对风险现状的系统认知。因此，对客观存在结合社会结构进行具体区分，进行具体风险的一阶观察和二阶观察，同时纳入风险的时间属性，是风险系统视角进行风险分析的核心要义。

2. 社会系统论能够解决微观风险行为的社会风险定义问题

社会系统论下的系统定义认为，系统并不都是社会组织概念或者具体的社会运行结构，人与人之间相互关系构成的社会网络或者特定人群也可以看成一个系统（Johnson，2008），而这个系统与其所处的环境，例如社会氛围和社会结构，存在着紧密的相关关系（Silva，2008）。对于系统而言，系统存在的环境不仅涵盖了制度和文化因素，系统内部的主体即系统单元也具有主观能动性（Koskinen，2013），因而也带有建构主义的色彩。因此，社会系统论视角下，婚姻挤压下的农村大龄流动男性就构成了一个特殊的系统，这个系统自身存在的风险，例如风险性行为，则会通过农村大龄流动男性与所在环境的相互关系，而将系统风险扩散至社会普遍人群，成为社会风险的重要组成部分。

3. 社会系统论能够解决性行为风险与社会风险的理论桥接问题

在社会系统论视角下，农村大龄流动男性构成了婚姻挤压下特殊的人群系统。根据系统所具有的自我创生特征（Luhmann，2013b），这个特殊的人群系统所具有的风险倾向和风险需求源自自身具有的天然需求，而非外界激化。因此，风险性行为所体现出的每个人与生俱来的"性"需求，恰恰反映了这种系统内在的自我创生特质。系统所具有的封闭性和开放性双重特征（Koskinen，2013），促进了风险性行为向社会风险的理论转化，封闭性特征显示出农村大龄流动男性构成的系统呈现弱势人群与城市一般人群的隔离状态，弱势人群的风险也源于此种隔离和封闭；而开放性特征又使得系统内部存在的问题如风险性行为导致的 HIV/AIDS 传播在系统与外界环境沟通过程中，例如农村流动人口与城市社区不可避免的交流互动，将系统内部的风险扩展到社会，成为社会风险形式。因此，在社会系统论视角下，对农村大龄流动男性组成的系统而言，性需求带来的行为风险就成为系统面临的重要风险形式，而由于系统本身与社会环境存在相互影响，因而系统内的风险具备成为社会风险的潜在趋势。

4. 社会系统论提供了横向系统分析和纵向风险分析的理论框架参考

一般研究视角或者从主观认知层面观察风险，或者从客观现状层面观察风险，缺乏从主客观系统的视角同时观察风险的客观现状和主体认知；此外，对于风险的分析，一般是根据观察时间或者某一时间截面进行风险分析，没有从风险过去历史和未来倾向这样的"过去—未来"时间属性进行风险分析。社会系统论视角下的风险分析路径（张戌凡，2006），从横向和纵向两个维度保证了风险分析的系统性：一方面，社会系统论提出针对风险的分析不能单纯从研究者的观察而得出，还应该通过风险主体自身对风险的主观感受来测量风险，因而社会系统论视角下针对风险的分析保证了横向维度的主客观系统分析（Luhmann，2013b）；另一方面，社会系统论提出针对风险的分析不能仅关注观察时刻的风险状态，还应该从风险的时间属性出发，关注风险的过去和未来，因而社会系统论视角下针对风险的分析保证了纵向维度的过去和未来分析（Luhmann，2013a），体现出系统分析的时间属性特征。

通过社会风险研究上述视角在本书分析对象和分析人群中的适用性对比，本小节总结出了风险性行为分析的社会风险视角比较结果，如表 3 - 3 所示。可以判断，在七类社会风险视角中，社会系统论视角是较为理想和可行的社会风险视角，能够作为本书风险性行为分析的社会风险视角。

表 3 - 3　风险性行为研究的社会风险视角比较

社会风险视角＼视角的侧重点	风险人群界定	风险含义界定	社会风险识别	主观风险认知	社会风险参与时间	社会情境下的个体影响因素	适用程度的比较
制度视角		√	√				★★
文化视角	√	√	√				★★★
建构视角	√			√		√	★★★
风险放大视角	√	√	√				★★★
跨学科视角		√	√			√	★★★
全球化视角		√	√				★★
社会系统论视角	√	√	√	√	√		★★★★★

注："√"表示该视角的研究侧重点。
"★"表示适用程度。

三　社会系统论视角的分析框架及其扩展

社会系统论视角下针对社会风险分析形成了一套可操作的分析框架。国内外学者已经从社会热点风险议题如公共卫生与健康、农业生产与食品安全、自然灾害的社会响应等中进行了应用分析（Noe and Alre，2014；Dallmann，1998）；与此同时，鉴于婚姻挤压下农村大龄流动男性及其社会风险性行为的特殊性，这一人群还会因为社会情境的变化而受到相关因素的影响，因此在本书分析中还需要进行有针对性的框架扩展。

（一）社会系统论视角的分析框架

1. 人群系统的界定及与"自我创生"的风险需求

首先，要根据风险人群的特征和风险现象的差异，进行风险含义和主体的系统界定。风险分析框架提出针对具体人群和具体风险界定系统的范围，进行系统界定，确定是谁的风险，明确风险中的核心主体（Messner，2014）。其次，根据系统的定义，风险来自系统自身对风险的需求，表现为系统的"自我创生"特质，即社会风险源于社会系统自身存在的需求，在外界环境刺激下进而产生了直接的社会风险形式。这一界定将抽象的"风险"概念界定为具体的风险含义，明确研究者具体观察的风险是什么领域的风险；系统界定环节包含了对风险边界的界定，也细化了对风险主体的界定，构建了风险源头分析和风险主体分析的系统结构（郑莉，2004）。

因此，风险分析框架中的系统界定和风险界定，融合了原有风险研究框架中的风险源分析和风险主体分析，将原有范式从因果链条扩展为对风险的系统认知，这种系统认知也可以看作对风险链条中原因与主体的界定，但是更加深入和具体。在明确风险是什么风险和是谁的风险后，卢曼改变了风险研究持有的"风险/安全"思维，进而提出"风险/危险"思维（秦明瑞，2003）。因此，本书认为，在风险分析框架中，要进一步判断风险的危险程度和危害后果，因而可以进一步针对确定的风险含义进行细化分析，讨论风险危险程度和风险影响。

2. 风险的二阶段观察

在确定系统定义后，就要根据具体的社会系统及其风险进行观察分析。系统定义解决了风险"是什么风险"和"是谁的风险"问题，观察则进一步明确风险的危险是什么，因而需要针对风险进行"观察"。观察是发现经过区分后的风险含义具体是什么形式以及在特定环境下的社会影响和风险后果，即是对风险危险程度的观察和判断。

在具体的观察阶段，卢曼提出了"一阶观察"（first order observation）和"二阶观察"（second order observation）概念（肖文明，2008）。一阶观察就是观察风险具体是什么类型的问题。在风险分析框架下，风险作为被观察对象，是已经被区分出来的客观存在和概念，研究者需要从具体背景出

发，通过观察继续深入认识风险在特定环境下的现状和后果，一阶观察就是
要把这种现状和后果通过具体和细化的观察标示出来，获得对风险的准确认
知（Santis et al.，2012）。

进一步，二阶观察开始后，研究者不再作为直接观察者去观察风险，而
是通过观察风险主体，分析风险主体如何观察自身存在和面临的风险议题。
因此，一阶观察实质上是针对风险主体的风险含义进行风险类别判断，二阶
观察实质上是针对风险主体风险认知进行风险程度判断，整个观察过程实现
了客观风险和主观风险感知的结合（张戍凡，2006），在同一个理论框架内
实现了对风险内涵和主体人群的系统性认识。

3. 风险的时间属性分析

与此同时，风险分析框架中，对风险的分析还纳入了风险的"时间属
性"（time）。卢曼认为风险的系统属性不能割裂风险行为历史（past）和未
来（future）之间的时间关联（Dallmann，1998），避免从单一时间截面推断
风险。风险的时间属性是指"今天"观察到的风险也包含了"过去"风险
的成分，"今天"的观察不能脱离对"过去"的参考，同样不能忽视对未来
的趋势判断（郑莉，2004）。传统风险研究视野也对"过去"风险进行关
注，主要关注的是风险经过时间发酵而出现的风险累积效应或累积后果
（吉登斯，2004）。风险系统不仅仅是传统研究中关注风险的时间累积后果
或者时间延续性，更是关注风险在时间维度上的范围（肖文明，2008）。从
字面意思上来看，风险性行为的时间属性在宏观层面表现为风险性行为历史
的连贯性，而在微观层面应该表现出风险性行为参与者过去风险参与的历史
或者过去经历，以及风险参与的未来倾向。

卢曼认为，在传统的社会现象分析过程中，当对社会风险现象进行观察
时，在分析当前风险过程中不得不将过去风险的回顾以及未来风险的估计置
于次要对比位置，割裂了风险存在的时间界限（焦瑶光、吕寿伟，2007），
因为过去风险和未来风险本质上是不同时空的共同属性（Luhmann，
1993a），都对社会环境和风险主体具有后果影响。因而，从风险的"时间
属性"可以看出风险的发展趋势和风险群体随着时间变化例如年龄增长而
出现的风险参与变化情况，体现出从"过去"到"未来"的时间链条。

因此，根据卢曼社会系统论视角下对风险的分析和判断，参照其解读风
险的认识论基础和方法原则，本书总结了卢曼社会系统论视角下针对风险的

分析框架，如图3-4所示。其中，纵向时间属性分析是建立在观察分析确认的风险类型基础之上，按照被识别出的风险类型从时间层面进行进一步的深入分析。

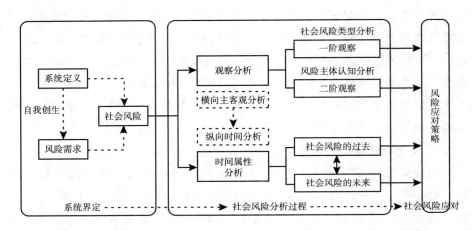

图3-4 社会系统论视角下的社会风险分析框架

社会风险的系统生成。在图3-4中，针对风险主体的系统定义是卢曼从系统论认知风险的首要前提。系统定义是在宏观风险背景下根据风险人群特征和风险含义对核心人群进行定义，使研究问题具体化。系统定义首先在理论框架里解决了"风险是什么""是谁的风险"的问题，明确了具体的研究对象和主体人群，具备了进一步观察风险和分析风险的基础。

在系统定义的基础上，才可以根据具体分析确定系统人群，按照人群所处的社会背景以及风险的具体内容进行进一步的观察分析。观察是对已经确立的系统及其风险含义进行分析解读，是风险分析的核心环节，将具体探讨风险"是什么形式"、"是什么类型"以及"是如何的"等问题。

社会风险的分析过程。在图3-4的分析框架中，社会风险的分析步骤由"一阶观察"、"二阶观察"以及"时间属性分析"构成。"一阶观察"识别通过观察风险现状，识别社会风险的基本情况及类型。

根据识别出的风险类型，通过"二阶观察"，研究者跳出直接观察的角色，去观察风险主体如何观察自己面临的风险，也就是研究者分析风险主体的主观感知。

根据识别出的风险类型，进行具体风险的时间属性分析，将风险分析过程放入"过去—未来"的时间维度中。在时间属性分析中，首先需要关注风险参与者过去的风险参与经历，判断风险参与者在风险参与时间上的"过去时"，同时关注风险参与者在风险参与时间上的"将来时"，分析不同风险参与者未来的风险倾向。

社会风险的应对。社会风险分析结论，将为社会风险的应对提供实证基础，进而可以提出有针对性的风险防范策略和风险后果治理策略。

（4）"系统—环境"沟通：影响因素扩展

社会系统的运行与风险产生一方面源于系统天然所具有的自我创生特性，同时也与社会系统和外在环境的互动、关联有关，这些互动和关联主要是通过系统自身与外在环境，即与所在社会情境进行沟通中的信息交流和资源交流实现的（Luhmann，1993b）。社会系统论视角下的沟通，系统与所在的社会情境之间的沟通直接表现为人群系统的基本元素即个人与社会情境的沟通，每个个体的沟通最终表现为系统整体存在的沟通现象（丁东红，2005），表现了沟通对系统的影响。

因此，农村大龄流动男性作为人群系统，其与所在社会情境的沟通虽然是通过每个个体进行沟通交流，但是本质上反映了系统整个人群与社会情境特有的沟通方式。因此，农村大龄流动男性构成的人群系统，其风险性行为也与这个人群系统与社会情境之间的沟通交流有关联，具体表现为每个个体与所在环境的沟通过程，包括沟通资源如个人社会经济地位、沟通过程如个人流动经历以及沟通媒介如社会媒体信息等。

第四节　农村大龄流动男性风险性行为分析框架的提出

根据社会系统论视角的分析框架，结合影响因素的扩展，本节将对扩展后的分析框架进行农村大龄流动男性风险性行为研究的操作化，进而直接提出适用于本书的农村大龄流动男性风险性行为分析框架。

一　风险性行为的人群界定与社会风险含义

（一）风险性行为的主体：人群系统

从公共健康领域的社会风险视角应用研究中，本书发现已有研究在确立系统定义过程中，始终以本领域核心分析人群为系统定义，例如公共健康将每个人操作化为个人生理健康、心理健康和社会健康三类构成的健康系统（Pelikan，2010）。因此，以人为核心构成的系统是客观存在的，表现为特殊的人群系统（Luhmann，2013b）。

在当前中国的人口流动趋势下，农村流动男性不仅是经济支持中的风险弱势群体，同时在城市发展的社会关系协调中属于利益弱势群体，成为城乡断裂风险的直接承受群体。随着婚姻挤压的日趋明显，逐渐增多的大龄未婚男性"光棍"无论是在人口发展还是在社会发展和公共管理中都存在发展失衡的风险。在婚姻挤压背景下，包含有大龄未婚男性的 28 岁以上的农村大龄流动男性，就构成了一个人群系统。这个系统有着相近的人口特征，虽然个体之间存在差异，但是与城市人口相比，他们依然是属于处于城市主流生活之外同时又游离于农村地区之外的独立群体。

中国转型期特殊的社会结构变迁为风险性行为提供了社会基础：社会结构变迁首先表现为婚姻挤压下大龄未婚男性"性"贫困人群的出现，风险性行为具备了重要的需求主体；社会结构变迁还表现在人口流动方面，流动人口是风险性行为的主体人群；无论是大龄未婚男性还是已婚流动男性，都是社会阶层分化中的弱势人群，都具有流动经历中的风险性行为倾向。因此，基于婚姻挤压和人口流动双重背景，本书认为，风险性行为的参与主体可以按照婚姻挤压首先分为大龄未婚男性和其他男性；其次其他男性又可以根据流动经历的差异，具体分为已婚男性、未婚同居男性以及离婚丧偶男性。

（二）社会风险："性"需求的自我创生与 **HIV/AIDS** 大范围感染与传播风险

社会系统论视角的优势之一在于，社会系统论视角下的社会风险，本质上来自系统内部"自我创生"特质导致的风险需求。对于农村大龄流动男性组成的人群系统而言，"性"的需求是一种人类自发的本能需求，在人群系统内部也表现为人群系统"性"需求的自我创生特质。大龄未婚男性作为当前婚姻挤压社会背景下特殊的弱势群体，在承受难以成婚压力的同时，也在遭受着直接的"性"压抑：一方面是缺乏婚姻家庭内的性生活条件；另一方面，农村地区的非婚姻性行为比例相比城市要低（张群林等，2009），这些经济条件和个人素质都较差的大龄未婚男性自然也是各种非婚性行为中的弱势群体，很难找到性伴侣（Li et al.，2010）。当他们进入城市，流动过程中各种非婚姻性行为，例如商业性行为和同性性行为，发生的机会都增加了，他们在性压抑下参与其中就成为可预见的风险趋势。

流动人口由于卫生资源和健康劣势而成为 HIV/AIDS 感染和传播的重点人群，HIV/AIDS 大范围感染和传播是他们流动经历中面临的社会风险后果之一。因此，具有高 HIV/AIDS 大范围感染和传播风险的风险性行为，就成为他们在健康层面的社会风险。仅从个人的 HIV/AIDS 感染率上来看，商业性行为和男男同性性行为都具有很高的 HIV/AIDS 传播率，是典型的具有 HIV/AIDS 后果的风险性行为。因此，这两类风险性行为成为 HIV/AIDS 大范围感染和传播风险的潜在载体，均有可能成为农村大龄流动男性面临的社会风险。

（三）二阶段观察：风险性行为的社会风险识别与风险认知

在社会系统论视角下，针对风险性行为的风险分析框架优势在于保证了主客观分析的统一性，即在分析中同时针对风险性行为客观事实和风险主体的风险认知进行观察分析，获得对客观风险现状和主观风险感知的认识。根据风险分析框架，主客观风险的观察通过"一阶观察"（first order）和"二阶观察"（second order）进行，观察分析就是将系统定义中确定的人群系统作为分析主体，将系统定义中确定的系统风险作为分析对象。本书确定农村大龄流动男性为人群系统，确定风险性行为是该人群系统自发产生的风险需求，在此基础上进行相应的观察分析。

1. 一阶观察：社会风险识别

本小节将进一步应用风险分析框架中的风险分析过程，首先从对风险性行为的客观分析进行现状分析，通过一阶观察，识别出哪类风险性行为更加具备 HIV/AIDS 大范围感染和传播后果，完成对社会风险的识别。

1）商业性行为

商业性行为和男男同性性行为是流动人口比较突出的风险类型，但是前者主要是以农村流动农民工为代表的低端消费人群的风险类型，婚姻挤压下的大龄未婚男性流动后很可能进一步强化流动人群的商业性行为态势：一方面，商业性行为是通过经济手段最容易获得的性行为参与方式，但是农村地区缺乏商业性行为市场，因而农村的大龄未婚男性在婚姻挤压与经济贫困下不得不承受"性"贫困；另一方面，进入城市后，大龄未婚男性将通过各种途径获得商业性行为市场的信息，因而通过最直接的经济交易改善自身

"性"贫困就成为可能。

但是,商业性行为并不只是在"性"贫困或性压抑下的风险选择,对于大龄流动男性中的其他男性而言,商业性行为也是他们最为常见的风险性行为类型。首先是同样处于未婚状态的离婚或丧偶流动男性,他们的性行为状态与大龄流动男性是一致的,即都缺乏固定的婚姻性伴侣;其次是未婚同居男性,他们虽然有固定的性伴侣,但是却缺乏法定婚姻束缚,因为未婚状态下非婚姻的性行为不是违法行为,近年来道德层面也对其逐渐宽容,因而未婚同居男性如果独自流动,也存在商业性行为参与倾向;最后是已婚流动男性,已婚群体大都是离开配偶单独流动,长期在外的个人生活失去了婚姻家庭的约束,因此商业性行为参与者中也存在已婚独自流动的男性。

2)男男同性性行为

男男同性性行为风险主要是指同性性倾向人群的风险类型,男男同性性倾向人群中的人口流动也使得男男同性性行为风险开始随流动人群而扩散(Chen et al.,2012)。针对农村大龄男性的研究证明了男男同性性行为参与者也可能包含婚姻挤压下的大龄未婚男性(Yang et al.,2011)。因此,商业性行为和男男同性性行为都有可能成为农村大龄流动男性重要的风险性行为途径。在本书关注的其他大龄流动男性中,男男同性性行为也是重要的风险参与倾向。男男同性性行为从婚姻家庭和社会关系角度,涉及同性婚姻和同性伴侣的道德合理性问题,即当前主流社会并不认同同性婚姻和同性家庭,很多同性性倾向的人不得不被迫结婚甚至构建虚假的形式婚姻家庭,即两个异性身份的同性恋者结成法定婚姻关系但是却各自与其同性伴侣保持性关系,因而农村大龄流动男性中的已婚人群也很有可能继续参与同性性行为。一些农村大龄流动男性中的离婚群体中,不排除部分人也是纯粹的同性恋人群,在脱离了异性恋婚姻道德束缚后,很可能会更加频繁地参与同性性行为而增大自身 HIV/AIDS 风险概率。

3)社会风险识别

从风险的个人风险后果来看,商业性行为虽然没有男男同性性行为 HIV/AIDS 传播率高,但是参与程度较为广泛;而男男同性性行为虽然具有更高的 HIV/AIDS 传播率,但是参与人数相比商业性行为要少得多。因此,针对上述两种风险性行为,本书认为应该结合婚姻挤压社会背景和农村大龄流动男性特征进行具体识别,识别出哪一类风险性行为更加具有 HIV/AIDS

在社会中的大范围感染和传播后果，从而在社会风险视角下识别出农村大龄流动男性在风险性行为中最主要的社会风险。风险性行为的社会风险识别也是深入分析风险性行为其他特征的基础。

2. 二阶观察：风险认知分析

在识别出农村大龄流动男性的社会风险后，本书将根据 HIV/AIDS 感染和传播风险，进行观察分析的第二阶段观察，即分析风险主体对 HIV/AIDS 感染和传播风险的认知情况。风险性行为的二阶观察需要由研究者去观察农村大龄流动男性如何看待自身存在的 HIV/AIDS 风险。对于农村大龄流动男性风险认知的观察，明确了农村大龄流动男性如何看待自己面临的风险性行为后果，体现出农村大龄流动男性对自身行为和环境的风险评估。对风险认知的分析也从农村大龄流动男性主观视角分析了与风险性行为相关的风险现状，是对客观风险认识进行补充解释的主观风险分析。

本书认为，鉴于商业性行为和同性性行为中都具有非常高的 HIV/AIDS 感染和传播率，因而 HIV/AIDS 知识水平将是农村大龄流动男性对自身风险认知的核心体现。风险性行为的直接后果即为较高的 HIV/AIDS 感染与传播，因此，对于风险性行为的风险认知可以直接由风险参与主体对 HIV/AIDS 的认知水平中反映出来。风险性行为及其带来的 HIV/AIDS 感染与传播现象，为与农村大龄流动男性的风险性行为相关的风险认知提供了直接的认知来源，包括 HIV/AIDS 传播的本质、路径、现象、症状以及防护等内容。农村大龄流动男性的风险认知状况因而也会直接表现为 HIV/AIDS 知识水平，这种知识水平能够体现出农村大龄流动男性对于风险性行为参与后果的了解程度，进而起到预防与行为约束作用，减少农村大龄流动男性的风险性行为参与。

图 3 - 5 是风险性行为风险认知与 HIV/AIDS 知识水平之间的关系，借此表明 HIV/AIDS 知识水平能够直接反映出农村流动男性对风险性行为的风险认知。

如图 3 - 5 所示，风险性行为带来的 HIV/AIDS 感染与传播后果为农村大龄流动男性中的风险参与者提供了直接的风险认知信息来源，这些信息来源在农村大龄流动男性群体中的存在，会逐渐形成系统化的 HIV/AIDS 知识体系，也表现为每个农村大龄流动男性个体多样性的 HIV/AIDS 知识水平。HIV/AIDS 知识水平的差异，也会左右农村大龄流动男性中的个人风险性行

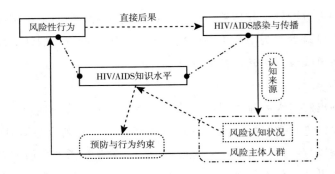

图 3 − 5 HIV/AIDS 知识水平对风险认知的代表性

为参与倾向，体现出风险认知水平对风险性行为参与的影响。因此，HIV/AIDS 知识水平可以作为农村大龄流动男性中风险性行为参与者的风险认知水平，进行二阶观察分析。

实际上，HIV/AIDS 知识水平的确对风险性行为有显著影响作用，大部分国家和地区，HIV/AIDS 知识水平较高的人在减少风险性行为的同时，也能够在风险性行为中采取措施保护自己。HIV/AIDS 知晓度是风险主体对 HIV/AIDS 风险最直观的观察，能够显示出农村大龄流动男性中不同风险性行为参与者之间对 HIV/AIDS 的了解程度，反映了农村大龄流动男性对风险性行为中 HIV/AIDS 风险的直观认知。HIV/AIDS 传播途径知识也是重要的风险认知能力，因为其包含了风险性行为的风险含义和风险程度。

（四）时间属性分析：风险性行为的过去经历与未来倾向

时间属性的分析是在社会风险识别的基础上进行的。与观察分析一样，针对风险时间属性的分析也构成了风险分析框架的重要环节。风险性行为的时间属性分析与卢曼在社会系统论中对时间属性的界定相一致，即探讨风险性行为参与的"过去—未来"（past-future）时间链条，因而本书的风险分析框架将具体关注风险性行为的过去经历与风险性行为的未来倾向。

有关风险的风险分析框架与传统的风险分析路径的差异之一，在于提出了风险所具有的"时间属性"（time），即风险的分析不仅从当前时刻分析风险的形式和内容，而且要从风险的过去、未来去观察风险的历史维度和未来维度，避免从单一时间截面推断风险主体及其风险行为的本质含义。因此，本书将风险的"时间属性"同样作为认识风险的重要途径，提出用动态和关联的思维看待风险性行为的发生历史与未来趋势，风险性行为的分析应该具有"过去（past）—未来（future）"的"时间属性"。

"过去—未来"的时间链条是体现"时间属性"的最直接指标，因为风险的过去经历代表着风险参与者在过去历史维度上的风险性行为经历，是一种回顾式的风险观察方式，带有发展和变化的视野看待风险性行为；而风险的未来参与倾向则是风险参与者在未来维度上的风险性行为趋势，是一种前瞻性的风险观察方式，同样带有发展和变化的视野看待风险性行为。

1. 风险性行为的过去经历

风险性行为的过去经历通过第一次风险性行为参与年龄进行分析。仅仅在某一时间截面上观察不同年龄段流动男性的风险性行为，虽然体现出一定的时间含义，但是只是静态地观察不同年龄段人群的行为差异，而无法体现出"时间属性"所特有的持续、动态和历史特性。由于风险性行为的初次年龄被证明与人生后期风险性行为的参与有显著相关性，因而本书引入了初次风险性行为年龄变量，初次风险性行为年龄变量所体现出的风险历史经历同时也体现出风险参与的初始年龄模式，反映了农村大龄流动男性风险"时间属性"的"过去经历"。从表3－1的访谈信息中可以看到，流动男性如果越早参与风险，个体生活环境和社会交往中风险的范围和严重程度就可能越高，也就意味着个体在风险中的脆弱性较强，成为社会风险的受害者；越早参与风险的个体也更容易带有风险印记，特别是在公共健康中弱势群体由于较早接触风险其更容易产生持续的健康危机；随着年龄增长，个人生活和交往的网络不断增大，也提高了个人风险向群体风险扩散的概率。

2. 风险性行为的未来倾向

在分析了风险性行为过去经历之后，还要在"过去—未来"的时间属性中关注风险性行为的未来参与情况。风险性行为的未来倾向通过未来一个月参与风险性行为的可能性进行分析。未来一段时间内参与风险性行为的可能性将是风险性行为未来倾向的直接体现。风险性行为的未来倾向体现出了在目前生活状况和认知条件下，农村大龄流动男性对于自身未来参与风险的主观判断，将现实条件下的风险性行为分析扩展到未来时间维度，体现出对未来风险状态的判断和预测。在婚姻差异层面，不同婚姻地位的农村大龄流动男性将很可能出现不同的风险偏好，进而对未来的风险参与表现出不同的倾向和积极性；在流动经历差异层面，随着流动经历的增加，一些农村大龄流动男性也很有可能在独自流动中逐渐出现风险性行为需求。

（五）社会情境因素：风险性行为的影响因素

社会系统的运行与风险产生一方面源于系统天然所具有的自我创生特性，同时也与社会系统和外在环境的互动、关联有关，这些互动和关联主要是通过系统自身与外在环境，即与所在社会情境进行沟通中的信息交流和资源交流实现的（Luhmann，1993b）。社会系统论视角下的沟通，系统与所在的社会情境之间的沟通直接表现为人群系统的基本元素即个人与社会情境的沟通，每个个体的沟通最终表现为系统整体存在的沟通现象（丁东红，2005），表现了沟通对系统的影响。

由于社会系统在运行过程中与周围环境存在的"沟通"是系统开放性的重要体现，因而沟通时社会系统运行中始终存在的客观要素，是系统发展的资源来源，也是系统存在风险的重要原因。婚姻挤压下的农村大龄流动男性，他们构成了独特的人群系统。作为人群系统，该人群的生存发展、福利与权益直至风险危机，都是人群系统和外界环境在沟通中持续存在的重要体现。这些沟通也间接引起社会情境因素对个人的影响，从而在个人社会经济地位（SES）、流动经历、态度与主观规范以及社会信息交流等层面表现出来；在信息时代，这种社会信息交流还集中表现为社会媒体信息对个人的影响。

1. 个人社会经济地位

社会经济地位体现了个人所具有的社会支持和健康资源，因而是个人与外在环境发生相互作用的重要物质基础。个人社会经济地位代表了农村大龄流动男性在城市中个人生活条件的变化与周围环境的变化的适应程度，显示了个人与环境进行沟通交流的能力，在行为层面则表现为自身社会经济地位对于行为参与的支持程度，包括风险性行为。根据现实条件的估计，社会经济地位的提高，将大大改变婚姻挤压下大龄未婚男性的经济劣势，至少在城市中的商业性行为参与上具备经济基础，从而加大商业性行为风险。从性少数人群的实践分析来看，同性恋少数人群一般都是在经济条件社会地位较为优越的人群中更容易显现出来，因而社会经济地位的提高，将很可能使农村大龄流动男性群体中少部分的同性恋群体更加主动地显露出来，从而出现男男同性性行为风险的增加趋势。

2. 流动经历

婚姻挤压下的大龄未婚男性会通过流动经历改善自身的经济贫困，从而为解决自身存在的"性"贫困状态提供经济基础，途径之一很可能是商业性行为。而其他农村大龄流动男性在流动中也会存在风险性行为参与的环境和氛围，特别是流动经历中离开配偶家庭独自流动，同时失去了农村地区的传统道德束缚，很可能激发那些离开配偶独自流动男性的风险性行为需求。独自在外的流动男性是大量低端市场商业性行为的核心参与人群，流动是催生这些高风险商业性行为参与主体的重要原因。与此同时，一些同性性倾向的性少数人群，则更有可能通过流动获得同性性行为参与的小群体，在流动中增大了个人风险性行为的参与机会。性少数人群往往受到缘由社区主流性别观念和婚姻观念的束缚，他们很难主动表达同性性倾向和性需求；大龄流动男性流动后进入新环境，没有家庭和传统社区的道德束缚，男男同性恋群体可以更加自主和主动地表达性需求，进而表现为流动过程中男男同性性行为风险的增加。

3. 态度、主观规范

与风险认知相关的态度和主观规范则是个人对风险环境的直观认知，代表了环境氛围对个人的影响。态度来自个人成长经历中获得的信息和道德规范，同时态度也是个人在生活环境中对环境信息按照自身认知进行选择性接受的重要体现，态度就是个人生活环境、生活情境对个人影响的集中体现，也是个人与环境信息沟通的重要体现。另外，主观规范代表了周围人群对风险性行为的认同程度，例如周围人群参与风险性行为的状况就体现出周围环境对风险性行为的认可程度。这种主观规范对个人风险性行为参与的影响，实质上也是个人在与周围人群进行信息交流和沟通过程中感受到的环境压力，是一种来自外在环境的情境影响。因此，态度和主观规范也是个人风险性行为影响因素的重要体现。

4. 社会媒体信息

在当前的信息时代里，社会媒体信息对个人行为而言是很强的环境影响因素，也是信息时代社会情境的重要体现。在与风险性行为相关的性与生殖健康领域，由于长期对"性"话题讳莫如深，主流媒体信息经常显现出一种讲不透、遮遮掩掩的状态，因而主流媒体围绕"性"安全的信息对于弱势群体的影响并不突出；反倒是网络媒体时代的社会媒体信息传播使得流动人口更容易受到风险信息影响，例如色情网站和色情录像的可获得性，使得广大农村男性在缺乏性与生殖健康知识的同时，通过色情媒体信息和不良信息获得了风险性行为的错误信息，很可能激发出风险性行为的潜在需求。因此，目前的社会媒体信息影响，出现了主流媒体信息弱于社会风险信息的局面，也很可能影响农村大龄流动男性的风险性行为需求。

因此，基于以上对风险性行为的路径进行应用和扩展分析，本小节将农村大龄流动男性风险性行为的相关概念进行适用于本书分析的概念操作化，如表3-4所示。

表3-4　分析框架的概念操作化

框架元素	概念	操作化	指标名称	具体含义
系统界定*	系统界定	人群系统	农村大龄流动男性	大龄未婚男性 已婚男性 未婚同居男性 离婚丧偶男性
系统界定*	自我创生	"性"需求	风险性行为	商性性行为 同性性行为
	社会风险	HIV/AIDS大范围感染和传播风险		
分析过程**	观察分析	一阶观察	社会风险识别	具有社会风险后果的风险性行为类型
		二阶观察	风险认知	HIV/AIDS传播的风险认知
	时间属性分析	过去	过去经历	第一次风险性行为年龄
		未来	未来倾向	风险性行为未来参与倾向
	"系统—环境"沟通	社会情境因素	影响因素	社会经济地位流动经历态度与主观规范社会媒体信息
分析目的***	风险对策	对策设计	工作框架	公共政策框架设计
	风险应对策略	策略提出	实施策略	公共政策实施策略

注：*表示本书分析的人群界定与风险含义界定；**表示本书分析的核心章节与分析内容；***表示本书分析结果的公共政策启示。

二　农村大龄流动男性风险性行为分析框架

基于社会系统论视角下的分析框架扩展和操作化，本节提出了婚姻挤压下农村大龄流动男性风险性行为的分析框架。分析框架包括三部分：首先是人群系统及其社会风险的界定；其次是农村大龄流动男性风险性行为的分析过程，其中包含风险性行为的影响因素分析；最后是风险性行为分析的落脚点。

（一）　人群系统与社会风险的界定

婚姻挤压下的特殊人群将构成一个人群系统，并且由于社会系统所具有的封闭性而存在显著的弱势人群特征。转型期社会造成的阶层分化和人口流动变迁，在婚姻市场上加剧了农村地区弱势男性的婚姻困境，因此大龄未婚男性就成为婚姻挤压背景下重要的弱势群体；另一个转型期特征是人口地域变迁下的人口流动，而现实二元化结构下，从农村进入城市的农村流动人口是典型的弱势群体。因此，人群系统将按照婚姻地位差异和流动经历差异进行具体界定。

婚姻挤压与人口流动环境下，农村大龄流动男性作为弱势人群的典型代表，其流动经历中具有 HIV/AIDS 大范围感染和传播后果的风险性行为是关乎个人健康的最直接社会风险。这种风险既来自大龄未婚男性"性"贫困下的风险性行为需求，也来自流动男性由于单独流动导致的"性"短缺下的风险性行为趋势。商业性行为和男男同性性行为是目前已知具有HIV/AIDS 个人感染风险的行为方式，都存在个人风险向社会扩散的可能，因而本书的风险性行为确定为以上两类性行为；在具体分析中将围绕两类风险性行为是否具有 HIV/AIDS 大范围感染和传播后果而确定哪类属于社会风险。

（二）　风险性行为的分析过程

根据卢曼社会系统论进行的风险性行为分析，通过一阶观察和二阶观察进行社会风险识别以及风险主体的风险认知水平分析；针对风险性行为的"时间属性"的分析，获得对风险性行为过去经历和未来倾向的科学认识。

首先，进行"一阶观察"：针对风险本身进行现状分析，根据两类风险性行为的社会影响范围和不同风险性行为的社会风险圈大小，识别哪类风性行为是农村大龄流动男性的社会风险；以被识别的风险性行为作为基础，进行"二阶观察"和"时间属性"的分析。

其次，以"一阶观察"得到的风险性行为类型为基础，进行"二阶观察"：针对风险主体的风险认知水平进行分析，获得主观层面风险程度的科学认识。

再次，以"一阶观察"得到的风险性行为类型为基础，对风险的"时间属性"进行"过去—未来"时间链条上的分析，讨论第一次参与风险性行为的年龄和未来一个月风险性行为参与的可能性，从第一次风险性行为参与年龄的变化趋势以及风险性行为未来参与的可能程度来判断风险性行为参与的时间差异。

最后，在此基础上，本书根据流动人口社会情境因素对个人行为的影响，进行风险性行为的影响因素分析，本书将引入社会经济地位、流动经历、态度与主观规范和社会媒体信息四类影响因素，用于讨论农村大龄流动男性风险性行为的影响因素。

针对婚姻挤压下的农村大龄流动男性风险性行为的分析，最终的落脚点是如何改变和健全目前尚未完善的流动人口风险防范与治理工作体系，因此本书分析的核心内容最终还要服务于公共政策讨论与策略建议。政策讨论和策略建议将根据本书的分析结论，首先进行政策框架设计，进而得出具体的政策实施策略建议。

（三）农村大龄流动男性风险性行为分析框架

本书提出的分析框架如图 3 - 6 所示。

（1）系统生成部分，是本书界定核心人群及其风险性行为的社会风险后果，提出本书核心的研究问题；

（2）在风险分析过程中，"一阶观察"中的社会风险识别研究围绕商业性行为和男男同性性行为进行对比分析，依据是否可能造成 HIV/AIDS 大范围感染和传播后果，判断哪一种风险性行为属于本书界定的社会风险；"二阶观察"和"时间属性"分析将只针对被识别出的该类型风险性行为进行风险认知、风险性行为过去经历以及未来倾向的分析；

（3）最后，提出应对策略，根据风险性行为的社会风险识别、风险认知以及风险性行为过去经历和未来属性的分析结果，进行有针对性的风险预防和干预策略讨论。

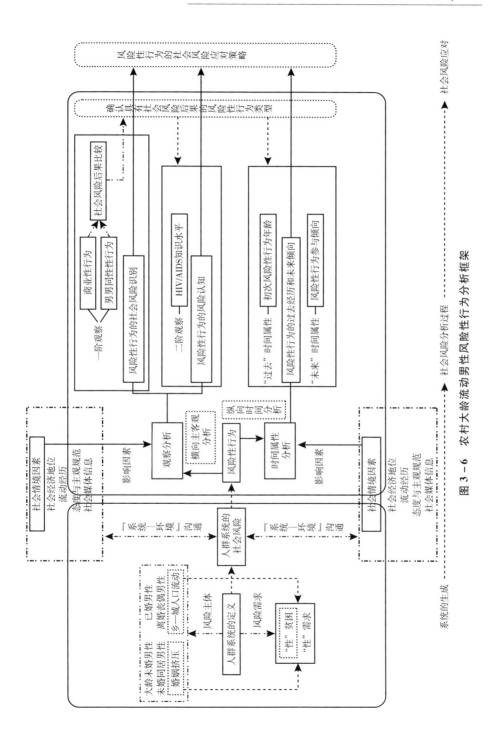

图 3－6 农村大龄流动男性风险性行为分析框架

图 3 - 6 的分析框架是观察风险性行为的方法论拓展，提供了全新视角审视特定社会风险环境下的风险含义和风险主体，特别是提供了系统界定，将特殊人群看成具备风险概率的人群系统；具体分析中，首先从横向层面进行包含有主客观分析的二阶段观察方法；其次在纵向层面纳入风险性行为的时间属性，分析风险性行为的过去经历和未来倾向。因此，该框架不仅保证了主客观分析和主观感知分析的统一，也保证了风险纵向时间分析的连续性，是风险性行为研究的系统性分析框架。

第五节　农村大龄流动男性风险性行为分析框架的验证思路

在风险分析框架的系统定义阶段，本书明确了婚姻挤压下农村大龄流动男性作为风险人群，构成了特殊的人群系统，具体包括婚姻挤压下的大龄未婚男性、非婚姻挤压的其他男性如已婚男性、未婚同居男性以及离婚丧偶男性等；在此基础上，根据系统的自我创生特性，本书将"性"需求定义为系统自发产生的天然需求，因而农村大龄流动男性构成的人群系统，"性"需求将是系统风险产生的重要内在动因，进而明确婚姻挤压背景下"性"贫困所导致的风险性行为需求。由于风险性行为具有的 HIV/AIDS 大范围感染和传播后果，加上大龄流动男性的自身劣势导致的卫生和健康劣势，风险性行为需求下的农村大龄流动男性将面临 HIV/AIDS 大范围感染和传播的社会风险。

本书分析框架的具体验证思路如下。

首先，根据农村大龄流动男性存在的两类风险性行为，进行"一阶观察"，判断两类风险性行为的 HIV/AIDS 大范围感染和传播后果，识别哪类风险性行为是当前社会环境下的社会风险。识别过程包括对比分析婚姻挤压下农村大龄流动男性商业性行为和男男同性性行为的风险参与程度及其社会情境中的影响因素。根据分析结果，构建风险性行为社会风险后果的指标体系，参照经典的风险后果判断标准，比较商业性行为和男男同性性行为的社会风险后果大小，依此构建两种风险性行为的社会风险圈，识别婚姻挤压下农村大龄流动男性面临的社会风险，即具有 HIV/AIDS 大范围感染和传播后果的风险性行为。被识别出的该类型风险性行为将是接下来"二阶观察"和"时间属性"分析的基础。

其次，在社会风险识别的基础上，进行"二阶观察"，观察风险主体也就是农村大龄流动男性对 HIV/AIDS 感染和传播的认知，反映他们对 HIV/AIDS 感染和传播风险的认知能力。鉴于 HIV/AIDS 知识水平能够直接反映个体对 HIV/AIDS 感染和传播的认知，本书的风险认知分析将通过 HIV/AIDS 知识水平评估农村大龄流动男性对 HIV/AIDS 的知晓度和"神秘感"认知以及传播途径认知和自身感染风险的认知状况，判断农村大龄流动男性对性行为风险的认知能力；还将引入社会情境因素作为风险认知的影响因素，判断弱势人群主观层面表现出的风险状况及其影响因素。

最后，针对风险性行为的"时间属性"进行分析。时间属性是纵向时间维度上的"过去—未来"链条，首先进行风险性行为过去经历的分析，围绕初次风险性行为年龄进行判别，描述不同男性在初次风险性行为参与年龄中表现出的时间差异，在此基础上引入社会情境因素，分析初次参与风险性行为时间的影响因素；其次进行风险性行为未来参与倾向的分析，围绕未来一个月参与风险性行为可能性进行判别。通过在婚姻差异和流动经历差异层面进行描述，判断不同条件下农村大龄流动男性在未来参与风险性行为的可能性，预测风险性行为的未来趋势；在描述分析的基础上将进一步引入社会情境因素，判断风险性行为未来趋势的影响因素。

第四章　数据来源与样本信息

第一节　问卷设计

本书的数据来源为"农村大龄流动男性性与生殖健康及家庭生活问卷调查"。目前，还没有专门的针对农村大龄流动男性性行为相关问题的问卷可供研究者参考，因而问卷设计过程中，本书作者和研究团队成员查阅了近年来研究中国人性行为相关议题的文献和调查，结合部分性行为研究中已经应用的指标和量表（潘绥铭等，2004；黄盈盈、潘绥铭，2013；Davis et al.，1999），借鉴成熟调查工具的应用实践，参照农村大龄流动男性和中国社会文化特征进行了改进，增加了一些与婚姻挤压相关的题项设置，最终形成了"农村大龄流动男性性与生殖健康及家庭生活问卷"。

一　问卷开发

问卷设计过程中，本书作者和团队成员首先开发了适用于婚姻挤压背景下的流动人口基本信息题项。问卷的开发首先参考了与流动人口相关的调查问卷问题设置，在人口基本信息题项的基础上，加入了与流动相关的测量题目；根据农村大龄流动男性婚姻条件的特殊性以及本书主题，增加了是否与伴侣流动以及流动居住形式等题项；针对婚姻挤压背景，问卷开发了与婚姻挤压相关的婚育观念题项，包括婚姻的必要性感知量表、未婚失望程度量表、终身不婚态度量表以及对未来婚姻预期等题项；修正了传统的与性伴侣相关的问题结构。本次问卷设计按照性伴侣类型区分进行性行为题项的设计，将性伴侣类型按照时间区分，分为一个月性关系的性伴侣、三个月性关系的性伴侣、六个月以上性关系的性伴侣三部分，其中包含有商业性行为等特殊性伴侣问题，具体测量与每个性伴侣相关的性行为信息。

　　本书问卷的开发工作将已有研究中的性行为研究问卷作为参考，重点是设计适合于与婚姻挤压下农村大龄流动男性风险性行为相关内容的调查问卷。由于本书针对婚姻挤压和人口流动双重背景，因而问卷内容的开始部分主要涉及个人流动经历与流动中的生活状况，同时还涉及与婚姻挤压相关的婚姻观念和生育观念等。随着答题的深入而逐渐过渡到与“性”相关的题项。

　　在具体的风险性行为测量题项开发过程中，结合本书分析对象特征以及已有的成熟问卷中相关题项设置，分别就风险性行为、HIV/AIDS知识、与风险性行为相关的态度和主观规范以及社会媒体信息等进行题项开发和设置。与风险性行为相关的问卷核心内容设计过程如表4-1至表4-4所示。

表4-1　风险性行为的操作化与题目开发

概念	操作化	测量方法	参考来源
风险性行为	商业性行为 到目前为止是否与商业性工作者发生过性行为交易 男男同性性行为 到目前为止是否与男性发生过性行为	0＝否 1＝是	参照潘绥铭、Xia Guomei等的论文（潘绥铭、杨蕊，2004；Xia et al.，2009）
风险性行为过去经历	第一次商业性行为年龄 第一次与商业性工作者或小姐发生性行为交易时候的年龄 第一次发生同性性行为时的年龄 第一次与男性发生性行为时候的年龄	连续变量年龄	
风险性行为未来倾向	风险性行为的参与倾向 未来一段时间内（例如一个月内）发生风险性行为的概率	五级李克特量表 1＝非常不可能 2＝不可能 3＝不知道 4＝可能 5＝非常可能	改编自黄盈盈、Snyder、Peng以及Engquist的论文著作（黄盈盈、潘绥铭，2013；Peng et al.，2013；Engquist et al.，1992）

表 4 - 2　风险认知水平：HIV/AIDS 知识的操作化与题目开发

概念	操作化	测量方法	参考来源
传播途径	HIV/AIDS 如何传播 （F:错误含义的题项 T:正确含义的题项） 跟感染者握手会感染艾滋病吗（F） 与感染者一起吃饭会感染艾滋病吗（F） 在正规场所献血会传播艾滋病吗（F） 与感染者公用餐具会感染艾滋病吗（F） 与感染者一起游泳会感染艾滋病吗（F） 蚊子叮咬会传播 HIV/AIDS 吗（F） HIV/AIDS 感染者中的妇女可以生育健康孩子吗（T）	三分类变量 1 = 会 2 = 不会 3 = 不知道	改编自 Carey HIV-KQ 18（2002） Vermund HIV-KQ 27（2012） Davis Chinese version of HIV-HQ（1999）等的文献（Carey et al., 2002；Carey et al., 2012；Davis et al., 1999）
神秘感	HIV/AIDS 感染者特征 一个看起来健康的人也可能携带艾滋病（HIV/AIDS）病毒吗（T） HIV/AIDS 是否可以治愈 艾滋病（HIV/AIDS）可以治愈吗（F）	三分类变量 1 = 会 2 = 不会 3 = 不知道	
知识知晓度	是否听说过 HIV/AIDS 听说过艾滋病（HIV/AIDS）吗	0 = 否 1 = 是	改编自 Davis 的 English version of HIV-HQ（2008）（Davis et al.,2008）
风险感知程度	使用安全套与 HIV/AIDS 传播 使用安全套可以降低艾滋病（HIV/AIDS）传染风险吗（T） 多个性伴侣与 HIV/AIDS 传播 只与一个性伴侣发生性行为可以降低艾滋病（HIV/AIDS）风险吗（T）	三分类变量 1 = 会 2 = 不会 3 = 不知道	改编自 Ford（2000）（Ford et al.,2000）

　　表 4 - 1 是风险性行为的概念与操作化过程。针对本书调查样本全部为男性的特点，女性商业性工作者和男性是本书样本风险性行为的发生对象，即与小姐的商业性行为和男男同性性行为。在风险性行为的年龄模式上，为了突出"时间"属性，本书采用回溯式问题，即询问第一次商业性行为的年龄。

　　表 4 - 2 是农村大龄流动男性生殖健康知识题项的开发过程，参考 HIV/AIDS 知识问卷，设计了生殖健康知识系列题项，包括 HIV/AIDS 知晓度、传播途径、HIV/AIDS 症状"神秘感"以及风险感知信息。知识题目的设置应用

了李克特量表；在具体题项测量中，除了测量答题者对于题目正确或者错误认知以外，还提供了"不知道"选项，避免对于题目不知道的答题者在"是—否"二元选项中被迫选择。"不知道"选项也有效减少了测量的误差。

表4－3是与风险性行为相关的态度和主观规范量表开发过程，本书首先设置了与风险性行为相关的态度问题，其中，既包括常用的五级李克特量表，也包括具体化的围绕"认可"程度差异的态度问题；在主观规范题项上，设置题项询问周围人参与风险性行为的数量，用于反映周围人参与风险的示范效应，作为主观规范量表。同时，为了更加科学和精确地测量样本对于周围主观规范的感知程度，本书在主观规范量表中加入了"不知道"选项，用于反映没有感受到周围环境中风险性行为主观规范的部分样本的真实情况，从而减少了答题者回答提问的偏差（Yang and Xia，2006）。

表4－3　风险性行为态度与主观规范的操作化与题目开发

概念	操作化	测量方法	参考来源
态度	对商业/男男同性性行为的认可程度 如果一个男人和性工作者（也叫小姐）发生性行为，你怎样看待这种行为 如果一个男人和男性发生性行为，你怎样看待这种行为	四分类变量 1 = 不光彩 2 = 如果是未婚情况下发生，可以接受 3 = 无论是否结婚，都可以接受 4 = 完全不能接受	改编自黄盈盈、Peng、Engquist 等的论文著作（黄盈盈、潘绥铭，2013；Peng et al.，2013；Engquist et al.，1992）
主观规范	周围人当中参与商业/男男同性性行为的数量 你认识的人当中，有多少人与性工作者（小姐）有过性行为 你认识的人当中，有多少人与男性有过性行为	扩展后的序次变量 1 = 全部 2 = 大部分 3 = 大概有一半 4 = 很少" 5 = 没有一个 6 = 不知道	改编自 Engquist、潘绥铭等的论文（Engquist et al.，1992；潘绥铭、黄盈盈，2013）

最后，为了与当前信息媒体时代特征相适应，本次问卷参考已有的性行为问卷中涉及的与互联网和媒体信息相关的测量题项，开发了与性行为相关的社会媒体信息，包括互联网接触、色情网站接触和色情录像观看等，用于测量大龄流动男性从农村流动进入城市后，接触到的社会媒体信息情况，如表4－4所示。在当前环境下，互联网实质上已经开始扮演信息传递和信息

平台的角色。因此，网络不仅扩大了传统的色情录像传播色情信息的单一模式，而且通过黄色网站还提高了网络使用者接触色情信息的范围和频率。

表4-4　与风险性行为相关的社会媒体信息的操作化与题目开发

概念	操作化	测量方法	参考来源
社会媒体信息	互联网接触 最近一年上网的频率 色情网站 最近一年上色情网站的频率	三分类变量 1 = 经常上 2 = 偶尔上 3 = 没上过	参照潘绥铭、黄盈盈等的论文（潘绥铭、杨蕊，2004；黄盈盈、潘绥铭，2013）
	色情录像 最近一年看色情录像的频率 第一次看色情录像的年龄	三分类变量 1 = 经常看 2 = 偶尔看 3 = 没看过	

二　问卷内容

本书中使用的调查问卷最终由以下内容构成：第一，人口统计信息，例如年龄、教育、婚姻、来源地信息等，个人主观层面的经济感知、健康感知等，流动特征下的流动经历、流动居住方式、流动形式等；第二，结合婚姻挤压议题设置了婚育观念问题，包括婚姻挤压的感受、婚姻需求情况等；第三，生殖健康知识题项，主要围绕 HIV/AIDS 知识的知晓度，传播途径的知晓度，疾病本身特征的了解以及对于 HIV/AIDS 传播的风险感知等；第四，态度与主观规范题项，包括农村大龄流动男性对性问题的态度和认知，具体为对性的态度和对风险性行为的态度等；第五，行为题项，设计了包括普通性行为和风险性行为等具体行为实践。研究中对态度和主观规范等量表题项，参考了已有较为成熟的性行为研究量表（潘绥铭等，2004），能够获得较为准确的人类敏感行为态度和规范认知信息。问卷的具体内容在本书附件中有详细描述。

第二节　数据采集

在正式调查开始前，研究人员就问卷质量和精确度进行了试调查，试调查样本选取了学校附近工地的外来务工人员 30 人，邀请他们进入学校教室进行答题，在试调查过程中，发现了一些与问卷操作和题目设置相关的问题与不足，包括题目定义太长、名词显示空间不足、题目文字描述过于复杂以及答题者问卷操作规则不熟悉等。在对试调查总结问题和修改问卷的基础上，最终于 2010 年 1 月至 2010 年 2 月完成了正式调查。

本次调查的人员除了本书作者和团队成员之外，还专门有偿聘用了部分调查员协助调查。本书的数据采集流程如图 4 - 1 所示。本次调查由于涉及个人敏感隐私问题，以及婚姻挤压背景下的样本年龄模式，因而在调查地选择、现场调查以及数据录入与清洗过程中都遵循严格的步骤和流程，尽量提高调查工作对于社会环境和目标人群的实用性和准确性。本次调查在数据采集过程中，邀请个别计算机出身的调查员设置了相应的程序，避免个别样本重复答题、操作不当跳题以及外界干扰中途中断等现象。不过，依然存在一些误差，但是通过上述程序与流程将误差尽量控制在可接受的范围内。

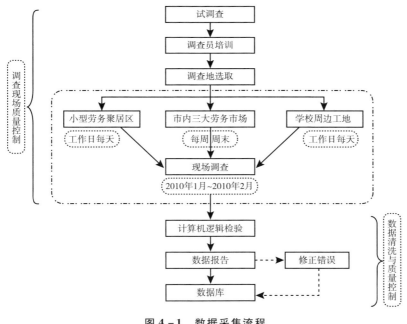

图 4 - 1 数据采集流程

一 调查地选择

本次调查地位于陕西省西安市。西安市是陕西省省会，也是西北地区的中心城市，因而成为西北地区流动人口流入最多的城市，目前已经超过 200

万人。西安市流动人口的来源地以本省跨市居多，跨省流动人口主要来自周边临近省份，如河南、四川、甘肃、湖北、安徽和山西等。

图4-2是截至2010年，西安市的城市区域规划。西安市北郊是经济技术开发区，区内劳动力产业较多，是流动务工人员主要的聚集区域，并且在区域内有规模较大的流动人口劳务市场；西南郊是高新技术开发区，但是也有很多劳务工作需求，高新区城南有一个较大的流动人口劳务市场，因而也吸纳了很多外来务工人员承担低端劳务工作；城市东南区域的曲江新区是文化产业开发区，涉及的劳务需求较少，因而流动人口聚集数量不多；城市东北区域的浐灞生态区，目前尚处于开发阶段，还没有成为流动人口聚集的代表区域；中部的老城区一直是城市建设的重点，城区内建筑工地较多，外来流动人口数量较大，是流动人口典型的聚集区域。西安市人口流动与上述城市区域规划存在一定的关联，因而也决定了研究人员对样本抽样区域的选择。

图4-2 2010年西安市城区规划

资料来源：西安市规划局网站。

二 样本抽样

本书调查过程中将样本年龄界定为28岁及以上的具有农村户口的农村

大龄流动男性（Engquist and Parcel，1992）。本书中流动人口的定义为：持有农村户籍并且流动进入西安城区的农村务工人员。因此，如果持有西安周边县区农村户口，也是本书的调查对象。其中，西安周边特指西安周边较近区域的农村地区，如周至、户县等。在28岁之后，农村地区无法成婚的男性将会面临更加严峻的成婚压力（姜全保等，2009；Li et al.，2010）。因而将样本年龄设定在28岁以上，可以在婚姻差异下对比分析未婚男性和已婚男性，获得婚姻挤压对性行为差异的影响信息。调查抽样包含了大龄未婚男性和已婚男性。

在试调查过程中发现，西安市的流动人口登记信息尚未完善，如果前往流动人口管理部门进行流动人口总体的随机抽样无法实现。鉴于无法随机抽取样本，本书最终选取了调查点方便抽样原则。在正式调查开始前进行了调查抽样地点的踩点，根据西安市城区规划分布和流动人口聚集特征，研究者总共发现市区内有三个大型劳务市场，分别位于北郊经济技术开发区、南郊高新技术开发区以及老城区，三个劳务市场也代表了西安市主要的流动人口聚集区域。

选择如上三个劳务市场的主要依据是：首先，三个劳务市场位于城市不同区域，根据多数流动人口就近务工和方便务工原则，三个劳务市场能够满足西安市外来流动人口分布的多元性，尽量避免样本单一和减少误差；其次，劳务市场内部流动人口相对集中，上述三个劳务市场不局限于建筑务工人员方面的信息，还包括了建筑业之外的其他务工信息，因而能够在流动人口的职业分布上提高代表性；最后，以上三个劳务市场也是西安市劳动和就业管理部门重点推荐外来人口务工的场所，因而在规模、安全和场所等层面都相对理想，能够保证调查样本的易获得性和调查过程的安全性。

另外，即使在劳务市场内部，行政管理部门也没有建立登记制度，因而各个市场内的随机抽样依然无法实现。因此，研究人员同样选择了方便抽样原则，以28岁年龄为标准，招募自愿参与调查者，完成调查者可以继续推荐身边工友参与调查。调查过程中，由于28岁以上的大龄未婚男性样本很难寻找，因此在调查一开始首先进行未婚男性流动人口抽样，在充分保证大龄未婚男性人口样本的基础上，进行其他一般流动人群的样本抽样。劳务市场的调查在调查期内每个周末进行。

由于调查问卷题目较多，被访问者大部分受教育水平不高，答题时间相对缓慢，因而在每周周末的劳务市场调查的同时，调查人员还在调查期内每天前往学校周边打工者聚居的建筑工地和小型劳务市场，邀请 28 岁以上的男性流动样本人口前往学校答题。这种抽样方式的选择也是基于三个劳务市场的调查样本同质性逐渐出现，相同群体重复答题的可能性增加，因而选择上述调查方案，希望获得差异性和多元性的样本群体。由于建筑工地主管单位拒绝提供打工者名单，研究人员同样采用了方便抽样原则。

三 质量控制

由于本书涉及的性行为调查在中国大部分人群中依然很敏感，为了保证问卷数据的回收质量，本书作者在一开始就从问卷设计着手，在调查全过程注重调查工作的质量控制，尽可能保证调查工具、调查过程以及数据回收的科学性。

（一）调查问卷设计

首先，问卷设计中就重点突出对问题敏感度的逐步消解，在开头即进行调查解释，明确说明本次调查的目的仅用于学术研究，调查问卷为匿名调查，不会泄露私人信息，同时声明被访人的信息受到统计法保护；其次，在调查问卷的整体内容设计上，由一般信息逐步过渡到敏感信息，避免与性行为相关的敏感信息使答题者产生抵触情绪。因此，调查问卷在设计之初就充分考虑农村大龄流动男性对性行为问题的接受程度。

（二）笔记本使用

由于本次调查内容大部分涉及个人敏感的性行为，因而采用个人隐私保护手段是本次调查的另一个重点考虑。因此，调查方式采用计算机辅助调查即 Computer-Assistance Personal Investigation（CAPI），将电子问卷输入笔记本电脑中，让答题者自己进行答题操作（Yang and Xia，2006）。电脑问卷的优点在于笔记本电脑操作简单易行，只需要对答题者做简单讲解后即可以让答题者单独自行答题，有助于保护个人隐私，从而从根本上减少错误答题，减少样本的数据误差（Yang and Xia，2006）。本次调查问卷内容较多，篇幅较长，电脑问卷形式也有助于问卷答题速度的提高。另外，笔记本答题的优点在于，答题者可以自己一人专心答题，避免纸质问卷回答中的多人聚集商量现象，减少个人回答性行为相关问题的尴尬场面，保证答题者问卷答案的可信度和真实性。

（三）调查场所控制

在劳务市场和建筑工地调查阶段，本书作者和调查员将计算机带入调查地点，在劳务市场或建筑工地内隔离出封闭空间，避免外界对于答题者的干扰。而在校内调查点，调查工作放在学校实验室进行。两类问卷执行方式虽然场所不同，但是都需要在调查点设法隔离出安静勿打扰的空间，让答题者安静答题，避免受打扰。在答题开始前，调查人员会对答题者解释调查数据的学术用途和数据保密原则，保证被访者的个人数据信息安全和隐私；同时简单介绍电子问卷答题中的电脑操作方式和注意事项，向答题者说明本次调查过程中允许随时自由退出等信息。随后，调查人员将离开答题区域，只在答题者要求电脑操作协助时进行指导。

（四）数据清洗

由于使用了笔记本电脑问卷，因而本书的数据采集过程省略了传统的纸质问卷输入环节，提高了数据采集效率；但是，电脑问卷数据依然需要进行数据的逻辑检验并进行数据清洗工作。本次调查共计完成 979 个样本，其中 26 个样本由于问卷过于敏感而中途退出，最终的完成率为 97%；此外，14 个样本由于是西安本地户口，因而不符合流动人口特征而被剔除。最终，共收集有效样本数 939 个。

第三节　样本信息

一　个人信息概况

表 4-5 为本次调查的样本基本信息。本次调查的样本信息中，农村大龄流动男性的平均年龄为 39 岁，因此本次调查样本属于中国流动人口青壮年阶段的群体，具有性别失衡和人口流动下风险参与的群体特征：青壮年阶段中的未婚男性，能够体现出 28 岁以上大龄未婚男性婚姻挤压的年龄特征；另外，青壮年阶段的农村大龄流动男性与新生代农村流动男性相比，更能体现出流动经历带来的行为和观念变化。

表 4 – 5　样本信息

人口信息	样本数 N	百分比/均值(SD)	min/max
年龄	939	39 岁(7.29)	28/65
教育			
小学及以下	170	18.1	
初中	550	58.6	
高中及以上	219	23.3	
收入			
1000 元以下	344	36.6	
1000～1500 元	298	31.7	
1500 元以上	297	31.6	
婚姻状况			
大龄未婚	126	13.4	
已婚	647	68.9	
同居	79	8.4	
离异或丧偶	87	9.3	

　　如表 4 – 5 所示，大龄未婚男性只占到 13.4%，这与婚姻挤压下大龄未婚男性属于少数群体的特征吻合（靳小怡等，2010；靳小怡、刘利鸽，2009）；已婚者的比例最高；此外，还有部分未婚同居者以及离婚丧偶者。大部分流动人口来自陕西省内，这与西安市流动人口属于近郊流动的特征相符（Davis et al.，1999）。由于本次调查年龄的限制，因而中年群体居多，样本中有过流动经历的人占比较大。

二　婚姻挤压概况

　　中国性别失衡的直接后果即为婚姻市场中一些弱势地位男性的婚姻挤压。表 4 – 6 分析了各类目前处于非婚地位的农村大龄流动男性感受到的婚姻焦虑状况。可以看到只有很少一部分人并不认同婚姻是必需的，超过一半的群体均不能接受自己终身不婚。大龄未婚男性中不认可婚姻的比例最少。整体来看，大龄未婚男性中主观意愿不想结婚的只有 7.14%，大部分人的婚姻预期很低，65.08% 的大龄未婚男性都认为自己可能永远无法成婚。因此，流动人口中的婚姻挤压现象逐步出现。

表 4 - 6　非婚地位群体的婚姻挤压感受

婚姻挤压感受	大龄未婚	同居	离婚或丧偶
	N = 126	N = 79	N = 87
自己必须结婚			
同意	65.08	63.29	72.41
说不清	26.98	24.05	18.39
不同意	7.94	12.66	9.20
X^2 检验	1.295 ns		—
	0.346 ns	—	0.346 ns
自己失婚的心情			
失望	49.21	27.85	28.74
无所谓	30.95	26.58	13.79
不失望	19.84	45.57	57.47
X^2 检验	1.809 **		—
	63.172 ***	—	63.172 ***
自己终身不婚			
可以接受	26.19	21.52	28.74
无所谓	15.87	15.19	16.09
不能接受	57.94	63.29	55.17
X^2 检验	0.681 ns		—
	0.193 ns	—	0.193 ns
自己结婚预期			
几个月内	7.94	5.06	28.74
一年内	19.84	64.56	45.98
更久或者结不了	65.08	25.32	17.24
不想结	7.14	5.06	8.04
X^2 检验	1.583 ns		—
	175.879 ***	—	175.879 ***

注：* 表示 p < 0.05，** 表示 p < 0.01，*** 表示 p < 0.001。

　　表 4 - 6 显示出尚未成婚的群体在中国文化传统中会受到来自周围社会环境的影响。由于普婚制的传统文化氛围，成年男性如果不能顺利成婚将成为社会文化和社区规范直接的针对对象，特别是农村地区，他们被认为是缺乏正常成年人责任与生活的"单身汉"群体，受到来自传统社区的非议（靳小怡等，2010）。实际生活中，离婚或丧偶群体的大部分人由于失去伴侣后缺少性行为参与渠道，无法获取合理的性行为参与，因而对性行为的需求也同样强烈。

三 性行为概况

性别失衡带来的婚姻挤压，使得一部分大龄未婚男性存在性行为需求（杨博等，2012）。与此同时，大部分男性流动人口都是独自离开家乡流动进入城市打工，由于离开配偶而减少夫妻间的情感交流，性行为的减少也是他们面临的问题之一（Carey and Schroder，2002）。表4-7是本书全部调查样本的性行为概况。农村大龄流动男性的性行为经历差异主要表现在收入差异、婚姻差异和流动历史差异，没有性行为经历的主要存在于大龄未婚群体中，而打工经历越丰富的群体，性行为经历的人数比例也较高，反映了流动经历带来的个人性行为的增加（Vermund et al.，2012）。

表4-7 调查样本的性行为概况

相关变量	性行为历史		
	有（$N=805$）	没有（$N=134$）	T／X² 检验
年龄			
≤39 岁	51.55	54.48	0.394 ns
>39 岁	48.45	45.52	
教育			
小学及以下	16.65	26.87	8.154 ns
初中	59.75	51.49	
高中及以上	23.60	21.64	
收入			
1000 元以下	35.40	44.03	6.049 *
1000～1500 元	33.17	23.13	
1500 元以上	31.43	32.84	
婚姻状况			
大龄未婚	9.81	48.51	64.262 ***
已婚	72.30	8.21	
同居	8.45	35.07	
离异或丧偶	9.44	8.21	
第一次流动年龄（岁）	22.18	21.90	0.686 ns
是否去过别的地方打工			
没有	33.66	44.03	5.415 *
去过	66.34	55.97	
流动方式			
一个人来	58.51	56.72	0.152 ns
与别人一起来	41.49	43.28	

注：* 表示 $p<0.05$，** p 表示 <0.01，*** p 表示 <0.001。

四 社会情境因素概况

表 4 - 8 至表 4 - 13 是本书分析中社会情境因素的概况。表 4 - 8 首先描述了本书样本的社会经济地位分布概况，可以看到大部分农村大龄流动男性都认为自己经济状况一般，对自身经济状况持负面态度的居多；同时，超过一半的农村大龄流动男性有能够谈论性的知心朋友，因而本书大部分样本具有一定的社会交往资源，在与性行为相关的信息交流上并不孤单。

表 4 - 8　社会经济地位（SES）概况

社会经济地位	样本数 N	百分比
经济感知		
非常好	32	3.41
好	124	13.21
一般	399	42.49
差	214	22.79
非常差	170	18.10
是否有能够谈性的好朋友		
有	497	52.93
没有	442	47.07

表 4 - 9 是本书样本群体的流动经历概况，可以看到本次调查样本中超过七成的农村大龄流动男性来自陕西本省，属于近距离流动人口，因而也预示着其存在较高的农村往返流动现象；农村大龄流动男性的初始流动年龄平均为 22.1 岁，并且大部分人都在本次流动之前有过其他流动经历；同时，离开配偶或者家庭独自流动的男性占大多数。

表 4 - 9　流动经历概况

流动经历	样本数 N	百分比/均值（SD）	min/max
来自哪里			
西安周边	207	22.0	
陕西省	538	57.3	
外省	194	20.7	
第一次流动年龄	937	22.1 岁（7.55）	8/64

续表

流动经历	样本数 N	百分比/均值(SD)	min/max
是否去过别的地方打工			
没有	330	35.1	
去过	609	64.9	
流动方式			
一个人来	547	58.3	
与别人一起来	392	41.7	

　　表4-10和表4-11是农村大龄流动男性对与风险性行为相关的直接态度和间接态度情况，直接态度中，对于商业性行为和同性性行为的态度存在较大的差异：总体而言，对商业性行为的接受程度远远高于对同性性行为的接受程度，只有略高于10%的农村大龄流动男性能够不同程度地认可同性性行为现象；对于商业性行为，持认可态度的流动男性占到了30%以上。因此，同性性行为在中国依然是道德禁区。

表4-10　对风险性行为的直接态度概况

对风险性行为的直接态度	如何看待"找小姐"现象	如何看待"男男同性性行为"现象
选项	样本数(百分比)	样本数(百分比)
不光彩	356(37.91)	340(36.21)
如果是未婚男性,可以接受	167(17.78)	52(5.54)
可以接受	187(19.91)	63(6.71)
完全不能接受	229(24.39)	484(51.54)

　　表4-11是农村大龄流动男性对风险性行为的间接态度，包括了对商业性交易的态度和多性伴侣的态度。对于商业性交易，持认可态度的流动男性超过了一半，只有5%左右的农村大龄流动男性强烈否定商业性交易现象，因此，商业性交易在农村大龄流动男性中具有一定的合理性认知；与此同时，多个性伴侣现象则完全相反，接近一半的农村大龄流动男性并不同意多个性伴侣现象。因此，农村大龄流动男性中，很可能存在与固定商业性工作者发生商业性行为的现象；商业性工作者由于与其他人的性交易而具有很高的性行为风险，间接加大了农村大龄流动男性的风险。直接和间接态度都表现出农村大龄流动男性风险性行为的认识和判断，反映出社会环境、文化氛围、社区规范以及个人成长经历等多个因素，是衡量农村大龄流动男性风险性行为的直接指标。

表 4 - 11 对风险性行为的间接态度概况

风险性行为间接态度	用钱物交换性不道德	一个人可以和多个人发生性关系
选项	样本数(百分比)	样本数(百分比)
完全同意	231(24.60)	91(9.69)
同意	308(32.80)	175(18.64)
不知道	187(19.91)	244(25.99)
不同意	163(17.36)	305(32.48)
完全不同意	50(5.32)	124(13.21)

表 4 - 12 是与风险性行为相关的主观规范概况。本次调查中,超过70%的农村大龄流动男性都知道周围人不同程度地存在商业性行为现象;而对于同性性行为,超过70%的农村大龄流动男性不知道周围人是否有同性性行为,这也折射出同性性行为的确是相对少见、仅存在于少数人群中的风险性行为。

表 4 - 12 主观规范概况

风险性行为主观规范	周围人"找小姐"现象	周围人"男男同性性行为"现象	周围人"2 个及以上性伴侣"现象
选项	样本数(百分比)	样本数(百分比)	样本数(百分比)
全部人都有过	26(2.77)	14(1.49)	15(1.60)
大部分人有过	133(14.16)	35(3.73)	51(5.43)
一半人有过	114(12.14)	24(2.56)	54(5.75)
很少有人有过	371(39.51)	127(13.53)	362(38.55)
没有人有过	243(25.88)	375(39.94)	152(16.19)
不知道	52(5.54)	364(38.76)	305(32.48)

表 4 - 13 是社会媒体信息概况。可以看到,农村大龄流动男性有一半人从来没有上过网,经常上网的农村大龄流动男性只占全部样本的9.05%,因而网络对于农村大龄流动男性的影响较为有限;在有过上网经历的农村大龄流动男性中,大多数人都有过色情网络浏览经历。在色情录像信息中,接近八成的农村大龄流动男性看过色情录像,初次看色情录像的年龄平均为24岁左右。

表 4 – 13　社会媒体信息概况

社会媒体信息	样本数 N	百分比/均值(SD)	min/max
上网频率			
经常上	85	9.05	
偶尔上	338	36.00	
没上过	516	54.95	
浏览色情网站经历			
看过	269	63.59	
没看过	154	36.41	
第一次看色情录像年龄	720	23.89 岁(7.03)	8/56
看色情录像的频率			
经常看	72	7.67	
偶尔看	659	70.18	
没看过	208	22.15	

　　从本次调查样本的情况来看，农村大龄流动男性样本均为 28 岁以上，其中包含了大龄未婚男性。进行婚姻挤压群体和非婚姻挤压群体之间性行为相关议题的比较，有助于判断婚姻挤压带来的不同群体行为差异和风险趋势，为明确婚姻挤压背景下流动男性在性与生殖健康层面面临的社会风险提供实证参考。

　　由以上基本信息可以判断，流动带来的社会经济条件改善促使大量农村青壮年劳动力流动进入城市务工，他们面临日趋严峻的婚姻压力，大龄未婚男性也逐步进入流动大军，成为流动人口中带有婚姻挤压特征的特殊群体。虽然流动经历中收入水平有了提高，但是他们的婚姻预期并不乐观；同时这些被迫失婚的农村大龄未婚男性大都缺少成年人的性经历，性压抑的现象比较普遍。从本书的数据可以发现，流动经历中的大龄未婚男性的风险性行为比例很高。因此，农村大龄未婚男性的性压抑现象在城市流动中并非持续存在，也间接证明了农村大龄未婚男性在城市中有了更多的性活动机会。

第五章 农村大龄流动男性风险性行为的社会风险识别

第一节 研究设计

一 研究目标

本节首先围绕婚姻挤压情景，针对包含有大龄未婚男性的农村大龄流动男性，进行风险性行为的社会风险识别研究。在文献综述以及分析框架的基础上，本章将具体围绕商业性行为和男男同性性行为两类风险性行为进行对比分析；从社会情境入手，提出影响因素变量并分别进行两类风险性行为的影响因素分析。

其次根据数据描述分析和影响因素回归结果，结合商业性行为和男男同性性行为后果的研究结论与社会现实，构建用于计算风险性行为社会风险后果的指标体系，参照经典的风险后果计算公式，对比分析两类风险性行为的HIV/AIDS 大范围感染和传播后果，构建各自的社会风险圈并进行比较分析，得出对农村大龄流动男性社会风险的识别结果：具有 HIV/AIDS 大范围感染和传播后果的风险性行为类型。

最后在明确风险性行为哪种类型是 HIV/AIDS 传播社会风险的同时，又进一步从风险感知角度对两类风险性行为进行比较分析，判断未来该群体整体的 HIV/AIDS 传播风险趋势。

二 变量设置

本章根据研究目标和分析框架，首先进行与研究工作相关的变量介绍。

（一）主变量

（1）商业性行为

商业性行为是指与性工作者发生过商业性行为交易，变量赋值为：0 = 没有；1 = 有过。

（2）男男同性性行为

男男同性性行为是指与男性有过性行为，变量赋值为：0 = 没有；1 = 有过。

（二）其他变量

（1）样本年龄

样本的平均年龄为 39 岁，分为两组，变量界定为：0 = 39 岁及以下；1 = 39 岁以上。

（2）婚姻需求与性行为历史

婚姻需求变量用于反映个体对婚姻的需求态度，包括对"自己必须结婚"和"自己可以终身不婚"的态度，变量赋值为从"非常不同意"到"非常同意"五级量表，本书将其合并，重新赋值为：0 = 不同意；1 = 无所谓；3 = 同意。

（3）社会经济地位

首先是受教育水平，由于本次样本中农村大龄流动男性受教育水平集中在小学、初中和高中三组，因而变量重新赋值为：0 = 小学及以下；1 = 初中；2 = 高中及以上。

个人月收入水平，由于样本中农村大龄流动男性的收入主要集中在 1000 元以下、1000 元至 1500 元、1500 元以上，因而变量重新赋值为：0 = 1000 元以下；1 = 1000 元至 1500 元；2 = 1500 元以上。

经济感知，界定为与他人相比，农村大龄流动男性对自身经济条件的主观感受，变量赋值为从"非常差"到"非常好"五级量表，本书对其进行合并，重新赋值为：0 = 差；1 = 一般；2 = 好。

与性相关的社会关系，界定为农村大龄流动男性是否能够与好朋友谈论性话题，变量赋值为：0 = 谈论；1 = 不谈论。

（4）流动经历

首先是流动年龄，界定为农村大龄流动男性第一次外出流动的年龄；其次是流动历史，界定为在本次流动务工之前，是否有过外出流动经历，变量赋值为：0＝没有；1＝有；最后是流动方式，界定为本次流动是和谁一起来的，变量赋值为：0＝与别人一起来；1＝自己一个人来。

（5）态度

对商业性行为的态度，界定为能够接受商业性行为，变量赋值为：1＝不光彩；2＝未婚的话可以接受；3＝完全可以接受；4＝完全不能接受。

对商业性行为交易的态度，界定为农村大龄流动男性对"用钱物交换性是不道德的行为"的认可程度，变量赋值为从"非常不同意"到"非常同意"五级量表，本书进行了合并，重新赋值为：0＝同意；1＝无所谓；2＝不同意。对男男同性性行为的态度，界定为能够接受男男同性性行为，变量赋值为：1＝不光彩；2＝未婚的话可以接受；3＝完全可以接受；4＝完全不接受。

对多性伴侣的态度，界定为农村大龄流动男性对"可以同时和多个人发生性关系"的认可程度，变量赋值为从"非常不同意"到"非常同意"五级量表，本书进行了合并，重新赋值为：0＝同意；1＝不同意不反对；2＝不同意。

（6）主观规范

商业性行为与同性性行为的主观规范，界定为农村大龄流动男性"认识的人当中，有多少人找过"或"认识的人当中，有多少人发生过同性性行为"，变量赋值为：1＝全部；2＝大部分；3＝大概有一半；4＝很少；5＝没有一个；6＝不知道。对于个人而言，如果"不知道"周围有多少人参与风险性行为，那么这种主观规范的影响与周围"没有一个"这样的主观规范对个体的影响基本一致，因此本书进行合并，重新赋值为：0＝没有或不知道；1＝很少；2＝很多。

多个性伴侣的主观规范，界定为农村大龄流动男性"认识的人当中，有多少人有2个及以上性伴侣"，变量赋值为1＝全部；2＝大部分；3＝大概有一半；4＝很少；5＝没有一个；6＝不知道。与商业性行为主观规范的变量赋值方法一致，因此本书进行合并，重新赋值为：0＝没有或不知道；1＝很少；2＝很多。

（7）社会媒体信息

社会媒体信息首先界定为最近一年上网的频率，变量赋值为：1＝经常上网；2 = 偶尔上网；3 = 没上过网，本书将其合并，重新赋值为：0 = 没上过；1 = 上过。其次界定是第一次看色情录像的年龄，为连续变量；近一年观看色情录像的频率，变量赋值为：1 = 经常看；2 = 偶尔看；3 = 没看过。

（三）分析方法

本书的数据来源为"农村大龄流动男性生殖健康和家庭生活调查"。在本章研究讨论中，涉及大龄未婚男性风险性行为议题，因而选取了部分有关商业性行为和男男同性性行为的题项和数据；同时选取了与风险性行为相关的社会情境因素，包括个人社会经济地位、个人流动经历信息以及态度和主观规范，并将社会媒体信息作为社会情境因素的重要组成部分也纳入其中。在以上数据选取的基础上，问卷数据库中的风险性行为题项是本章的核心数据；部分答题者如果没有参与风险性行为，则对与风险性行为相关的社会情境因素题项跳过不答。

在本章的分析中，首先，进行了交叉表描述统计分析，判断风险参与行为群体的人数比例和特征分布，比较风险群体和没有风险群体在个人特征以及生活环境等层面的风险性行为差异。

其次，在社会情境的影响因素分析中使用了 Logit 回归模型。Logit 回归模型目前在社会科学尤其在人口、公共管理领域得到了广泛应用，用于评估解释因素对一定结果的相对风险的影响，如果假设参与风险行为的比例为 P，则对其进行逻辑斯蒂变化可以用于解释风险参与对没有风险参与的比值的对数（鲍威斯、谢宇，2009）。因此，对风险参与概率 P 进行的逻辑斯蒂变化可以表示为

$$\text{Logit}(P_i) = \log\left(\frac{P_i}{1 - P_i}\right) \tag{5-1}$$

如果把公式 5 – 1 看作一般化线性模型框架内的连接函数，则 Logit 模型就可以进一步表述为

$$\log\left(\frac{P_i}{1 - P_i}\right) = \sum_{k=0}^{k} \beta_k x_{ik} \tag{5-2}$$

根据本书的分析框架，带入风险性行为的社会情境相关因素，则得到：

$$\text{Logit}(P_i) = \beta_1 x_{i1} + \beta_2 x_{i2} + \beta_3 x_{i3} + \beta_4 x_{i4} + \beta_5 x_{i5} + \beta_6 x_{i6} + e_i \tag{5-3}$$

其中，β_1 是婚姻状况系数，β_2 是年龄系数，β_3 是与 SES 相关的变量系数，β_4 是与流动经历相关的变量系数，β_5 是与态度和主观规范相关的变量系数，β_6 是与社会媒体信息相关的变量系数，e_i 是误差项。

对 P_i 求解，即可得到：

$$P_i = \frac{\exp\left(\sum_{k=0}^{k} \beta_k x_{ik}\right)}{1 + \exp\left(\sum_{k=0}^{k} \beta_k x_{ik}\right)} \qquad (5-4)$$

　　本节通过 stata12.0 软件进行分析，其中 P 的风险含义首先是商业性行为发生概率，其次是同性性行为发生概率，分别对其进行回归模型计算。Logit 模型结果直接输出了各项自变量的系数 β_k，可以用于评估对风险性行为发生比变化的影响作用。在对商业性行为分析中，首先进行全体样本的与社会风险相关因素的影响因素分析；其次进行大龄未婚男性和其他男性的分组比较分析。在男男同性性行为分析中，由于该类风险行为只存在于少数群体中，尚未成为流动人口的大众风险行为，因而只针对全体样本进行影响因素分析。

　　社会风险的识别将以风险性行为的现状和影响因素分析为基础：围绕两类风险性行为中的参与人数、影响因素差异等实证分析结果，同时结合商业性行为和同性性行为风险主体特征以及风险参与程度的已有研究结果和社会现实情况，构建风险性行为类型识别的指标体系，通过广泛应用的风险程度计算公式进行计算。风险程度计算公式中，R 为风险后果，受到风险概率 P 和风险伤害程度 H 的影响，是风险概率和风险伤害的乘积效应。

$$R（风险后果）= P（风险概率）\times H（伤害程度） \qquad (5-5)$$

　　根据公式 5-5 的风险后果计算公式，获得对两类风险性行为中 HIV/AIDS 大范围感染和传播后果的判断；以此为基础，构建商业性行为和同性性行为的社会风险圈并进行对比分析，最终识别出农村大龄流动男性的社会风险：具有 HIV/AIDS 大范围感染和传播后果的风险性行为。

第二节　风险性行为类型分析

一　商业性行为及影响因素

（一）商业性行为的参与特征

　　图 5-1 是各类人群参与商业性行为的情况，从中可以看到商业性行为在本书各类人群中具有不同程度的存在，其中以大龄未婚男性和同

居男性为主。

　　表5-1是商业性行为在不同社会经济地位群体中的分布情况。首先，39岁以下的低年龄群体整体上参与比例高于年长的群体，这与低年龄段流动人口风险性行为比例较高的已有研究结论一致（Ford et al.，2000；Beauclair et al.，2013）。在教育差异上，大龄未婚男性中初中教育水平的人参与商业性行为的比例最高；在同居状态的男性中，高中教育水平者接近一半有过商业性行为经历。在收入差异层面，整体而言，月收入在1500元以

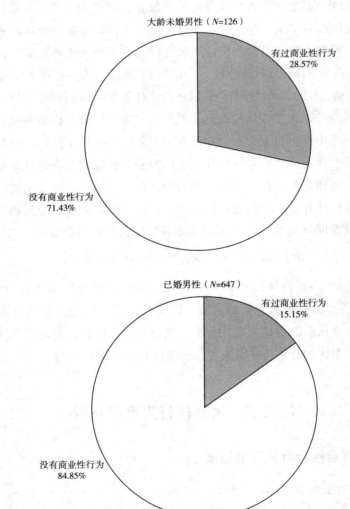

大龄未婚男性（*N*=126）

有过商业性行为
28.57%

没有商业性行为
71.43%

已婚男性（*N*=647）

有过商业性行为
15.15%

没有商业性行为
84.85%

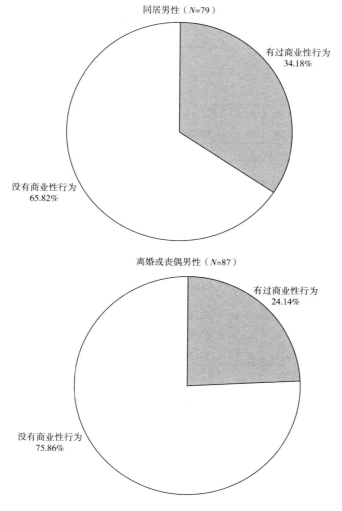

同居男性（N=79）

有过商业性行为
34.18%

没有商业性行为
65.82%

离婚或丧偶男性（N=87）

有过商业性行为
24.14%

没有商业性行为
75.86%

图 5－1　商业性行为比例分布

下的人群是商业性行为的主要参与者，特别是在大龄未婚男性和同居男性中，分别有接近 67％和超过 80％的人有过商业性行为经历。因此，未婚人口的确是商业性行为最重要的参与群体（韦艳、张力，2011）。在自我的经济感知上，除了离婚或丧偶者以外，其他人群中的经济感知较好者均出现了较高比例的商业性行为参与。相反，离婚或丧偶者中经济感知较低的人，商业性行为比例反倒较高。

表 5 - 1　年龄与社会经济地位差异下的商业性行为参与

单位：%

人群类别	大龄未婚男性		已婚男性		同居男性		离婚或丧偶男性	
商业性行为情况	有过	没有	有过	没有	有过	没有	有过	没有
年龄								
≤39 岁	30.00	70.00	17.84	82.16	35.59	64.41	25.58	74.42
>39 岁	23.08	76.92	13.30	86.70	30.00	70.00	22.73	77.27
教育								
小学及以下	24.32	75.68	15.24	84.76	33.33	66.67	23.08	76.92
初中	31.25	68.75	14.47	85.53	28.89	71.11	25.93	74.07
高中及以上	28.00	72.00	16.77	83.23	47.37	52.63	20.00	80.00
收入								
1000 元以下	23.94	76.06	17.97	82.03	40.91	59.09	35.29	64.71
1000~1500 元	42.42	57.58	10.63	89.37	41.67	58.33	20.59	79.41
1500 元以上	22.73	77.27	16.59	83.41	24.24	75.76	10.53	89.47
经济感知								
好	45.00	55.00	18.63	81.37	36.84	63.16	13.33	86.67
一般	35.90	64.10	13.87	86.13	40.91	59.09	21.43	78.57
差	19.40	80.60	15.32	84.68	28.95	71.05	29.55	70.45
是否有能够谈性的好朋友								
有	33.33	66.67	16.98	83.02	40.38	59.62	30.61	69.39
没有	22.22	77.78	13.31	86.69	22.22	77.78	15.79	84.21

从表 5 - 1 的商业性行为差异中，还可以看出四类人群在年龄信息中并没有显著差异，这可能与流动人口本身在人口构成特点和社会生存现实方面存在较强的同质性有关联（韩彦婷、王淑清，2009）。不过，将社会经济地位中的经济感知作为主观因素，每个人却可以存在不同的感知，这种感知虽然与人群自身收入现实相关联，但是也与个人的认知和感受存在关系（陈静，2009）。由于商业性行为参与需要经济收入的直接支持，因而大龄未婚男性就会随着流动中经济收入的增加而参与商业性行为；与此同时，商业性行为在中国被认为道德层面和健康层面都具有负面意义，对于大龄未婚男性而言，一方面未婚地位使他们不需要承担婚姻家庭给予的压力和束缚而具有较高的商业性行为参与倾向；另一方面，这类人群大多受教育程度偏低，健康观念和自我保护理念不强，因而对于商业性行为所具有的较高疾病传播风

险缺乏正确认识，进而随着收入提高或者经济自我满意度提高，逐渐用商业性行为方式替代婚姻性行为。

表5-2是流动经历差异下的商业性行为分析。除了离婚或丧偶群体以外，其他群体中，有过商业性行为经历的人，第一次流动年龄大都早于没有商业性行为经历的人。流动经历越早，接触外界环境越多，个人观念和行为方式与传统农村地区居民的差异也越大，商业性行为的参与也会随着行为和观念的变化而出现。有过商业性行为的大龄未婚男性与其他人群相比，初次流动的年龄也比其他人群大大提前，因而婚姻挤压下的大龄未婚男性在流动中的风险系数大大增加。他们的初次流动年龄与婚姻挤压特征年龄28岁相比提前很多，但是流动经历并不一定会促进他们获得婚姻，相反，流动经历和婚姻挤压却成为商业性行为参与的重要助推因素，使得大龄未婚男性在流动中参与风险性行为的概率大大增加。本次调查样本中，在本次流动之前有过流动经历的人，其商业性行为的参与比例也较高，特别是大龄未婚男性群体在流动经历层面的商业性行为差异比例达到10个百分点，同样的现象也存在于离婚或丧偶群体中。

表5-2　流动经历差异下的商业性行为参与

单位：%

人群分类		大龄未婚男性		已婚男性		同居男性		离婚或丧偶男性	
商业性行为情况		有过	没有	有过	没有	有过	没有	有过	没有
第一次流动年龄（岁）		20.33	21.61	22.02	22.53	20.22	22.02	23.50	21.24
是否去过别的地方打工	没有去过	21.62	78.38	12.96	87.04	35.00	65.00	11.54	88.46
	去过	31.46	68.54	16.50	83.50	33.90	66.10	29.51	70.49
流动方式	一个人来	13.79	86.21	11.46	88.54	16.67	83.33	24.00	76.00
	与别人一起来	32.99	67.01	18.62	81.38	41.82	58.18	24.19	75.81

表5-2还描述了流动方式与商业性行为的关联。从数量上来看，绝大部分非婚地位男性的流动方式均为与其他人一起流动。然而，离婚或丧偶男性无论流动方式如何，其商业性行为参与比例都接近于1/4。其他人群中，

独自流动的大龄未婚男性商业性行为参与比例显著低于共同流动的大龄未婚男性；已婚群体也存在同样的现象；而同居的流动男性则表现出非常显著的差异，16.67% 的独自流动者有过商业性行为，而与别人一起流动的群体中，这一比例为 40% 以上。大龄未婚男性在社会经济地位劣势的同时，其突出特征表现为性格、交往能力的欠缺（李艳等，2009；靳小怡、刘利鸽，2009），因而独自流动的大龄未婚男性，很可能由于缺乏社交网络和社交信息交流而没有接触到商业性行为的信息。如果与其他人一起流动，大龄未婚男性的信息源和信息途径就会增多，加之婚姻挤压下的性行为压抑，因而当他们接触到这方面信息的时候，很可能会有比其他人更为积极和主动的参与行为。

表 5 - 3 是个人态度和主观规范层面的商业性行为参与情况。在商业性行为本身的认识和定位上，态度差异中的大龄未婚男性和已婚男性商业性行为参与差异不大，而同居男性和已婚群体的差异比例接近 10%，其中同居者中，有三成的人在不认可商业性行为的前提下依然会参与商业性行为，这也反映了在目前的社会情境中，部分流动人口即使意识到商业性行为的负面道德含义，依然会参与，因而道德观念并不能直接约束风险行为倾向的产生（Mirande，1968）。由于商业性行为往往存在多个性伴侣和临时性伴侣现象（鲍威斯、谢宇，2009；Hutchinson and Wood，2007），因此对于多个性伴侣的态度很可能决定着流动人口商业性行为的参与比例。本书样本中，对多个性伴侣态度不同，其商业性行为参与比例也显著不同。无论婚姻地位如何，在四类人群中，认可多个性伴侣的人，其商业性行为参与比例都比持有不认可态度的人要高，其中大龄未婚男性和同居男性的这一比例最高。在不认可多个性伴侣关系的群体中，只有已婚群体真正能够表现出态度对于行为的约束力，仅 5% 左右的不认可多个性伴侣关系的已婚男性有过商业性行为经历，而其他人群中的这一比例相对较高。

在商业性行为的接受程度上，大龄未婚男性、同居男性和离异或丧偶群体中，认为未婚者商业性行为正当的人群，有一半左右发生过商业性行为；但是在已婚男性中，最高的商业性行为比例存在于完全认可商业性行为的群体中。因此，商业性行为的态度因素，依然带有已婚和非婚地位的区别，大部分对于商业性行为的风险属性认知依然与是否有婚姻关系相关联，商业性行为更多被看作一种道德风险而非健康风险。主观规范层面，四类人群在风险性行为参与中均表现出显著的差异，周围人参与商业性行为的比例越高，自身参与商业性行为的人数也越多。不过，多个性伴侣的主观规范只在已婚人群中有显著差异，其他群体中由多个性伴侣主观规范差异造成的商业性行为差异并不明显。因此，从不同群体在这方面的差异中可以明显看出商业性行为参与情况的显著差异。

表 5－3　态度与主观规范差异下的商业性行为参与

单位：％

人群分类	大龄未婚男性		已婚男性		同居男性		离婚或丧偶男性	
商业性行为情况	有过	没有	有过	没有	有过	没有	有过	没有
用钱物交换性不道德								
同意	29.58	70.42	15.50	84.50	33.33	66.67	20.51	79.49
不同意	31.03	68.97	13.33	86.67	23.81	76.19	28.57	71.43
可以和多个人发生性关系								
同意	39.13	60.87	31.87	68.13	43.33	56.67	36.67	63.33
不同意	16.00	84.00	5.38	94.62	15.38	84.62	13.51	86.49
和商业性工作者发生性行为								
不光彩	21.05	78.95	11.33	88.67	19.23	80.77	13.89	86.11
未婚的话可以接受	51.52	48.48	22.83	77.17	48.00	52.00	52.94	47.06
完全可以接受	32.26	67.74	33.06	66.94	53.33	46.67	29.41	70.59
完全不接受	4.17	95.83	4.00	96.00	15.38	84.62	11.76	88.24
周围人找商业性工作者								
很多	52.94	47.06	37.01	62.99	58.06	41.94	43.24	56.76
很少	18.42	81.58	9.39	90.61	24.14	75.86	11.11	88.89
没有或不知道	5.41	94.59	6.94	93.06	10.53	89.47	8.70	91.30
周围人有 2 个及以上伴侣								
很多	36.84	63.16	38.89	61.11	38.46	61.54	31.25	68.75
很少	36.17	63.83	16.87	83.13	48.28	51.72	24.32	75.68
没有或不知道	20.00	80.00	8.59	91.41	21.62	78.38	20.59	79.41

　　表5－4为社会媒体信息与商业性行为参与的关联分析。总体而言，无论是已婚还是未婚人群，接触过互联网的人，其商业性行为的比例都高于没

表5-4 媒体信息差异下的商业性行为参与

单位：%

人群分类	大龄未婚男性		已婚男性		同居男性		离婚或丧偶男性	
商业性行为情况	有过	没有	有过	没有	有过	没有	有过	没有
互联网历史								
有	32.56	67.44	24.24	75.76	39.29	60.71	34.00	66.00
没有	20.00	80.00	10.10	89.90	21.74	78.26	10.81	89.19
浏览色情网站历史								
有	44.23	55.77	30.67	69.33	47.37	52.63	51.72	48.28
没有	17.57	82.43	10.46	89.54	21.95	78.05	10.34	89.66
首次看色情录像年龄（岁）	20.62	23.31	22.43	25.12	20.88	21.64	21.67	23.77

有接触过互联网的人，这是四类人群的普遍现象。在色情网站接触上，大龄未婚男性和同居男性中，接触过色情网站的人中其商业性行为的比例非常高，而没有接触过色情网站的人其商业性行为的比例明显较低。与此同时，有过商业性行为的各类群体中，第一次看色情录像年龄，有过商业性行为者与没有商业性行为的群体显著不同。有过商业性行为的人，接触色情录像的年龄均早于未接触过的人。上述差别在大龄未婚男性和已婚男性中尤其显著。

（二）商业性行为的影响因素

表5-5是带入社会情境因素和个人特征后，流动人口商业性行为的影响因素分析结果。影响因素包括了个人特征、社会经济地位、流动经历、态度与主观规范以及社会媒体信息等。从中可以看到婚姻地位差异并没有产生显著的影响，因此商业性行为的发生并没有因为性别失衡下的婚姻差异而出现显著差别。收入水平具有显著的影响作用，一般而言，收入的提高为流动人口商业性行为的参与提供了直接的物质支持，与此现象相一致，本书中月收入1000元以下和1500元以上的流动人口更倾向不发生商业性行为。在流动经历中，独自流动的个体，发生商业性行为的概率显著下降，这可能与独自流动者在城市中缺乏社会网络带来的相关社会信息有关。商业性行为的风险更多成为一种流动中出现的风险经历，并不随着流动经历时间长短而出现风险概率的变化。

表 5 - 5　商业性行为影响因素的 Logit 回归分析（全样本）

模型 1 参与商业性行为（参考项：未参与）					
影响因素	Conf	S.E	影响因素	Conf	S.E
婚姻：			用钱物交换性不道德：		
已婚	-0.190	0.325	不同意不反对	-0.161	0.282
同居	0.336	0.412	不同意	0.0357	0.288
离婚或丧偶	-0.203	0.431	（参考项：同意）		
（参考项：大龄未婚）			可以和多人发生性关系：		
			不同意不反对	-0.336	0.264
年龄：39 岁以上	0.520	0.281	不同意	-0.922 **	0.284
（参考项：39 岁以下）			（参考项：同意）		
教育：			对商业性行为的态度：		
初中	0.235	0.317	不光彩	1.009 ***	0.289
高中及以上	0.333	0.364	未婚可以接受	0.685 *	0.290
（参考项：小学及以下）			完全不接受	-0.750	0.410
月收入：1000～1500 元	-0.616 *	0.274	（参考项：不光彩）		
1500 元以上	-0.679 *	0.290	商业性行为主观规范：		
（参考项：1000 元以下）			很少	-1.415 ***	0.286
			没有或不知道	-1.859 ***	0.417
经济感知：好	-0.071	0.251	（参考项：很多）		
一般	0.380	0.328	多性伴侣主观规范：	—	—
（参考项：差）			很少	-0.082	0.319
是否跟朋友谈论性话题：			没有或不知道	-0.121	0.347
不谈论	0.393	0.237	（参考项：很多）	—	—
（参考项：谈论）					
			初次看色情录像年纪	-0.024	0.019
初次流动年纪	0.000	0.018	互联网经历：有过	0.161	0.372
流动方式：一个人来	-0.561 *	0.239	（参考项：没有）		
（参考项：与别人一起来）	—	—	色情网站经历：有过	0.727 *	0.344
是否有过打工经历：有	0.219	0.252	（参考项：没有）		
（参考项：没有）					
N			719		
pseudo R²			0.285		
LR chi2			221.93 ***		
Log likelihood			-278.735		

注：* 表示 p < 0.05，** 表示 p < 0.01，*** 表示 p < 0.001。

在流动人口的主观态度和主观规范层面，表 5 - 5 显示，对于同时拥有多个性伴侣持否定态度的人，其商业性行为参与往往也很少。同样，对于商业性行为持否定态度的人，其真正的商业性行为风险参与也显著降低。在实际生活中，商业性行为由于性活动的商业经营性质，性工作者的服务对象会多种多样，因而经常参与商业性行为的人，其与不同性工作者发生性行为的现象较多。因此，商业性行为的参与和多个性伴侣现象往往共存。同时拥有多个性伴侣的流动人口，其参与商业性行为的可能性较高，这种现象不仅在中国存在，在世界范围内也是普遍现象。特别是中国，对于性行为的开放程度无论是与西方还是与世界其他地区相比，都存在显著差别，性行为的敏感性在农村人口中依然较为普遍，大部分人依然将性行为看作最基本的婚姻道德属性，而违反一夫一妻制的多个性伴侣行为，在中国特别是农村地区，依然并不多见。因此，中国的流动人口对于风险性行为所持有的态度和观念，是影响他们风险参与的重要因素。在周围人群的影响力层面，周围如果很少有人参与商业性行为或者不知道周围有商业性行为这样的风险参与机会，农村大龄流动男性的商业性行为参与就会显著减少。另外，有过浏览网络色情网站经历的农村大龄流动男性，更倾向于发生商业性行为。

表 5 - 6 是婚姻挤压背景下大龄未婚男性与其他流动男性商业性行为影响因素的比较分析结果。在回归模型 2 和回归模型 3 中，将研究样本群体按照大龄未婚男性和其他流动男性分类，用于讨论婚姻挤压下农村大龄未婚流动男性商业性行为倾向的影响因素与一般农村大龄流动男性是否存在差异。表 5 - 6 的分析结果证明，大龄未婚男性商业性行为的影响因素主要由本人对于商业性行为的态度和主观规范构成，大龄未婚男性中认可商业性行为的人，其商业性行为参与概率更高；此外，周围人群中如果商业性行为参与现象较多，则他们的商业性行为参与概率也会显著上升。与已婚人群相比，大龄未婚男性没有婚姻家庭道德束缚，他们的私人生活和行为更具有自主性，加之婚姻挤压下缺乏一般成年男性婚姻家庭内的性行为参与，面对商业性行为可能更加缺乏抵制能力。

与该人群相比不同的是，一般农村大龄流动男性更直接地受到来自收入变化的影响，这也是商业性行为物质基础的重要表现；另外，对多个性伴侣的态度也会影响他们的商业性行为参与，因为已婚人口或者已经有伴侣的人口中，传统文化观念中对于多个性伴侣的限制依然存在影响，表现了文化和观念对于

表 5 - 6　商业性行为影响因素的 **Logit** 回归分析（大龄未婚男性／其他男性）

影响因素	模型 2 大龄未婚男性		模型 3 其他流动男性	
	参与商业性行为 参考项：未参与		参与商业性行为 参考项：未参与	
	Conf	S. E	Conf	S. E
年龄：39 岁以上（参考项：39 岁以下）	2. 748	2. 159	0. 429	0. 297
教育：初中	- 0. 822	1. 457	0. 322	0. 367
高中及以上（参考项：小学及以下）	- 1. 825	1. 585	0. 476	0. 415
月收入：1000 ~ 1500 元	2. 094	1. 321	- 0. 883 **	0. 308
1500 元以上（参考项：1000 元以下）	0. 200	1. 889	- 0. 743 *	0. 310
经济感知：好	0. 971	1. 237	- 0. 294	0. 272
一般（参考项：差）	3. 067	1. 632	0. 171	0. 366
是否跟朋友谈论性：不谈论（参考项：谈论）	- 1. 615	1. 354	0. 592 *	0. 262
初次流动年纪	- 0. 137	0. 151	0. 008	0. 018
独自流动	- 2. 204	1. 660	- 0. 469	0. 255
参考项：非独自流动				
流动历史：有（参考项：没有）	- 0. 585	1. 326	0. 356	0. 273
性行为可以花钱买：不同意不反对	- 0. 636	1. 603	- 0. 067	0. 303
不同意（参考项：同意）	- 0. 242	1. 098	0. 015	0. 324
可以同时拥有多个性伴侣：不同意不反对	- 0. 019	1. 372	- 0. 442	0. 284
不同意（参考项：同意）	- 1. 535	1. 330	- 1. 030 **	0. 321
对商业性行为的态度：未婚可以接受	3. 200 *	1. 369	0. 816 *	（0. 325
可以接受	- 0. 344	1. 520	0. 766 *	（0. 317
完全不接受（参考项：不光彩）	- 1. 111	3. 043	- 0. 827	（0. 439
商业性行为主观规范：很少	- 3. 411 *	1. 445	- 1. 432 ***	0. 319
没有或不知道（参考项：很多）	- 6. 103 *	2. 644	- 1. 780 ***	0. 465
多性伴侣主观规范：很少	- 0. 593	1. 955	- 0. 240	0. 342
没有或不知道（参考项：很多）	0. 099	1. 932	- 0. 323	0. 381
婚姻必要性：不知道	0. 651	1. 510		
不同意（参考项：同意）	2. 104	2. 104		
可以不结婚：不知道	- 0. 810	1. 749		
不同意（参考项：同意）	- 0. 087	1. 363		
互联网经历：有过（参考项：没有）	- 0. 440	1. 831	0. 322	0. 402
浏览色情网站经历：有过（参考项：没有）	- 0. 138	1. 567	0. 699	0. 380
初次看色情录像年纪	- 0. 057	0. 091	- 0. 025	0. 021
N	95		624	
pseudo R²	0. 568		0. 279	
LR chi2	70. 44 ***		180. 32 ***	
Log likelihood	- 26. 740		- 233. 129	

注：* 表示 p < 0. 05，** 表示 p < 0. 01，*** 表示 p < 0. 001。

风险性行为的抵御效果（Nagayama et al.，2005；Muchimba et al.，2013）。

在同样受到来自态度和主观规范影响的同时，一般农村大龄流动男性还会由于社会网络关系的强弱而表现出不同的商业性行为参与，与好朋友谈论性话题的人更容易发生商业性行为。性话题的敏感性使得公开谈论性行为在中国并不是普遍现象，能够与好朋友谈论，则折射出流动人口社会关系中存在较为亲密和熟悉的好友关系，也是社会网络关系强度的重要体现。

二 男男同性性行为及影响因素

（一）男男同性性行为的参与特征

男男同性性行为的人群分布如图 5 – 2 所示。

从人数比例上来看，大龄未婚男性和目前处于离异或丧偶状态的男性男男同性性行为比例最高，达到了 10% 以上，这一比例也是国际公认的总人口中同性性趋向人群的比例（Yang et al.，2011）。在已婚和有伴侣的男性中，男男同性性行为比例都很低，这也与中国社会对男男同性性行为这样的非主流性活动认可度普遍较低的现象一致（魏伟、蔡思庆，2012）。

因此，大龄未婚男性和离异或丧偶男性是男男同性性行为的主要参与者。由于男男同性性行为是 HIV/AIDS 疾病传播的重要媒介（Chen et al.，2012），有过该类行为的人群不仅自身是 HIV/AIDS 疾病感染的核心人群，同时也是 HIV/AIDS 感染的重要桥梁人群。因此，目前处于单身状态的农村

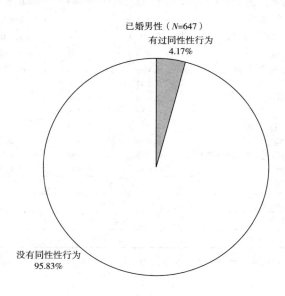

已婚男性（N=647）
有过同性性行为
4.17%

没有同性性行为
95.83%

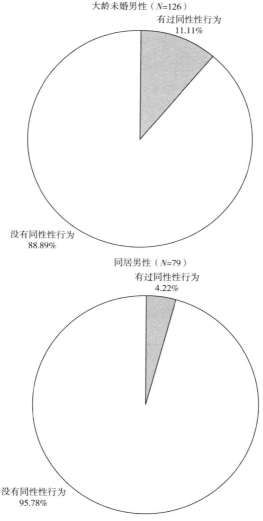

图 5 - 2　男男同性性行为的人群分布

流动男性是 HIV/AIDS 疾病传播的潜在受害者和风险传播人群。

由于男男同性性行为具有隐蔽特征，社会经济地位较高的人更容易具备发生此类活动的物质基础和社会网络资源（Yang et al.，2011），因而更容易涉入男男同性性行为。另外，由于男男同性性行为对于传统社会行为观念和性活动规范而言是带有冲击意味的另类行为，因此性活动活跃和思想观念开放的年轻群体更容易参与。从表 5 - 7 中可以看出，大龄未婚男性中，年长者的

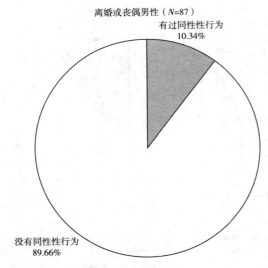

离婚或丧偶男性（*N*=87）

有过同性性行为
10.34%

没有同性性行为
89.66%

图 5 - 3　男男同性性行为的人群分布

表 5 - 7　年龄与社会经济地位差异下的男男同性性行为参与

单位：%

人群分类	大龄未婚男性		已婚男性		同居男性		离婚或丧偶男性	
男男同性性行为经历	有过	没有	有过	没有	有过	没有	有过	没有
年龄								
≤39 岁	10.00	90.00	3.50	96.50	3.39	96.60	13.95	86.10
>39 岁	15.38	84.60	4.71	95.30	5.00	95.00	6.82	93.20
教育								
小学及以下	24.32	75.70	7.62	92.40	6.67	93.30	15.38	84.60
初中	4.69	95.30	4.13	95.90	0.00	100.00	7.41	92.60
高中及以上	8.00	92.00	1.94	98.10	10.53	89.50	15.00	85.00
收入								
1000 元以下	11.27	88.70	4.61	95.40	9.09	90.90	8.82	91.20
1000～1500 元	6.06	93.90	2.95	97.10	0.00	100.00	11.76	88.20
1500 元以上	18.18	81.80	4.93	95.10	3.03	97.00	10.53	89.50
经济感知								
好	35.00	65.00	5.88	94.10	5.26	94.70	26.67	73.30
一般	10.26	89.70	2.58	97.40	9.09	90.90	10.71	89.30
差	4.48	95.50	5.53	94.50	0.00	100.00	4.55	95.50
是否有能够谈论性的好朋友								
有	13.89	86.10	4.94	95.10	3.85	96.20	12.24	87.80
没有	7.41	92.60	3.41	96.60	3.70	96.30	7.89	92.10

男男同性性行为比例更高，而曾经结婚但目前处于单身的男性，则是年轻群体的男男同性性行为较高。教育差异只在大龄未婚男性中显著，教育层次低者的男男同性性行为比例更高，而多数情况下的男男同性性行为现象更多存在于高教育层次人群中。从收入差异上来看，四类婚姻地位的人群中，除了同居男性以外，收入较高的群体男男同性性行为比例都较高，因而高收入者的男男同性性行为比例高于低收入者这一现象再次证明了其更容易存在于物质条件相对优越的群体中。在世界各国和中国其他地区都存在类似的现象。

在经济主观感知层面，大龄未婚男性的男男同性性行为存在显著差异，经济感知好的农村大龄流动男性，男男同性性行为比例超过30%，是男男同性性行为的主要参与人群。其他人群同样呈现这样的特征。男男同性性行为在目前的中国依然是存在于少数人中的非主流性活动方式，大部分中国人甚至对于该类话题的谈论都尚处于回避和漠视状态，而一些经济地位高、生活条件好的性少数人群率先开始发出同性性活动相关的讨论和声音（魏伟、蔡思庆，2012）。在本书中，经济自我感知较好的群体的性活动更加活跃，社会网络和社会交往资源相对更广，很可能更容易获得男男同性性行为的信息和资源。有研究表明，中国的男男同性性行为或者同性恋问题更多存在于地下隐秘状态（魏伟、蔡思庆，2012），而社会中经济条件和社会资源处于优势地位的人往往更加容易主动表达需求和主动选择行为方式，这可能与本书中的这一现象存在关联。另外，与好朋友谈论性话题的人中，男男同性性行为比例很高，这便是社会网络资源和社会信息较广的重要体现。

表5-8是流动经历中男男同性性行为的比较分析。在四类人群中，有过男男同性性行为的人，第一次流动的年龄均较晚，特别是已婚人群中这种年龄差距较为显著。一个可能的解释是，农村地区的男男同性性行为非常少见（Yang et al.，2011），因而走出农村较晚的男性可能由于自身的好奇和新鲜感更难以抵御风险性行为的诱惑。另外，初次流动年龄较大的群体，其受教育水平一般更低（Chung and Gupta，2007），自我保护意识和风险识别能力普遍较差，对于男男同性性行为的风险危害感知较少，因而更容易发生男男同性性行为。在打工经历中，以前有过外出务工经历的男性，其男男同性性行为的比例略高于没有外出务工经历的男性，这种差别并不显著，说明

了流动经历的多少并不是男男同性性行为参与的关键影响因素。一些学者认为，男男同性性行为作为少数人群特有的非主流偏好，更多的是一种自我需求而非社会影响（黄淑萍，2008）。

表5-8还表明，自己一个人流动进入城市，其男男同性性行为发生的比例较高。男男同性性行为作为非主流的少数人群性活动，其行为带有很大的隐秘性，行为者自身并不乐于将其对周围人群公开（Chen et al.，2012），因此独自流动提供给个人更加私密的社会活动条件。与别人一起流动进入城市的农村人口，往往带有地缘性和血缘性，更容易选择群体聚居的城市生存方式（魏伟、蔡思庆，2012），这就从性活动外在环境上限制了一些人对于男男同性性行为的参与。不过，已婚人口中与别人一起来的男性中，其男男同性性行为的比例反倒高于独自流动而来的已婚男性，这可能是由于参与男男同性性行为的已婚男性更多的是个体诉求和性倾向上的同性恋倾向者，因而无论是否与别人一起来，都没有影响其对于男男同性性行为的偏好。

表5-8　流动经历差异下的男男同性性行为参与

单位：%

人群分类	大龄未婚男性		已婚男性		同居男性		离婚或丧偶男性	
商业性行为情况	有过	没有	有过	没有	有过	没有	有过	没有
第一次流动年龄（岁）	23.43	20.97	25.74	22.31	23.67	21.31	21.88	21.76
是否去过其他地方打工								
没有去过	13.51	86.49	4.45	95.55	5.00	95.00	11.54	88.46
去过	10.11	89.89	4.00	96.00	3.39	96.61	9.84	90.16
流动方式								
一个人来	13.79	86.21	3.18	96.82	4.17	95.83	12.00	88.00
与别人一起来	10.31	89.69	5.11	94.89	3.64	96.36	9.68	90.32

表5-9是所有样本围绕婚姻观念在男男同性性行为层面的态度差异和主观规范差异。本节内容的提出是由于当前世界范围内逐渐出现的性多元化趋势，其核心思想即为男女两性的性别气质表现是多元的，除了符合传统性别规范和社会期望的性别认同，还有另外的性别认同及其生存方式（魏伟、蔡思庆，2012）。随着社会的发展与进步，多元化群体和多元化权利需求逐

步显现，以同性恋群体行为方式为代表的非主流性活动和性倾向成为社会中出现的新情景和新现象。在男男同性性行为的主要参与者大龄未婚男性和离婚或丧偶男性中，对于结婚必要性持否定态度的人，其男男同性性行为的比例相当高，而能够接受终身不结婚的这两类人群中，其男男同性性行为的比例也很高。因此，男男同性性行为的参与者中，大部分依然是持有同性恋倾向的性少数人群或多元化人群（杨博等，2012）。值得注意的是，个别已婚男性在认可婚姻必要性的同时也存在男男同性性行为倾向，一方面可能是个别同性恋倾向的已婚男性的确是受制于两性婚姻的社会文化氛围而被迫成婚，另一方面也反映了个别已婚男性即使不是同性恋倾向的性少数人群，却依然有参与可能。因而，各类人群在男男同性性行为中虽然参与动机不同，但都存在参与该风险性行为的可能性。

表 5 - 9 传统婚姻观念差异下的男男同性性行为参与

单位：%

人群分类	大龄未婚男性		已婚男性		同居男性		离婚或丧偶男性	
男男同性性行为情况	有过	没有	有过	没有	有过	没有	有过	没有
态度:必须结婚								
同意	10.98	89.02	4.30	95.70	2.00	98.00	7.94	92.06
不同意不反对	8.82	91.18	4.24	95.76	10.53	89.47	12.50	87.50
不同意	20.00	80.00	0.00	100.00	0.00	100.00	25.00	75.00
态度:终身不婚								
可以接受	21.21	78.79	4.82	95.18	5.88	94.12	20.00	80.00
无所谓	10.00	90.00	4.88	95.12	0.00	100.00	14.29	85.71
不能接受	6.85	93.15	3.94	96.06	4.00	96.00	4.17	95.83

表 5 - 10 是态度与主观规范差异下的四类人群商业性行为现状差异。从中可以看到对男男同性性行为完全可以接受态度的男性主要是离婚或丧偶男性，这可能就如同已有文献中看到的同性恋人群最终选择遵循自身的性取向而放弃合法婚姻关系（张乃仁，2013）。已婚人群对同性性行为的接受程度最低，而完全不能接受态度的群体中，大龄未婚男性中这一比例最高，体现出婚姻挤压下大龄未婚男性并没有明显受到同性性取向的影响。

表 5 – 10　态度与主观规范差异下的男男同性性行为参与

单位：%

人群分类	大龄未婚男性		已婚男性		同居男性		离婚或丧偶男性	
男男同性性行为情况	有过	没有	有过	没有	有过	没有	有过	没有
对男男同性性行为的态度								
不光彩	15.00	85.00	5.81	94.19	3.57	96.43	6.45	93.55
未婚可以接受	33.33	66.67	8.82	91.18	20.00	80.00	42.86	57.14
完全可以接受	28.57	71.43	4.26	95.74	0.00	100.00	50.00	50.00
完全不能接受	5.48	94.52	2.46	97.54	2.44	97.56	4.44	95.56
周围人男男同性性行为								
很多	47.06	52.94	11.11	88.89	25.00	75.00	57.14	42.86
很少	21.05	78.95	9.30	90.70	0.00	100.00	0.00	100.00
没有或不知道	2.22	97.78	2.71	97.29	3.03	96.97	7.46	92.54

表 5 – 11 是社会媒体信息差异下的男男同性性行为比较。整体而言，有过上网经历和浏览色情网站经历的人中，其男男同性性行为的比例都明显高于没有上述经历的群体。上网经历可以带来更多的社会信息，同时也为性少数人群的社会交往带来了一定的便利，网络已经成为以同性恋群体为代表的性少数群体交流的虚拟平台（魏伟、蔡思庆，2012）。另外，有过色情网站的浏览经历，对于男男同性性行为可能会起到一定的刺激作用，由于受教育水平较低和自我保护意识较差，他们普遍缺乏正确的信息引导和自我保护认知，因此，现代社会中网络媒体信息的传播可能产生误导作用，一定程度上成为农村大龄流动男性男男同性性行为的促进因素。

表 5 – 11　社会媒体信息差异下的男男同性性行为参与

单位：%

人群分类	大龄未婚男性		已婚男性		同居男性		离婚或丧偶男性	
男男同性性行为情况	有过	没有	有过	没有	有过	没有	有过	没有
互联网历史								
有	13.95	86.05	4.76	95.24	3.57	96.43	14.00	86.00
没有	5.00	95.00	3.85	96.15	4.35	95.65	5.41	94.59
浏览色情网站历史								
有	15.38	84.62	7.33	92.67	5.26	94.74	17.24	82.76
没有	8.11	91.89	3.22	96.78	2.44	97.56	6.90	93.10
首次看色情录像年龄(岁)	22.81	22.28	24.89	24.62	21.33	21.34	20.55	22.53

（二） 男男同性性行为的影响因素

表 5-12 是带入个人特征和社会情境因素后针对男男同性性行为的影响

表 5-12 男男同性性行为的 Logit 回归分析

影响因素	模型 4 参与男男同性性行为（参考项：未参与）				
	Conf	S. E	影响因素	Conf	S. E
婚姻：			婚姻必要性：		
已婚	-0.771	0.585	不同意不反对	0.761	0.520
同居	-1.060	0.854	不同意	0.592	0.809
离婚或丧偶	0.845	0.673	（参考项：同意）		
（参考项：大龄未婚）			人生可以不结婚：		
			不同意不反对	0.210	0.621
年龄：39 岁以上	-0.083	0.493	不同意	0.289	0.521
（参考项：39 岁以下）			（参考项：同意）		
教育：			对男男同性行为的态度：		
初中	-1.038 *	0.488	未婚可以接受	1.267 *	0.608
高中及以上	-1.184	0.617	完全可以接受	0.105	0.790
（参考项：小学及以下）			完全不接受	-0.492	0.484
月收入：1000~1500 元	0.037	0.542	（参考项：不光彩）		
1500 元以上	0.425	0.551	多性伴侣主观规范：		
			很少	-0.550	0.562
（参考项：1000 元以下）			没有或不知道	-0.021	0.572
经济感知：一般	0.850	0.562	（参考项：很多）		
好	2.111 ***	0.620	男男同性性行为主观规范		
（参考项：差）			很少	0.123	0.610
是否跟朋友谈论性话题：			没有或不知道	-1.786 **	0.616
不谈论	-0.066	0.435	（参考项：很多）		
（参考项：谈论）			互联网经历：有过	-1.262	0.833
初次流动年纪	0.031	0.028	（参考项：没有）		
流动方式：一个人来 （参考项：与别人一起来）	-0.435	0.450	浏览色情网站经历：有过	2.618 **	0.842
是否有过打工经历：有	0.100	0.450	初次看色情录像年纪	0.042	0.032
（参考项：没有）					
N	719				
pseudoR^2	0.350				
LR chi2	110.01 ***				
Log likelihood	-102.237				

注： * 表示 p < 0.05 ， ** 表示 p < 0.01 ， *** 表示 p < 0.001 。

因素分析结果。由于本书中的男男同性性行为并不多见，特别是男男同性性行为并不因为婚姻状况差异而出现明显差别，因而本书在影响因素分析中，将所有样本作为对象进行男男同性性行为社会风险因素的回归分析。首先，男男同性性行为并不因为婚姻状况差异而出现显著差别，因而男男同性性行为可以认为是一种个人性倾向的生理和心理偏好，而非未婚条件下的男女两性性行为替代。在个人的社会经济地位影响因素中，教育层次略高的人群与小学教育人群相比，男男同性性行为参与倾向更低。这与已有研究中高收入是男男同性性行为促进因素的研究结论相反（Yang et al.，2011）。在经济主观感知中，经济地位感知好的人更容易发生男男同性性行为，因此物质条件成为男男同性性行为参与或者个人同性恋倾向公开的重要影响因素。

对于男男同性性行为持有一定认可态度的人更容易发生男男同性性行为，因此对该行为的认可度是影响农村大龄流动男性男男同性性行为参与的重要因素。同样，如果周围发生男男同性性行为的人不多，则农村大龄流动男性发生男男同性性行为的现象就明显减少。这再次从侧面表明，周围人群男男同性性行为的参与带有很强的引导性，而这种群体性的风险参与趋势也折射出男男同性性行为或者同性恋群体所特有的亚文化特征和小群体聚居活动现象（魏伟、蔡思庆，2012）。

第三节　社会风险识别结果

一　识别标准

社会风险类型的判断以社会风险后果为标准，对于风险的后果计算一般是从社会风险的发生概率与社会风险潜在后果的分析中，得出最终的风险后果（Stein et al，2007），具体计算过程参考公式5-5即：

$$R(风险后果) = P(风险概率) \times H(潜在伤害) \tag{5-5}$$

因此，风险后果反映为风险概率和潜在伤害的乘积效应。风险概率是一个反映风险发生可能性的指标，当某类人群中风险参与者数量相比其他人群要多，则该类人群整体而言具有更高的风险概率；也意味着如果某类人群中风险参与者所占比例相比其他人群要高，则该类人群同样具有更高的风险概率（马晓红，2006）。与此同时，风险行为发生还受到个人环境中影响因素的影响，影响因素能够在一定程度上影响个人参与风险的概率（李强、陈宇琳，2012；Morleo et al，2013）。

潜在伤害则是衡量风险后果的重要指标，当风险参与者在 A 类风险中的直接伤害高于 B 类风险，则认为 A 类风险的直接伤害相比 B 类风险而言更高，即直接伤害程度（胡鞍钢、王磊，2006；陈远章，2008）；不仅如此，社会风险在造成弱势人群个体的风险伤害的同时，还会随着弱势人群个人风险的累积效应扩散至社会层面，进而成为社会风险，因此，社会风险的潜在伤害在个人风险的基础上，还应该包括间接伤害，即个人风险伤害是否会间接造成社会其他群体的风险伤害（刘慧君、李树苗，2010；Tyndall et al.，1994）。因此，根据已有研究对社会风险后果的衡量标准和相关影响因素的研究结果，本书构建了计算社会风险后果的指标体系，如表 5 – 13 所示。

表 5 – 13　社会风险后果计算指标的构建

指标名称	指标内容	指标含义	指标来源
概率影响指标	社会风险的参与者数量	风险参与者的人数/风险参与者的比例：人数多或者风险人数比例大则整个人群的风险发生概率变大	参考马晓红、靳小怡等的著作（靳小怡、刘利鸽，2009；马晓红，2006）
影响因素指标	社会风险的影响因素	社会情境中与个人相关的影响因素：影响因素的显著影响增大了群体在特定社会情境下的风险发生概率	参考李强、Moreleo 等的著作（李强、陈宇琳，2012；Moreleo et al.，2013）
直接伤害指标	社会风险的直接后果	直接后果：社会风险给某类人群或个体造成的直接伤害	参考陈远章、胡鞍钢等的著作（胡鞍钢、王磊，2006；陈远章，2008）
间接伤害指标	社会风险的间接后果	后果的扩散范围与程度：风险伤害由特定人群扩散至家庭、社区和社会	参考张海波和童星、卡斯珀森、刘慧君等的著作（张海波、童星，2012；刘慧君、李树苗，2010；Tyndall et al.，1994）

社会风险视角下的风险性行为后果，具有风险的群体累积效应和扩散趋势，因为其包含了个人风险和社会后果在内的风险伤害。个人风险直接表现为个人经由风险性行为感染 HIV／AIDS；而社会后果则是风险参与者在自身

感染 HIV/AIDS 的同时，还会由于所处人群的范围以及社会交往，将个人风险在群体内扩散，使得风险后果得到放大，个人风险逐渐经由群体风险放大至社会层面，最终成为社会风险后果。因而，风险性行为同时会造成直接的个人或小群体风险后果以及间接的大众人群风险后果，参考公式 5-5 和表 5-13 中构建的社会风险后果计算指标体系，根据本章数据分析结果和风险性行为的社会现实分析，本书提出了在风险性行为中进行社会风险识别的指标体系，如表 5-14 所示。表 5-14 将变量指标操作化为发生概率和潜在伤害两类，遵循了风险后果计算的基本法则。

表 5-14　风险性行为社会风险识别的指标体系

社会风险后果 R：HIV/AIDS 大范围感染和传播后果	发生概率 P		潜在伤害 H	
	数量指标 P_1	参与人员数量 P_{11}	直接伤害指标 H_1	HIV/AIDS 个人传播率 H_{11}
		参与人员比例 P_{12}		
	影响因素指标 P_2	社会经济地位 P_{21}	间接伤害指标 H_2	人群范围 H_{21}
		流动因素 P_{22}		
		态度与主观规范 P_{23}		社区交往 H_{22}
		社会媒体信息 P_{24}		

表 5-14 中，指标体系分布在风险概率和风险潜在后果两个层面。首先，风险概率指标是指与风险性行为参与概率相关的指标：第一，数量指标，直接表现为风险参与人群的绝对数量和个别群体内风险参与者占到的比例，也即为参与人数多少和某类人群中参与比例的高低。本书的表述统计分析已经将这一指标进行了直接计算。第二，影响潜在风险参与者的风险参与概率的影响因素，如果这些影响因素显著，则会对潜在参与者的风险参与概率产生重要的影响，在本书中影响因素包括了能够显著改变风险性行为发生概率的社会情境因素。

其次，风险潜在后果指标是指与风险性行为后果相联系的指标，既包括风险性行为直接带来的个体层面很高的 HIV/AIDS 感染与传播率；也包括间接伤害指标，即风险性行为参与者在自身生活环境和社会交往中产生的 HIV/AIDS 个人传播风险向周围人群扩散的风险现象。根据公式 5-5 的算法，以及表 5-14 的具体指标设置，本书提出了风险性行为的社会风险识别公式，如表 5-15 所示。

表 5 - 15 中风险性行为的社会风险识别公式将采取两种策略评估计算结果的大小：首先，根据表 5 - 14 的指标体系，数量指标可以从本章风险性行为参与人数和不同人群中风险性行为参与比例的描述统计中获得；其次，影响因素指标可以从本章的影响因素分析中，凭借影响因素是否对风险性行为产生显著作用而获得；最后，由于本书数据的局限，调查数据中并没有与 HIV/AIDS 个人感染率相关的信息，也没有关于不同风险人群社会交往和人群范围的具体数据，因此将通过已有文献分析和社会现状总结，获得对两类风险性行为直接伤害指标和间接伤害指标的判断。

表 5 – 15　风险性行为的社会风险识别公式

风险概率 P	风险伤害 H	社会风险后果 R
参与人员数量 P_{11} 参与人员比例 P_{12}	HIV/AIDS 个人传播率 H_{11}	$P_{11} \times H_{11}$
		$P_{12} \times H_{11}$
	人群范围 H_{21}	$P_{11} \times H_{21}$
		$P_{12} \times H_{21}$
	社区交往 H_{22}	$P_{11} \times H_{22}$
		$P_{12} \times H_{22}$
社会经济地位 P_{21} 流动经历 P_{22}	HIV/AIDS 个人传播率 H_{11}	$P_{21} \times H_{11}$
		$P_{22} \times H_{11}$
	人群范围 H_{21}	$P_{21} \times H_{21}$
		$P_{22} \times H_{21}$
	社区交往 H_{22}	$P_{21} \times H_{22}$
		$P_{22} \times H_{22}$
态度与主观规范 P_{23} 社会媒体信息 P_{24}	HIV/AIDS 个人传播率 H_{11}	$P_{23} \times H_{11}$
		$P_{24} \times H_{11}$
	人群范围 H_{21}	$P_{23} \times H_{21}$
		$P_{24} \times H_{21}$
	社区交往 H_{22}	$P_{23} \times H_{22}$
		$P_{24} \times H_{22}$

（一）数量指标

从本章关于商业性行为和男男同性性行为的描述统计分析中，可以看到商业性行为的参与者数量为 182 人，而同性性行为参与者数量为 53 人，因此，从绝对人数上来看，商业性行为人数指标高于同性性行为人数指标；与此同时，在婚姻差异下的大龄未婚男性、已婚男性、未婚同居男性以及离婚或丧偶男性四类人群中，商业性行为参与比例也都明显高于男男同性性行为参与比例，因而从不同群体的参与比例上来看，商业性行为参与比例指标高于男男同性性行为参与比例指标。

（二）影响因素指标

从本章关于商业性行为和男男同性性行为的影响因素分析中，可以看到社会情境因素对商业性行为和同性性行为具有显著的作用。针对这四类影响因素而言，显著的影响力构成了概率影响效应，因而成为概率的影响因素指标。例如，表5-5和表5-12的影响因素回归分析表明，四类社会情境因素对商业性行为具有不同程度的显著影响，因而四类概率影响指标对于商业性行为发生概率都产生了显著影响。同性性行为中，其他三类概率影响指标对男男同性性行为发生概率有显著影响，而流动经历没有显著影响。在表5-15中，影响因素指标将决定最终的风险后果计算结果。

（三）直接伤害指标

由于风险性行为最直接的风险后果即为风险参与者的HIV/AIDS感染概率，因而直接伤害指标设定为风险性行为的HIV/AIDS个人传播率。由于本书数据限制，与HIV/AIDS个人传播率相关的数据无法准确获取，但是可以从已有研究和社会现实来判断两种风险性行为各自的直接伤害指标大小。例如，针对风险性行为HIV/AIDS个人传播率的比较研究表明，男男同性性行为HIV/AIDS个人传播率是普通异性性行为传播率的10倍（Davis et al.，2008），因而可以判断，在直接伤害指标的大小比较上，男男同性性行为大于异性性行为特征的商业性行为。另外，近年来卫生部门数据统计中也发现新感染的HIV/AIDS患者有八成以上比例来自男男同性性行为群体（武晓雯，2010），再一次验证了男男同性性行为具有异常偏高的HIV/AIDS个人传播率。

（四）间接伤害指标

间接伤害指标表现为商业性行为和男男同性性行为中HIV/AIDS个人传播向周围社区和社会网络扩散的风险社会化趋势。因此，间接伤害指标就表现为风险参与者的人群范围大小和社会网络大小，风险参与者的人群范围越广，其个人风险的社会化概率越高；同样，风险参与者的社会网络越广，则个人风险的社会化概率也越高。

商业性行为与同性性行为都具有典型的性行为风险特征，即多个性伴侣现象带来的高 HIV/AIDS 个人传播概率（Galea et al.，2003；丁东红，2005）。在目前有关流动男性风险性行为的研究中，在当前现实条件下，与同性性行为参与者相比，商业性行为的个人 HIV/AIDS 传播率和感染风险相对较低，特别是采取了保护性措施如安全套将有效降低商业性行为中的个人 HIV/AIDS 传播趋势（Weine et al.，2013）。不过，流动男性特别是中国的乡村流动男性，商业性行为中安全套使用率并不高（Weine et al.，2013；段成荣，2008），因而具有较明显的风险概率。参与商业性行为的人都属于异性恋下的主流人群，社会生活具有较高的开放性和包容性，社会交往范围广；特别是在性行为领域，流动男性还会将自身的 HIV/AIDS 个人风险传递至家庭层面，将商业性行为风险放大和扩散（Johnson and Tyler，2007），进而使得个人性行为风险具有了家庭风险、社区风险直至社会风险的累积效应。

与商业性行为相比，男男同性性行为已经成为目前中国 HIV/AIDS 传播途径中经由性行为传播的最主要的方式（Lupton，1999），具有最高的 HIV/AIDS 个人传播风险。男男同性性行为由于其特殊的性行为方式，参与者个人感染 HIV/AIDS 的概率非常高；而在现实条件下，由于对男男同性性伴侣关系的忽视与否定，使得男男同性性伴侣关系无法得到婚姻家庭认可和道德认同，因而其小群体范围内的多性伴侣现象尤为常见（刘越等，2010），这就更进一步加剧了男男同性性行为参与者之间的 HIV/AIDS 传播风险。不过，当前中国对于男男同性性行为的认可程度并不高，造成男男同性性行为者往往形成小群体和封闭社群现象（司马媛、童星，2010；Mir et al.，2013），他们往往与主流人群的社会交往存在排斥现象，其个人风险的传播和放大一般限于小群体内部，向婚姻家庭和社区、社会的风险辐射效应并不突出，因而个人风险的社会后果相比商业性行为而言，其风险范围、程度以及关联人群都具有局限性。

因此，本书根据表 5-14 风险性行为的社会风险识别指标，以及表 5-15风险性行为的社会风险识别公式，结合本章的数据分析验证和社会现实描述，构建了如表 5-16 所示的风险性行为的社会风险识别过程，以此作为两类风险性行为的社会风险圈大小的绘制标准。风险性行为类型识别过程反映了六类具体指标进行组合计算后得到两类风险性行为所具有的社会风险程度，用于在社会风险视角下判断两种风险类型哪一个更加具有社会风险的扩散和累积效应。这种扩散和累积效应一方面源于流动男性本身作为弱势群体所具有的群体特征；另一方面也是目前人口城镇化背景下整个流动人群内部的行为趋势和社会经济地位的变化趋势。流动人口的这种特征使得该群体在 HIV 风险传播中显得尤为脆弱。

表 5 - 16　风险性行为的社会风险识别过程

社会风险的后果 R	商业性行为	社会风险的程度比较	男男同性性行为
$P_{11} \times H_{11}$	参与人数多 ** HIV/AIDS 个人感染率次高	<	参与人数少 HIV/AIDS 个人感染率最高
$P_{12} \times H_{11}$	样本中参与比例高 HIV/AIDS 个人感染率次高	<	样本中参与比例低 HIV/AIDS 个人感染率最高
$P_{11} \times H_{21}$	参与人数数量多 主流人群范围广	>	参与人数数量很少 非主流人群范围小
$P_{12} \times H_{21}$	样本中参与比例高 主流人群范围广	>	样本中参与比例低 非主流人群范围小
$P_{11} \times H_{22}$	参与人数数量多 参与者社会交往多	>	参与人数数量少 参与者社会交往少
$P_{12} \times H_{22}$	样本中参与比例高 参与者与主流社会交往多	>	样本中参与比例低 参与者与主流社会交往多
$P_{21} \times H_{11}$	社会经济地位影响显著 HIV/AIDS 个人感染率次高	<	社会经济地位影响显著 HIV/AIDS 个人感染率最高
$P_{22} \times H_{11}$	流动经历影响显著 HIV/AIDS 个人感染率次高	>	流动经历影响不显著 HIV/AIDS 个人感染率高
$P_{21} \times H_{21}$	社会经济地位影响显著 主流人群范围广	>	社会经济地位影响显著 非主流人群范围小
$P_{22} \times H_{21}$	流动经历影响显著 主流人群范围广	>	流动经历影响不显著 非主流人群范围小
$P_{21} \times H_{22}$	社会经济地位影响显著 参与者社会交往多	>	社会经济地位影响显著 参与者社会交往少
$P_{22} \times H_{22}$	流动经历影响显著 参与者与主流社会交往多	>	流动经历影响不显著 参与者与主流社会交往多
$P_{23} \times H_{11}$	态度与规范影响显著 HIV/AIDS 个人感染率次高	<	态度与规范影响显著 HIV/AIDS 个人感染率最高

续表

社会风险的 后果 R	商业性行为	社会风险的 程度比较	男男同性性行为
$P_{24} \times H_{11}$	社会媒体影响显著 HIV/AIDS 个人感染率次高	<	社会媒体影响显著 HIV/AIDS 个人感染率最高
$P_{23} \times H_{21}$	态度与规范影响显著 主流人群范围广	>	态度与规范影响显著 非主流人群范围小
$P_{24} \times H_{21}$	社会媒体影响显著 主流人群范围广	>	社会媒体影响显著 非主流人群范围小
$P_{23} \times H_{22}$	态度与规范影响显著 参与者与主流社会交往多	>	态度与规范影响显著 参与者与主流社会交往少
$P_{24} \times H_{22}$	社会媒体影响显著 参与者与主流社会交往多	>	社会媒体影响显著 参与者与主流社会交往少

注： ＊＊根据联合国卫生组织相关统计，男男同性性行为的 HIV/AIDS 传播率比普通异性性行为的 HIV/AIDS 传播率高出 10 倍左右（Davis et al. ，2008），而本书的调查数据中，商业性行为参与者共计 182 人，同性性行为参与者共计 53 人。因此，商业性行为虽然参与人数较多，各类人群中的参与比例相对较高，但是无法抵消其具有的 HIV/AIDS 高传播率与同性性行为具有的 HIV/AIDS 最高传播率之间的差距，因而商业性行为的社会风险程度低于同性性行为的社会风险程度。

表 5 － 16 的识别过程实际上将商业性行为和同性性行为的社会风险后果借助于计算公式进行了判别分析，总结了两类风险性行为不同指标进行计算后得到的社会风险程度。由于数据收集的制约，本书并没有收集到关于本样本具体的 HIV/AIDS 感染率等信息，但是根据社会六类指标的数据分析和社会现实描述，能够总结出两类风险性行为在当前社会环境下的大龄流动男性样本中的社会风险含义，比较各自的社会风险后果和影响，从而识别出最主要的风险性行为类型。如表 5 － 16 所示，按照公式 5 － 5 的计算方法，结合本章表 5 － 15 风险性行为的社会风险识别公式，可以得到共计 18 个风险性行为的社会风险程度识别结果。其中，仅在 5 个结果中，商业性行为的社会风险程度低于同性性行为的社会风险程度；其余 13 个结果中，商业性行为的社会风险程度都大于同性性行为。因此，商业性行为是当前婚姻挤压环境下农村大龄流动男性最主要的社会风险，具有明显的社会风险含义和后果属性。

进一步，本章结合风险性行为社会风险后果的计算过程，根据数据分析中商业性行为和同性性行为参与人数的现状比较，结合两类风险性行为

的影响因素差异，同时将两类风险性行为所处的风险环境和风险后果进
行比较，总结出了商业性行为和同性性行为各自的风险程度和参与人群
特征，得到了两类风险性行为的风险圈，更加直观地比较了商业性行为
和同性性行为两类风险所具有的社会风险含义，识别出婚姻挤压背景下
农村大龄流动男性在风险性行为中最主要的社会风险，即商业性行为，
如图5－4所示。

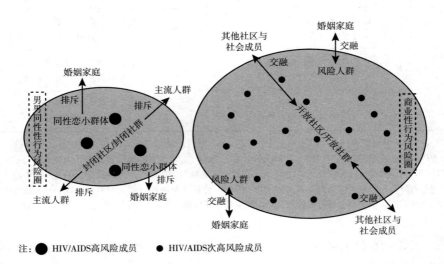

图5－4 风险性行为的社会风险圈

二 识别结果：商业性行为

参照表5－16的社会风险识别过程和图5－4的社会风险圈，可以得出
农村大龄流动男性在风险性行为层面的社会风险识别结果：在当前婚姻挤压
背景下，商业性行为是农村大龄流动男性在风险性行为中面临的最主要社会
风险。商业性行为的风险后果范围较广、程度较高，对于农村大龄流动男性
及其家庭和社区具有明显影响，具备了社会风险的含义和后果；而男男同性
性行为由于参与群体数量和影响范围及程度的局限，在当前社会现实下尚未
形成社会风险趋势。表5－17是本章对两类风险性行为进行社会风险识别后
的最终比较结果：在本书现实情境下，商业性行为是农村大龄流动男性在
HIV/AIDS 感染和传播领域的社会风险。

表 5 - 17　社会风险识别结果

	HIV/AIDS 个人风险	HIV/AIDS 大范围感染和传播风险
商业性行为	√	√
男男同性性行为	√	—
社会风险识别结果	商业性行为	

　　首先，HIV/AIDS 大范围感染和传播后果决定了商业性行为是社会风险。商业性行为参与现象在流动男性中较为普遍，也是婚姻之外仅凭经济手段即可得到的性行为方式，因而无论是风险参与人数还是世界各国参与情况，商业性行为都是流动男性最常见的风险性行为类型。因此，从参与主体的数量和范围来看，商业性行为风险圈的广度较大，社会主体范围也较大，HIV/AIDS 具有大范围感染和传播概率，因而具有风险现象的社会属性，能够体现出社会风险含义。

　　其次，风险伤害程度决定了商业性行为具有社会风险属性，也决定了其是农村大龄流动男性最主要的性行为风险。商业性行为主要存在于异性恋主流人群中，是农村大龄流动男性中多数人群的常见风险；对于主流人群而言，婚姻家庭生活和社区交往以及社会发展参与是他们与外界发生信息和行为接触的必经途径，因此，婚姻家庭和社会接触将导致其个人风险向家庭、社区直至社会的传递和扩散，个人的 HIV/AIDS 传播风险存在向家庭、社区直至社会大范围传递的可能性，体现出社会风险含义，应围绕商业性行为及其主体进行干预与教育。

第四节　社会风险程度计算结果

　　为了对社会风险程度进行具体计算，本书进一步参考了已有研究关于社会风险程度的计算方法，结合本书研究的问题和对象，参照已有的指标体系进行了指标设置和商业性行为与男男同性性行为的社会风险计算。

一　社会风险指标构建与评价

　　本研究在第二阶段进行了基于统计分析结果的社会风险计算。首先进行了 HIV/AIDS 传播的社会风险指标设计。本研究参照已有的社会风险指标体系，根据社会风险计算公式"R（风险后果）$= P$（风险概率）$\times H$（潜在伤害）"（陈远章，2008），结合流动男性风险性行为及其 HIV/AIDS 感染与传播特征，构建了 HIV/AIDS 传播的社会风险指标体系。指标体系包含"风险概率"和"潜在伤害"两类指标，"风险概率"指标是人群中参与商业性行为者的比例，直接反映该人群的风险发生概率；"潜在伤害"指标设定为风险性行为导致的 HIV/AIDS 个人风险后果以及个人风险向社会扩散的可能性。"潜在伤害"指标又分为"直接伤害"指标和"间接伤害"指标（廖淑霞，2013），前者是个人经由风险性行为感染 HIV/AIDS 的概率；后者可以界定为风险性行为的影响因素，这些因素通过人群范围和社会交往对风险性行为参与产生影响，进而影响到个人 HIV/AIDS 感染风险及其向社会扩散的速度和程度，体现为 HIV/AIDS 传播的社会风险指标。

表 5 – 18　HIV/AIDS 传播的社会风险指标构建

风险概率指标 P		风险伤害指标 H		
概念	操作化		概念	操作化
数量	风险性行为参与人员比例 P	直接伤害	风险性行为的个人风险	HIV/AIDS 感染率 H_1
		间接伤害	风险性行为参与者的人群范围	社会经济地位 H_2 流动因素 H_3
			风险性行为参与者的社区交往	态度与主观规范 H_4 社会媒体信息 H_5

二　指标得分及标准化处理

表 5 – 18 中共有 1 个"风险概率"指标和 5 个"风险伤害"指标，按照风险计算公式进行乘积计算。商业性行为将得到 5 个有关 HIV/AIDS 传播的社会风险指标得分，构成商业性行为的社会风险集 $R_{i1} = \{ R_{11}, R_{21}, R_{31}, R_{41}, R_{51} \}$，对其进行加总，将得到商业性行为社会风险得分 R_{sum1}；同理得到男男同性性行为的社会风险集 $R_{i2} = \{ R_{12}, R_{22}, R_{32}, R_{42}, R_{52} \}$ 和社会风险得分 R_{sum2}，比较 R_{sum1} 和 R_{sum2} 即可判断两种风险性行为的社会风险程度。具体计算中，风险概率指标 P，赋值依据为本调查研究中两类风险性行为的实际发生比例；直接伤害指标 H_{i1}（$i = 1, 2$），赋值依据为公开数据中两类风险性行为的 HIV/AIDS 感染率；间接伤害指标 H_{i2}—H_{i5}（$i = 1, 2$），

赋值过程参考风险评估研究的取值策略，同时咨询了专家意见，根据四类影响因素中的具体因素是否显著进行打分，显著则得 1 分，该类型影响因素得分为内部具体因素得分之和。由于"风险概率"指标和"风险伤害"指标单位不统一，因此需要按照风险指标计算法则进行标准化处理（胡国清等，2007），从而使所有指标得分能够进行无量纲比较。

表 5 – 19 是根据公开数据和回归模型得到的 HIV/AIDS 传播的社会风险指标得分。

表 5 – 19　HIV/AIDS 传播的社会风险指标得分

风险概率 P	风险伤害	指标赋值			
		商业性行为		男男同性性行为	
参与者比例 $P_i (i = 1, 2)$		初始值	标准分	初始值	标准分
		$P_1 = 19.4\%$	$P_1 = 0.776$	$P_2 = 5.6\%$	$P_2 = 0.224$
	$H_i (i = 1, 2)^*$	初始值	标准分	初始值	标准分
	HIV/AIDS 个人传播率 H_{i1}	0.1%	0.010	10%	0.990
	社会经济地位 H_{i2}	1	0.333	2	0.667
	流动经历 H_{i3}	1	1.000	0	0.000
	态度与主观规范 H_{i4}	2	0.500	2	0.500
	社会媒体信息 H_{i5}	1	0.500	1	0.500

* $i = 1$ 表示商业性行为相关指标；$i = 2$ 表示男男同性性行为相关指标。

表 5 – 19 中，商业性行为的个人 HIV/AIDS 传播率仅有 0.1%，而男男同性性行为的个人 HIV/AIDS 传播率高达 10%；本研究中的商业性行为发生率也大大高于男男同性性行为（19.4% > 5.6%）；在影响因素得分中，商业性行为的"社会经济地位"因素得分低于男男同性性行为，"流动经历"因素得分反而较高，其余两个因素得分与男男同性性行为相同。

表 5 – 20 是经过社会风险计算得到的两类风险性行为社会风险比较结果。商业性行为虽然个人风险低，但是参与人数多，通过影响因素效用的综合计算，最终发现商业性行为的社会风险得分高于男男同性性行为。因此，在当前社会情境下，虽然商业性行为具有较低的 HIV/AIDS 个人风险，但是由于其是多数流动男性更容易发生的风险性行为，因而商业性行为成为 HIV/AIDS 传播向社会扩散的社会风险；男男同性性行为虽然具有更高的

HIV/AIDS 个人风险，但是参与者不是主流人群并且与主流人群的日常生活、社区交往相对较少，因而还未形成个人 HIV/AIDS 风险的社会扩散趋势，不是 HIV/AIDS 传播的社会风险。

表 5 – 20　HIV/AIDS 传播的社会风险比较结果

社会风险集		社会风险得分	
商业性行为 $R_{i1} = \{R_{11}, R_{21}, R_{31}, R_{41}, R_{51}\}$		商业性行为	男男同性性行为
男男同性性行为 $R_{i2} = \{R_{12}, R_{22}, R_{32}, R_{42}, R_{52}\}$		R_{i1}	R_{i2}
$R_{11} = P_1 \times H_{11}$	$R_{12} = P_2 \times H_{21}$	$R_{11} = 0.008$	$R_{12} = 0.222$
$R_{21} = P_1 \times H_{12}$	$R_{22} = P_2 \times H_{22}$	$R_{21} = 0.258$	$R_{22} = 0.149$
$R_{31} = P_1 \times H_{13}$	$R_{32} = P_2 \times H_{23}$	$R_{31} = 0.776$	$R_{32} = 0.000$
$R_{41} = P_1 \times H_{14}$	$R_{42} = P_2 \times H_{24}$	$R_{41} = 0.388$	$R_{42} = 0.112$
$R_{51} = P_1 \times H_{15}$	$R_{52} = P_2 \times H_{25}$	$R_{51} = 0.388$	$R_{52} = 0.112$
$R_{\text{sum}i}(i = 1, 2)$		$R_{\text{sum}1} = 1.818$	$R_{\text{sum}2} = 0.595$

由此可以看出，无论是从宏观社会现象进行主观判断，还是按照微观数据进行基于风险程度计算的实证分析，流动男性人群中的商业性行为在目前均具有较为显著的 HIV/AIDS 传播风险，也证明了宏观主观判断具有一定的科学依据。因此，对于目前阶段而言，流动男性群体中商业性行为相比男男同性性行为更容易成为该群体内部和群体间 HIV/AIDS 传播的社会风险。

第五节　大龄流动男性的 HIV/AIDS 风险感知

虽然本书在这一章的分析，验证了商业性行为是最主要的社会风险类型，但是不代表男男同性性行为及其相关的风险就没有潜在负面后果。因此，本书在该章又加了一节有关大龄流动男性风险性行为中，商业性行为和男男同性性行为的 HIV/AIDS 风险感知及其影响因素的分析，探讨在没有明确发生 HIV/AIDS 感染的前提下，风险性行为参与者的风险感知情况，以明确该群体未来作为人群总体而存在的潜在 HIV/AIDS 集中发生的情形。

一　中国流动男性 HIV/AIDS 风险的紧迫性

中国的 HIV/AIDS 感染人群数量逐年递增，仅在 2008 年前 9 个月，全

国即确认新增病例 44839 人，与此同时，共计死亡病例为 6890 人（BBC
Monitoring Asia Pacific，2008）。HIV/AIDS 城市传播中的流动感染者日益增
多（Meng X J et al.，2011），例如城市 HIV/AIDS 感染样本中超过50%有流
动经历，而流动人口感染率更超出全国平均水平的 3 倍（Zhang L et al.，
2013）。高传染率主要源于性传播途径，特别是商业性行为和同性性行为等
风险性行为传播率更高（Beijing Municipal Health Bureau，2013）。流动人口
是当前最明显的传播群体（Soskoline V et al.，2002；Piche VR et al.，
2003），主要源于较多的风险性行为参与（Hu Z et al.，2006；Li L et al.，
2006），而流动人口的公共卫生与健康服务尚未完善则进一步弱化了他们抵
御风险的能力（Peng Yet al.，2010）。当前，中国流动人口的 HIV/AIDS 风
险趋势还面临人口性别结构失衡的影响。由于农村地区 28 岁以上的贫穷男
性逐渐沦为婚姻挤压对象（韦艳、张力，2011），这些大龄未婚男性逐渐融
入人口流动，他们的风险性行为倾向更为明显（姜全保、李波，2011），
HIV/AIDS 传播形势更为严峻。城镇化推进与性别失衡下流动人口构成的现
实，使城市公共决策者与卫生服务机构面临新的公共服务与疾病防控需求，
对于公共管理部门的风险管理能力也提出了新的挑战。

　　由于目前不到 1% 的流动人口能够获取 HIV/AIDS 预防服务（Global
Call to Action against Poverty China. Civil report on living conditions of rural
migrant workers in China. Beijing，China，2009），因而有必要从流动人口的
主观视角讨论风险及其防范议题。风险感知是影响风险行为的重要认知因
素，风险行为者往往具有较低的风险感知（Lalou R et al.，2007）。如果无
法感知到自身的脆弱性，风险行为将会显著增多（Baumgartner S E et al.，
2010）。与城市人口相比，农村人口的 HIV/AIDS 风险感知很低（Li L et
al.，2010）。进入城市后，他们在 HIV/AIDS 传播中处于弱势地位（Lalou R
et al.，2007），可能会由于缺乏风险感知而更加被动。

　　因此，在 HIV/AIDS 预防与服务体系尚未完善的情况下，有必要了解性
别失衡背景下的大龄流动人口 HIV/AIDS 风险感知状况，识别风险类型与影
响因素，为完善流动人口 HIV/AIDS 防控策略提供依据。本节将包括以下三
个问题：（1）流动人口风险感知与风险性行为的关联分析，识别风险类型；
（2）不同风险类型下的风险感知影响因素；（3）探讨风险感知的社会风险
含义及健康政策启示。

二 理论模型与分析策略

(一) 理论模型构建

风险感知理论是从群体心理范式讨论公共安全与风险的研究方法 (Slovic P et al., 2005)。风险感知是个体判断自身风险的主观感觉 (Loewenstein GF, 2001; Slovic P et al., 2005), 能够对个体行为态度产生影响进而改变行为倾向与实际参与 (范春梅、贾建民、李华强, 2012), 是带有社会文化印记并反映不同文化思想背景的价值观与行为习惯 (Weinstein ND et al., 2007)。在 HIV/AIDS 风险研究中, 风险感知用于分析在缺乏预防措施下个体对于自身感染 HIV/AIDS 可能性的主观判断 (Conner M et al., 2005), 从而为健康政策干预提供参考与评价标准。HIV/AIDS 风险感知主要衡量个体在 HIV/AIDS 传播中主观认知的脆弱性, 因而风险感知理论模型能够反映风险参与者的风险认知, 包含对于风险事件的熟悉性和可控性两个维度 (Slovic P et al., 2005)。由于风险行为者往往对于风险事件持有错误信息进而导致熟悉性和可控性判断的失真, 因而无法准确认知自身的脆弱感 (Baumgartner S E et al., 2010), 直接表现为风险行为者往往伴随着较低的风险感知 (Lalou R et al., 2007)。但是随着社会风险事件的日益复杂和多发, 风险行为者也会通过掌握更多风险信息而提高风险熟悉程度和可控程度, 反而更倾向冒险行为。因此, 风险感知理论模型需要结合风险类型和风险人群进行具体设计。

在疾病传播的风险感知模型中, 加入特有的传播和防控信息后, 风险行为与风险感知之间的关系得到了更好的解释 (时勘、胡卫鹏, 2004)。首先, 疾病传播风险感知表现为对于自身处于风险中的程度判断也即个体面临疾病传播风险的直观感知, 反映了个体认知的疾病传播的可怕性 (刘金平、黄宏强等, 2006); 其次, 当个体对后果严重性有了正确认知后, 风险驱动力将显著降低, 因此后果的严重性是个体对于客观风险的直观感应, 例如疾病感染后的危害程度等 (谢科范、郭伟, 2009); 再次, 疾病传播风险能够通过预防达到风险控制目的, 因而 "可控性" 也是疾病传播风险感知模型的重要构成 (Woloshin S et al., 2000); 最后, 风险可能造成的后果感知即 "严重性" (Gregory R et al., 1993), 能够反映社会人群对风险事件可能引起的社会和个人后果的判断。中国流动人口特别是婚姻挤压下的大龄未婚男性，其社会经济状况都处于劣势处境，因而其健康条件相对较差，加之受教育程度不高，因而在社会转型期内面临包含疾病传播风险在内的社会风险（靳小怡、郭秋菊等，2010）。这部分人群由于无法顺利成婚，缺乏婚姻性伴侣（张群林、Attane I 等，2009），进入城市后很可能具有风险性行为趋势。由于信息资源较少，这些男性在 HIV/AIDS 传播中的风险应对能力相对较差，对于风险的程度和后果可能缺乏必要的认识，因而成为 HIV/AIDS 传播风险的重要人群，放大了社会风险（刘慧君、李树茁，2010）。

因此，包含大龄未婚男性在内的大龄流动男性很可能由于信息闭塞和认知欠缺，成为 HIV/AIDS 传播中的风险承担者。结合上述理论模型与当前大龄流动男性的群体特征，本文参考城市人群风险认知模型（刘金平、黄宏强等，2006），提出了针对流动人口 HIV/AIDS 传播的风险感知"HIV/AIDS 风险感知五要素"模型，将 HIV/AIDS 风险感知细化为"可怕性"、"可控性"、"传播性"、"严重性"以及"可见性"五类要素。这五类风险感知的程度加总将反映人群对于 HIV/AIDS 传播风险的整体判断。其中，"可怕性"风险，即感知的感染 HIV/AIDS 可能性；"可控性"风险感知，即是否能够知晓 HIV/AIDS 预防措施；"传播性"风险感知，即是否知晓 HIV/AIDS 的传播途径；"严重性"风险感知，即是否知晓感染 HIV/AIDS 的伤害程度。由于 HIV/AIDS 感染病症并不直观可见，如果缺乏自我保护意识将大大增大自身感染概率。因而本文还引入"可见性"风险感知，即是否能够主观看出 HIV/AIDS 感染病症。

（二）影响因素指标构建

风险感知同时也会受到风险行为和个人因素的影响，因此本文的风险理论框架中，将风险行为、风险态度以及流动经历作为风险感知的影响因素。首先，在风险决策中，一些表面上是高风险感知的群体却比其他人更容易选择冒险行为，因为风险行为者能够在风险行为中获得收益，进而在利益驱使下强化风险参与（Johnson RJ et al.，2002）。因此风险行为本身可能对于风险感知存在影响。风险行为发生往往也与风险态度相关联（Weinstein ND et al.，2007），因此风险行为的态度（倾向）以及实际参与很可能成为风险感知的重要影响因素。其次，由于安全套能够显著降低 HIV/AIDS 传播风险（Zhang L et al.，2013），因而安全套使用情况也可能影响到个体对于风险程度的感知，保护措施的使用很可能影响个体对风险的判断。值得注意的是，由于 HIV/AIDS 性传播已经成为中国 HIV/AIDS 传播的最主要形式（BBC Monitoring Asia Pacific, 2008），特别是同性性行为的多个性伴侣现象非常普遍（曾婧、余庆等，2007），因而性伴侣数量可能是风险感知的影响变量。由于大多数男性流动人口参与风险性行为都是因为离开配偶或伴侣独自流动（Meng X J et al., 2011），因而是否成婚，是否与配偶或伴侣共居成为影响风险性行为参与的重要因素（Zhang L et al., 2013），可能对于风险感知产生影响。流动男性面临外部环境变化，风险性行为同样会受到来自外部影响因素的影响。因此，外部影响因素很可能通过影响风险性行为参与进而影响 HIV/AIDS 风险感知，本文从与风险性行为相关的态度和行为直接进行分析，因而不再单独引入外部因素作为 HIV/AIDS 风险感知的外在影响因素。

本文将从 HIV/AIDS 主要传播渠道的风险性行为层面讨论流动男性的 HIV/AIDS 风险感知，因而风险性行为的参与环境与机会将是本文关注的重点信息。未婚男性都是独自流动，很大数量的已婚男性也是离开配偶独自流动，因而这也是流动男性存在风险性行为的重要外在环境因素（Meng X J et al., 2011）。表 5 – 21 的信息中，无论是何种单身状况，绝大多数男性都是独自流动，已婚流动男性中独自流动者也在一半以上。即使是已婚男性，独自流动者依然有很大可能获得风险性行为参与机会，他们在性需求层面与未婚男性没有根本差异（Li L et al., 2010）。因此，本文将是否与配偶或伴侣一起流动作为重要的差异指标，不再论述婚姻状况差异。

表 5 – 21　婚姻状况与共居状况

单位：%

婚姻状况	是否与配偶或伴侣同住	
	是	没有
未婚男性($N = 126$)	11.9	88.1
已婚或同居男性($N = 607$)	47.0	53.0
分居、离婚或丧偶男性($N = 206$)	10.2	89.8
Chi2	124.475 ***	

注：*** 表示 p ≤ 0.001。

（三）分析策略：变量及测量

本研究的测量指标由与 HIV/AIDS 风险相关的问题组成，备选答案包括肯定回答和否定回答。由于风险感知调查中会有相当数量的样本选择"不知道"选项（FISCHHOFF B et al.，1999），因而题项设置中加入"不知道"选项以降低答案偏差。最终将感知风险或问题的正确回答定义为具有风险感知，相反则表示缺乏风险感知（例如不知道或者回答错误）。如果没有听说过 HIV/AIDS，则不必回答上述风险感知问题，其风险感知统一编码为 0。变量与测量信息如表 5 – 22 所示。

　　从表 5 – 22 中可以看到，整体而言，半数以上流动人口能够识别出"可控性"风险感知，显示出安全套对于 HIV/AIDS 风险的预防作用已经在流动人口中得到一定的普及；具有"可见性"风险感知和"严重性"风险感知的群体都只占三成，显现出多数人缺乏对于 HIV/AIDS 具体症状的了解。值得注意的是，"可怕性"风险感知的比例最低，即流动人口中只有少数人群能够直接感知到自身在 HIV/AIDS 传播中的危险，在实际调研中，本文作者发现部分已婚流动男性认为自己不可能发生婚外性行为，因而判断自己不存在 HIV/AIDS 感染风险，这成为部分已婚男性缺乏 HIV/AIDS "可怕性"感知的原因之一。但是，鉴于流动男性对 HIV/AIDS 知识缺乏精确认知（Lalou R et al.，2007），因而与妻子保持忠诚且不发生婚外性行为并不能保证在流动经历中完全对 HIV/AIDS 免疫，因而这部分群体同样存在 HIV/AIDS 风险感知缺乏下的风险后果。

表 5 – 22　变量定义与测量

单位：%

概念界定	变量测量		均值/百分比
风险感知			N = 939
可怕性	自己可能存在感染 HIV/AIDS 的风险吗？	0 = 不可能/不知道	26.7
可控性	安全套可以有效预防 HIV/AIDS 传播风险吗？	（无感知风险）	55.5
传播性	多个性伴侣会增大 HIV/AIDS 传播风险吗？	1 = 可能（感知到风险）	47.8
可见性	一个看起来健康的人可能会携带 HIV/AIDS 吗？	0 = 可以/不知道（无感知风险）	31.0
严重性	HIV/AIDS 目前可以治愈吗？	1 = 不可以（感知到风险）	31.0

续表

概念界定	变量测量		均值/百分比
性行为历史	到目前为止是否有过性行为？	0 = 没有	14.3
		1 = 有过	85.7
风险行为态度	是否能够接受商业性行为？	0 = 不接受	62.3
		1 = 接受	37.7
	是否能够接受同性性行为？	0 = 不接受	75.7
		1 = 接受	24.3
风险行为参与	是否发生过商业性行为？	0 = 没有	80.6
		1 = 有过	19.4
	是否发生过同性性行为？	0 = 没有	94.4
		1 = 有过	5.6
安全套使用	过去一年,性行为中使用安全套的频率	0 = 从未用过	34.2
		1 = 偶尔使用	47.2
		2 = 经常使用	18.6
性伴侣数量	总共与多少位性伴侣发生过性行为($N = 805$)？	连续变量	2.3
流动居住	目前流动过程中,是否与配偶或伴侣共同居住？	0 = 未共居	65.8
		1 = 共居	34.2
年龄	28 - 65 岁	连续变量	39
			36.7
			31.7
月收入（元）	—	0 = <1000	34.5
		1 = 1000 ~ 1500	33.9
		2 = ≥1500	31.6
受教育程度	—	0 = 小学以下	18.1
		1 = 初中	58.6
		2 = 高中以上	23.3

本文首先从态度和参与两个角度，通过列联表分析"商业性行为""同性性行为"与五类 HIV/AIDS 风险感知的关联程度；由于风险性行为者的多个性伴侣现象较为普遍（曾婧、余庆等，2007），因而在关联分析中还加入了"多个性伴侣"视角。其次本文将五类风险感知指标加总获得 HIV/AIDS 风险感知总分（0~5分），引入序次回归（OLogit）分析。

三 分析结果

（一）风险性行为态度与 HIV/AIDS 风险感知关联分析

表 5 - 23 从商业性行为、同性性行为态度层面进行了态度与 HIV/AIDS

表 5 - 23　风险性行为态度与 HIV/AIDS 风险感知

单位：%

对风险性行为的态度		是否感受到风险	感受到风险的具体方面				
			可怕性	可控性	传播性	可见性	严重性
对商业性行为的态度	接受（N = 354）	是	28.3	62.7	52.8	35.9	39.0
		否	71.7	37.3	47.2	64.1	61.0
	不接受（N = 585）	是	25.8	51.1	44.8	28.0	26.2
		否	74.2	48.9	55.2	72.0	73.8
	X²		0.669	12.017***	5.711⁺	6.341*	16.973***
对同性性行为的态度	接受（N = 228）	是	26.8	61.0	47.4	35.1	41.2
		否	73.2	39.0	52.6	64.9	58.8
	不接受（N = 711）	是	26.7	53.7	48.0	29.7	27.7
		否	73.3	46.3	52.0	70.3	72.3
	X²		0.001	3.662⁺	0.024	2.364	14.757***

注：*** 表示 p ≤ 0.001；* 表示 p ≤ 0.01；+ 表示 p ≤ 0.1。

风险感知的关联分析。

从表 5 - 23 来看，态度上认可商业性行为的人，各类 HIV/AIDS 风险感知均高于否定态度群体。认可商业性行为的群体在"可控性"风险感知和"传播性"风险感知的感知比例最高，而对于"可怕性"风险感知的感知比例最低。特别是不同态度群体在"可控性"风险感知与"严重性"风险感知中的差异最大，而在"可怕性"风险感知层面没有差异。其次，态度上认可同性性行为的群体，在"可控性"风险感知和"传播性"风险感知的感知比例也最高，对于"可怕性"风险感知的感知比例最低。对于同性性行为持认可态度者和持不认可态度者，在"严重性"风险感知中的差异最为显著。

（二）风险性行为参与和 HIV/AIDS 风险感知关联分析

表 5 - 24 是风险性行为与 HIV/AIDS 风险感知的关联分析。

从表 5 - 24 中可以看到，有过"商业性行为"的群体，感受到各项 HIV/AIDS 风险感知的比例都较高，并且和没有过"商业性行为"的群体相比，差异显著。"同性性行为"层面，风险性行为经历者的"可怕性"、"可控性"以及"传播性"三类风险感知却低于没有风险经历的人，反映了同性性行为参与者面临的严峻局面。在"性伴侣数量"层面，感受到 HIV/AIDS 风险感知的群体，性伴侣数量也较多。因此，商业性行为、多个性伴

表 5 – 24   风险性行为与 HIV/AIDS 风险感知

单位：%

风险性行为参与经历		是否感受到风险	感受到风险的具体方面				
			可怕性	可控性	传播性	可见性	严重性
商业性行为的参与经历	有过（N = 182）	是	34.6	69.8	55.5	42.9	42.3
		否	65.4	30.2	44.5	57.1	57.7
	没有过（N =182）	是	24.8	52.1	46.0	28.1	28.3
		否	75.2	47.9	54.0	71.9	71.7
	X^2		7.166 **	18.680 ***	5.333 *	14.865 ***	13.520 ***
同性性行为的参与经历	有过（N = 53）	是	26.4	54.7	43.4	31.4	35.9
		否	73.6	45.3	56.6	68.6	64.1
	没有过（N =53）	是	26.8	55.5	48.1	24.5	30.7
		否	73.2	44.5	51.9	75.5	69.3
	X^2		0.003	0.013	0.440	1.097	0.620
性伴侣数量（个）	感知到风险		2.3	2.3	2.2	2.3	2.4
	无感知风险		1.9	1.6	1.8	1.8	1.8
	t-test		– 2.720 **	– 5.531 ***	– 2.562 *	– 3.545 ***	– 4.254 ***

注：*** 表示 $p \leq 0.001$；** 表示 $p \leq 0.01$；* 表示 $p \leq 0.01$。

侣行为与风险感知之间均为正向关联。相反，由于"同性性行为"中的 HIV/AIDS 传播率非常高（史同新、张北川等，2008），因而具有较低风险感知的"同性性行为"者面临更严峻的形势。

为了分析商业性行为层面的 HIV/AIDS 风险感知影响因素，本文构建了模型 1，如表 5 – 25 所示 HIV/AIDS 风险感知的影响因素分析。

表 5 – 25   HIV/AIDS 风险感知分析：商业性行为因素

自变量	模型 1	
	Odds Ratio	S. E.
商业性行为态度：接受	1.256 +	0.163
参考项：不接受		
商业性行为经历：有过	1.573 *	.293
参考项：没有		
安全套使用频率：偶尔使用安全套	1.839 ***	0.262
经常使用安全套	2.235 ***	0.401
参考项：从来不使用安全套		

续表

自变量	模型 1	
	Odds Ratio	S. E.
性伴侣数量	1. 064	0. 042
目前与伴侣或者配偶住在一起	1. 062	0. 131
参考项：独自居住		
年龄：39 岁以上	0. 841	0. 101
参考项：39 岁及以下		
收入：1000 ~ 1500 元	0. 999	0. 142
1500 元以上	1. 358 ***	0. 197
参考项：1000 元以下		
教育：初中文化	1. 841 ***	0. 298
高中文化及以上	2. 606 ***	0. 499
参考项：小学文化及以下		
Log likelihood	− 1493. 988	
x^2	119. 90 ***	
df	11	
pseudoR^2	0. 039	
N	939	

注：＊＊＊表示 p ≤ 0. 001；＊＊表示 p ≤ 0. 01；＊表示 p ≤ 0. 01；＋表示 p ≤0. 1。

　　模型 1 中，态度对 HIV/AIDS 风险感知具有微弱影响，是否接受商业性行为并不能显著地左右流动男性 HIV/AIDS 风险感知程度；但是商业性行为参与对风险感知具有显著影响，有过商业性行为经历者具有更高的风险感知水平；安全套也具有显著的影响作用，使用安全套的流动男性比没有使用过的男性具有更高的风险感知水平。在个人因素中，收入对风险感知存在显著影响，收入越高，风险感知能力也越强，这可能与高收入者更容易参与到商业性行为从而获得 HIV/AIDS 风险感知的现象有关。受教育水平具有非常显著的影响。现实中，教育背景决定着流动人口在性与生殖健康风险特别是风险性行为和 HIV/AIDS 风险中的知识储备，反映出个体面临 HIV/AIDS 时具有的风险感知能力。模型 1 中的流动男性中，受教育水平越高，风险感知能力随之也越强。

　　为了分析男男同性性行为层面的 HIV/AIDS 风险感知影响因素，本文构建了模型 2，如表 5 – 26 所示 HIV/AIDS 风险感知的影响因素分析。

表 5 - 26　HIV/AIDS 风险感知分析：同性性行为因素

自变量	模型 2	
	Odds Ratio	S. E.
同性性行为态度:接受	1. 138	0. 159
参考项:不接受		
同性性行为经历:有过	1. 000	0. 272
参考项:没有		
安全套使用频率:偶尔使用安全套	1. 830 ***	0. 261
经常使用安全套	2. 348 ***	0. 421
参考项:从来不使用安全套		
性伴侣数量	1. 130 ***	0. 038
目前与伴侣或者配偶住在一起	1. 034	0. 127
参考项:独自居住		
年龄:39 岁以上	0. 804 +	0. 096
参考项:39 岁及以下		
收入:1000 ~ 1500 元	0. 982	0. 140
1500 元以上	1. 314 +	0. 190
参考项:1000 元以下		
教育:初中文化	1. 842 ***	0. 299
高中文化及以上	2. 634 ***	0. 505
参考项:小学文化及以下		
Log likelihood	- 1498. 681	
x^2	110. 51 ***	
df	11	
pseudoR^2	0. 036	
N	939	

注：*** 表示 p ≤ 0. 001；+ 表示 p ≤ 0. 1。

从表 5 - 26 的影响因素分析可以看到，与商业性行为不同，无论是男男同性性行为的态度还是男男同性性行为的实际发生，都没有对 HIV/AIDS 风险感知形成显著的影响。但是，安全套使用却是非常显著的影响因素，这与男男同性性行为中较高的安全套使用现象可能存在关联。已有研究中，同性性行为者的多个性伴侣现象很普遍，这也是该群体成为 HIV/AIDS 传播的高风险人群的重要原因。本文表 5 - 6 的模型 2 中，性伴侣数量的确存在显著的正向影响。另外，年龄的影响并不显著，中国现实当中的同性性行为具有年龄差异，年轻人发生率要比高年龄群体高；与此类似，收入的影响也比较微弱。男男同性性行为相比商业性行为而言，更多的是一种心理和社会身份需求，因而收入高低并不能完全决定具有男男同性性行为需求者是否能够参与其中。

四　健康政策启示

国家城镇化持续推进将伴随流动人口数量的持续增加，而流动人口风险性行为及 HIV/AIDS 传播已经成为公共健康风险的重要构成（Meng X J et al.，2011）。与此同时，农村的婚姻挤压使得弱势男性成为大龄未婚男性，他们进入城市后的风险性行为趋势将加剧流动人口的风险性行为参与，HIV/AIDS 在流动人口中的传播将进一步加剧（Zhang L et al.，2013）。因此，HIV/AIDS 风险将是人口流动和婚姻挤压背景下社会风险的重要构成。

本文识别出"商业性行为"与"同性性行为"这两类影响流动人口 HIV/AIDS 风险感知的风险。商业性行为参与者比未参与者具有更高的风险感知；同时，对商业性行为的认可态度证明了风险性行为倾向对于风险感知的促进作用。高风险感知并没有减弱流动人口的商业性行为。由于对自身直接感染疾病的风险感知（可怕性）普遍较低，因而即使具备其他 HIV/AIDS 风险感知，也并不能减少商业性行为参与。目前，针对 HIV/AIDS 风险的政策与服务主要针对感染者展开，针对商业性行为的干预主要是打击色情而不是关注风险群体的风险认知，因而无法提供有效的倡导策略从而减少风险群体的风险参与。大部分男性流动人口与配偶一起居住（Meng X J et al.，2011），但是本文中已婚独自流动者和未婚男性居多数，他们成为风险性行为尤其是商业性行为的主要参与者，特别是婚姻挤压下的大龄未婚男性，商业性行为是他们在婚姻性行为之外获得性伴侣的方便途径。如果不能有效提升流动人口的 HIV/AIDS 风险感知，社会风险防范在该领域将持续处于"扫黄"层面，无法从根本上杜绝流动人口的商业性行为，因而也无法有效降低 HIV/AIDS 的传播风险。

同性性行为是影响风险感知的第二类风险。同性性行为已经成为 HIV/AIDS 传播率最高的途径，而本文中的同性性行为参与者明显缺乏 HIV/AIDS 风险感知，对自身脆弱性的错误认知将低估自身发生风险的概率（Johnson RJ et al.，2002）。这种错误认知也会促使参与者增加风险行为，加大感染风险。同性性行为的 HIV/AIDS 感染率非常高（史同新、张北川等，2008），加之同性性行为中多个性伴侣现象非常普遍（曾婧、余庆等，2007），因而同性性行为者不仅成为风险受害者，更成为风险传播者。当前，男男同性性行为者等性少数群体开始进入社会风险防范的主流视野，但是尚未关注他们的风险感知，无法解释他们为何在知晓同性性行为已经成为 HIV/AIDS 感染主要途径后，依然存在较高的风险参与行为。同性性行为人群对于两性关系的认知和婚姻家庭的认知与主流人群存在根本差别（魏伟，2007），因此独自流动处境或者未婚地位等，不足以解释社会中日益增多的同性性行为现象。缺乏关注该类人群的风险感知，将使社会风险防范工作缺失一部分主体，同性性行为中的 HIV/AIDS 预防也将处于应对后果的被动局面。

第六节　小结与讨论

本章围绕农村大龄流动男性的风险性行为，包括商业性行为和同性性行为，进行了现状研究和影响因素分析，进一步根据商业性行为和同性性行为的社会风险后果，判断两类风险性行为的风险范围和风险人群，从而识别出农村大龄流动男性在风险性行为中的社会风险，得到以下结论。

第一，商业性行为是农村大龄流动男性风险性行为中的社会风险行为；而男男同性性行为是存在多元化性少数人群中的个人风险行为，目前尚未出现社会风险含义。本书通过风险性行为中社会风险的识别研究，最终发现商业性行为是风险相对较多的风险性行为，大龄未婚男性比其他男性的参与比例更高并由于 HIV/AIDS 大范围传播概率而具有了个人风险的群体化直至社会化趋势。农村流动人口在城市务工过程中的商业性行为比例很高（Kiene and Subramanian，2013），因而公共健康领域的研究也将流动男性看作暴露在商业性行为风险下的 HIV/AIDS 和性传播疾病风险的脆弱人群（Hesketh et al.，2006）；不仅如此，由于家庭和亲友间的家庭和社会网络关系，参与商业性行为的流动男性还可能成为疾病传播风险与大众人群之间的桥梁人群，带有更明显的社会风险特征。虽然男男同性性行为已经成为 HIV/AIDS 和性传播疾病传播的最主要途径（Chen et al.，2012），但是流动男性中的这一行为风险并不常见。男男同性性行为是以同性性倾向为特征的同性恋人群中特殊的性行为方式，而其行为群体本身就是社会中的少数人群，因而男男同性性行为虽然个人风险较高，但在大众人群中并不多见，并不存在 HIV/AIDS 大范围传播风险，因而尚未形成社会风险。

第二，农村大龄流动男性的商业性行为具有婚姻挤压特征。大龄未婚男性中商业性行为的参与比例最高。流动男性由于离开家庭单独流动务工而存在较为常见的商业性行为参与，这在已有研究讨论中也得到验证（Kiene and Subramanian，2013）；但是本书证明了在农村地区承受性压抑的大龄未婚男性在城市流动经历中通过商业性行为找到了性活动途径，也间接证明了婚姻挤压下的商业性行为可能成为大龄未婚男性重要的性行为替代方式。值得注意的是，婚姻挤压下的商业性行为与一般商业性行为现象存在差异，例如在对一般商业性行为研究中发现，经济收入是商业性行为参与的直接物质基础，因而经济条件好的男性流动人群更倾向于商业性行为；但是反观大龄未婚男性，无论经济状况如何，商业性行为参与比例差异不大，也证明了婚姻挤压下商业性行为的风险群体并不会由于经济收入的限制而减少商业性行为需求。

第三，流动经历会促进农村大龄流动男性的商业性行为风险参与。人口流动过程中，不仅收入和经济物质条件出现变化，也会面临周围生活环境的变化：流动经历越早，商业性行为参与的比例也越高。这是因为流动经历早的人经历的风险环境也越多，商业性行为参与的概率也越大；也因为流动经历越早的人经济收入和社会关系网络的改善也越好，具备了商业性行为风险的物质基础。流动经历中的大龄未婚男性成为商业性行为的重要参与群体，商业性行为可以为他们提供婚姻框架之外并且仅需一定的物质成本即可以实现的性行为参与。另一部分未婚状态流动男性参与商业性行为的原因与大龄未婚男性相似，即同样缺乏婚姻和固定性伴侣的离婚男性以及丧偶男性。不同的是，后两者并不是婚姻挤压受众而缺乏性活动参与，而是他们目前单身状态下的性行为诉求。另外，与别人一起流动的农村大龄流动男性，商业性行为参与较多，证明周围环境可能是影响流动人口风险性行为参与的重要环境因素。

第四，流动人口的商业性行为带有明显的社会风险后果。本书在社会风险视角下的重要结论为婚姻挤压下流动人口的商业性行为是带有 HIV/AIDS 大范围感染和传播的社会风险行为，具体表现为流动过程中个人态度和主观规范具有明显的影响作用。首先，本身对于商业性行为较为认可的群体，实际参与也多，而对于商业性行为的认可本身就代表现代社会观念的变化和态度变化；其次，如果周围参与商业性行为人数很多，其自身参与的现象也较多，这可以看作风险环境中的风险趋同效应，即少数人盲目跟随多数人的冒险行为趋势而忽略自身在风险中的脆弱性和敏感性（Kayeyi et al.，2013）；最后，部分同居男性群体的商业性行为代表了性行为需求下的行为与道德悖论，反映出即使态度上不认可商业性行为，但是依然存在一定程度的参与，说明态度因素和实际参与在一定条件下也有可能并不一致（Muchimba et al.，2013）。另外，已婚人群中，如果周围人多个性伴侣现象较多，其参与商业性行为的现象也较多。

第五，明确风险群体的风险感知，有助于掌握风险群体的风险倾向和参与认知，将为社会风险应对机构出台预案提供信息参考。本书中流动人口的HIV/AIDS 风险感知反映出公共卫生和健康教育平台的公共服务依然存在薄弱环节，因此需要借助于社区健康机构等服务平台向流动人口传播 HIV/AIDS 知识以及危害，帮助流动人口特别是婚姻挤压下处于性压抑的大龄未婚男性获得准确的风险感知，提高风险预防能力。本书还发现安全套使用是风险感知的重要影响因素，因此安全套推广有助于提高风险预防能力。鉴于风险感知水平较高的群体有较高的风险倾向与实际参与，针对特定人群的行为约束教育与健康理念宣传势在必行，特别是要倡导流动人群减少商业性行为参与；对于同性性行为风险群体（性少数群体），可以针对人群特点推行社区干预和健康教育，通过交流和倡导提高风险感知，加强自我保护。本书的研究是从作为 HIV/AIDS 直接传播途径的风险性行为层面进行 HIV/AIDS 风险感知差异研究，虽然围绕风险性行为态度和行为的讨论能够体现出 HIV/AIDS 风险感知的直接来源，但是风险感知依然会受到客观影响因素如外在环境变化等外部因素的影响。因此，对于外部环境变化影响明显的流动男性而言，未来研究应该在此基础上进一步讨论 HIV/AIDS 风险感知的外部影响因素差异。

第六章　农村大龄流动男性风险性
行为的风险认知

第一节　研究设计

一　研究目标

本章的内容将围绕农村大龄流动男性风险性行为的风险认知进行分析。上一章的研究发现商业性行为可以带来最直接的社会风险后果即 HIV/AIDS 大范围感染和传播后果，因此本章将与商业性行为相关的风险认知操作化为 HIV/AIDS 知识水平。通过 HIV/AIDS 知识水平及其影响因素讨论农村流动男性在主观层面表现出的对于 HIV/AIDS 风险的认知水平，是风险主体对风险现象的主观风险认知。本章的研究将围绕农村大龄流动男性的 HIV/AIDS 知识水平进行描述和影响因素分析。

首先，明确农村大龄流动男性 HIV/AIDS 知识水平的具体内容。根据 HIV/AIDS 知识的结构体系，分析 HIV/AIDS 知识知晓度，判断农村大龄流动男性对 HIV/AIDS 的基本认识水平；进而按照是否有过商业性行为进行分组，判断不同的风险参与者在 HIV/AIDS 知识水平上的结构差异。

其次，判断婚姻挤压背景下农村大龄流动男性 HIV/AIDS 知识水平的影响因素。围绕 HIV/AIDS 知识水平，引入社会情境因素进行回归分析，判断哪些因素是影响农村大龄流动男性具有较高 HIV/AIDS 知识水平的情境条件。

最后，按照是否有过商业性行为分为两组，判断商业性行为参与和农村大龄流动男性 HIV/AIDS 知识水平之间的关系，明确社会情境因素对商业性行为参与者和没有商业性行为参与者的影响差异，判断商业性行为参与者对自身 HIV/AIDS 风险的认知水平。

二 变量设置

本章根据研究目标和分析框架，首先确定与分析相关的变量。其中，个人信息变量和风险性行为变量设置与上两章一致，因而在此不再复述。

（一）主变量

（1）HIV/AIDS 知晓度，界定为是否听说过 HIV/AIDS，变量赋值为：1 = 听说过；2 = 没听说过。如果答题者在该题项的选项为 2，则不需再回答余下其他问题。

（2）HIV/AIDS "神秘感"，界定为农村大龄流动男性对 HIV/AIDS 相关现象的真实理解程度，包括 "一个看起来健康的人会携带 HIV/AIDS 病毒"，"HIV/AIDS 能够被治愈"，变量均赋值为：1 = 会；2 = 不会；3 = 不知道。

（3）HIV/AIDS 传播途径知识，界定为农村大龄流动男性是否对具体传播途径有正确认知，包括 "与 HIV/AIDS 患者握手会感染 HIV/AIDS 病毒"，"与 HIV/AIDS 感染者一起吃饭会感染 HIV/AIDS 病毒"，"去正规医院捐献血液会传播 HIV/AIDS"，"与 HIV/AIDS 感染者共用餐具会感染 HIV/AIDS"，"与 HIV/AIDS 患者一起游泳会感染 HIV/AIDS"，"蚊子叮咬会传播 HIV/AIDS" 以及 "HIV/AIDS 感染孕妇能够生育健康孩子"，变量统一赋值为：1 = 可以；2 = 不可以；3 = 不知道。

（4）与 HIV/AIDS 相关的性行为风险感知，界定为农村大龄流动男性对 "使用安全套将会降低 HIV/AIDS 感染概率"，"只与一个性伴侣发生性关系将会降低感染 HIV/AIDS 的概率"，变量统一赋值为：1 = 可以；2 = 不可以；3 = 不知道。

（5）HIV/AIDS 知识水平，在上述 HIV/AIDS 知识题目中，每道题目为 1 分，回答正确的样本得 1 分，回答错误或者不知道的样本得 0 分。对上述得分进行加总，即得到 HIV/AIDS 知识水平得分。根据所有样本得分的平均值，本书将 HIV/AIDS 知识水平界定为高分水平和低分水平，变量赋值为：0 = 低分水平；1 = 高分水平。

（二）其他变量

（1）个人健康感知，界定为与同龄人相比，农村大龄流动男性对自己健康状况的评估，变量赋值为从"1 = 非常差"到"5 = 非常好"的五级量表，本书进行合并，重新赋值为：0 = 差；1 = 一般；2 = 好。

（2）流动经历

流动居住区域，界定为大龄未婚男性在流动中住在什么地方，变量赋值为：1 = 本地居民小区；2 = 流动人口聚居区；3 = 本地居民和外地人口混居区；4 = 其他。

流动来源地，界定为农村大龄流动男性来自哪里，变量赋值为：1 = 西安本地；2 = 本省外地；3 = 外省。本书分析中进行合并，重新赋值为：0 = 外省；1 = 本省。

流动居住方式，界定为农村大龄流动男性在流动中是否与配偶或伴侣同住，变量赋值为：1 = 同住；2 = 没有同住。

（三）分析方法

本章的数据来源同样为"农村大龄流动男性生殖健康和家庭生活调查"。在本章讨论中，核心变量是问卷数据库中有关 HIV/AIDS 知识结构的题项，包括了与 HIV/AIDS 知晓、传播途径、认知相关的知识题目。

本章的分析方法中，首先进行了交叉表描述，对比分析 HIV/AIDS 知识水平在有过商业性行为和没有商业性行为两个群体之间的差异，判断风险群体和非风险群体在个人 HIV/AIDS 认知上的知识水平差异；同时进行了分组变量的卡方均值检验以及 T 检验，比较风险群体和没有风险群体是否在 HIV/AIDS 知识水平的不同结构中存在显著差异；在此基础上，纳入社会情境因素针对 HIV/AIDS 知识水平建立 logistic 回归模型，分析 HIV/AIDS 知识水平的影响因素。本章假设具有高 HIV/AIDS 知识水平的比例为 P，则对其进行逻辑斯蒂变化可以用于解释高 HIV/AIDS 知识水平对低 HIV/AIDS 知识水平的对数（Brockerhoff and Biddlecom，1999）。因此，对高 HIV/AIDS 知识水平的比例 P 进行的逻辑斯蒂变化可以表示为：

$$\text{Logit}(P_i) = \log\left(\frac{P_i}{1 - P_i}\right) \tag{6-1}$$

如果把公式 6 - 1 看作一般化线性模型框架内的连接函数，则二维 Logistic 模型就可以进一步表述为：

$$\ln\left(\frac{P_i}{1-P_i}\right) = g(x_1, x_2, x_3, \cdots, x_i) \tag{6-2}$$

公式 6-2 简称为 logistic 回归模型，其中 i 个因素 x_1，x_2，x_3，$\cdots$，x_k 等称为 logistic 回归模型的协变量，根据本书的分析框架，带入风险性行为的社会风险相关因素，则得到：

$$\ln\left(\frac{P_i}{1-P_i}\right) = \beta_1 x_{i1} + \beta_2 x_{i2} + \beta_3 x_{i3} + \beta_4 x_{i4} + \beta_5 x_{i5} + \beta_6 x_{i6} + \beta_7 x_{i7} + \beta_8 x_{i8} + e_i$$

$$\tag{6-3}$$

其中，β_1 是年龄状况系数，β_2 是婚姻地位系数，β_3 是与居住状况相关的系列变量的系数，β_4 是教育水平系数，β_5 是流动历史系数，β_6 是性行为经历系数，β_7 是健康自评系数，β_8 是互联网接触系数，e_i 是误差项。

对 P_i 求解，即可得：

$$P_i = \frac{\exp\left(\sum_{k=0}^{k}\beta_k x_{ik}\right)}{1 + \exp\left(\sum_{k=0}^{k}\beta_k x_{ik}\right)} \tag{6-4}$$

本章分析依然通过 stata12.0 软件进行，其中 P 的含义在这里是指 HIV/AIDS 高知识水平的概率。Logistic 模型结果最终可以用于评估各个协变量因素对高 HIV/AIDS 知识水平和低 HIV/AIDS 知识水平人群的影响作用。

第二节　风险认知的现状

本书将研究样本分为两组进行与 HIV/AIDS 知识相关的对比分析。表 6-1 是本书总样本中 HIV/AIDS 知识水平的分布情况以及按照是否参与商业性行为进行分组后的对比分析。从研究样本的整体特征来看，听说过 HIV/AIDS 的占到了全部样本的 90% 以上，因此绝大多数流动人口已经能够知晓 HIV/AIDS 的存在。但是有过商业性行为的男性流动人口与没有商业性行为人口相比，HIV/AIDS 知晓率更高。一般认为 HIV/AIDS 知识知晓率越高，则与 HIV/AIDS 传播相关的风险性行为参与就会减少（Mullen et al.，2002），但是本书中的样本却相反，有过商业性行为的人群 HIV/AIDS 知晓率较高（见表 6-1）。

表 6 - 1　HIV/AIDS 知识水平

HIV/AIDS 知识题目	所有样本		有过商业性行为的流动男性		没有商业性行为的流动男性		
	正确答案（%）	S. D.	正确答案（%）	S. D.	正确答案（%）	S. D.	（p-value）
是否听说过 HIV（1 = 听说过,0 = 没有听说过）	91.8	0.28	94.51	0.23	91.15	0.28	0.138
HIV/AIDS 传播途径							
跟感染者握手会感染 HIV/AIDS（F）	61.25	0.62	68.6	0.56	59.42	0.63	0.083
与感染者一起吃饭会感染 HIV/AIDS（F）	45.01	0.74	47.09	0.73	44.49	0.75	0.332
在正规场所献血会感染 HIV/AIDS（F）	44.9	0.74	45.35	0.74	44.78	0.74	0.985
与感染者共用餐具会感染 HIV/AIDS（F）	39.68	0.78	47.67	0.72	37.68	0.79	0.028 *
与感染者一起游泳会感染 HIV/AIDS（F）	30.97	0.83	31.98	0.82	30.72	0.83	0.820
蚊子叮咬会传播 HIV/AIDS（F）	20.65	0.85	24.42	0.81	19.71	0.86	0.224
HIV/AIDS 感染者中的妇女可以生育健康孩子（T）	13.92	0.61	18.02	0.67	12.9	0.60	0.082
HIV/AIDS 知识的"神秘感"							
一个看起来健康的人也可能感染了 HIV/AIDS（T）	52.09	0.89	58.72	0.88	50.43	0.89	0.143
HIV/AIDS 可以被治愈（F）	33.76	0.81	45.35	0.74	30.87	0.83	0.002 **
HIV/AIDS 风险感知							
只与一个性伴侣发生性行为会降低 HIV/AIDS 感染风险（T）	33.76	0.83	44.77	0.85	31.01	0.82	0.003 **
性行为中使用安全套能够降低 HIV/AIDS 感染风险（T）	60.44	0.84	73.84	0.70	57.1	0.86	0.000 **
HIV/AIDS 知识题目总分（分值区域 0 ~ 12）	4.92	2.88	5.73	2.83	4.73	2.86	0.000 **
N	939		182		757		

注：* 表示 p < 0.05，** 表示 p < 0.01。
（F）：错误知识；（T）：正确知识。

一 HIV/AIDS 预防知识概况

从 HIV/AIDS 知识的预防概念来看，只有三成左右的样本人群能够知道避免多个性伴侣行为能够预防 HIV/AIDS 传染；相反，60% 以上的人群能够知晓安全套使用在 HIV/AIDS 预防中的作用。但是在有过商业性行为的人群中，这两个比例都比没有商业性行为的人要高。因此，商业性行为的参与者在 HIV/AIDS 预防知识上比一般流动人口略强。在 HIV/AIDS 传播的真实感知方面，总样本中依然有一半比例的人群认为 HIV/AIDS 病毒携带者会具有明显的体态特征，部分人群在实际生活中很可能由于欠缺对于 HIV/AIDS 病毒携带者识别能力而降低自我防范意识。还有 30% 左右的男性甚至认为 HIV/AIDS 可以治愈，严重低估了 HIV/AIDS 疾病的危害性和可怕性后果。在有过商业性行为的人群中，对于 HIV/AIDS 传播的真实感知存在误读的人数比例比没有商业性行为的人要高。商业性行为正在成为 HIV/AIDS 传播的重要途径之一（Stein et al.，2007），对于 HIV/AIDS 传播正确认知的缺乏会大大强化其感染 HIV/AIDS 的风险（Yip et al.，2013）。

二 HIV/AIDS 传播途径知识概况

在与 HIV/AIDS 传播途径相关的知识中，与病人握手、正规场所捐献血液、与病人同桌吃饭以及共用游泳池等行为并不会传播 HIV/AIDS，对于上述传播途径有正确认知的比例依次下降。存在的风险观念主要表现在：只有略高于 10% 的样本对于 HIV/AIDS 感染女性是否能够生育健康孩子有正确认知。从上述 HIV/AIDS 传播途径的认知看到，虽然相比过去中国社会对于 HIV/AIDS 的认知，本书样本的情况有了明显提高，但是依然可以看出部分人群并不完全熟悉 HIV/AIDS 传播的知识，而对传播缺乏正确认知是造成社会对 HIV/AIDS 感染者存在多方面歧视的重要诱因（Mkandawire et al.，2011）。在 HIV/AIDS 知识分值的整体差异上，有过风险性行为的人也显著低于没有风险性行为参与的群体。商业性行为中多个性伴侣和不使用安全套所导致的 HIV/AIDS 疾病传播风险非常高（Cavazos et al.，2011），当参与者没有意识到 HIV/AIDS 高传播风险的时候，其风险参与不仅会逐渐增多，风险行为过程中的自我保护观念也较低，HIV/AIDS 感染风险显著增加。

三　HIV/AIDS 知识的分布情况

从知识加总得分的情况来看，有过商业性行为的大龄流动男性得分，显著高于没有商业性行为的农村大龄流动男性得分。得分差异主要来自三个方面：首先是对 HIV/AIDS 症状神秘感的了解程度不同。有过商业性行为的男性对 HIV/AIDS 症状的正确认知率高于没有商业性行为者，这可能是由于商业性行为参与者具备更高的风险感知能力，或者在商业性行为过程中接触过相关的信息，例如与性工作者的交流可能是重要的获得 HIV/AIDS 知识的非正规渠道。其次是性伴侣数量对于 HIV/AIDS 风险相关性的感知程度不同。有过商业性行为的农村大龄流动男性有更多人认为多个性伴侣和 HIV/AIDS 感染相联系，这可能是由于自身在参与商业性行为中从风险行为本身以及与性工作者交流中感受到的风险威胁。最后是安全套保护功能的感知水平不同。有过商业性行为的农村大龄流动男性中知晓安全套保护功能的比例很高，而这一比例在没有商业性行为人中相对较低，反映了没有参与过商业性行为的群体中，无论是安全套知晓率还是使用率都显著偏低，也预示着潜在的风险参与者可能存在风险。

第三节　风险认知的影响因素

在将 HIV/AIDS 知识得分进行加总比较的基础上，本书在表 6 - 2 中将知识水平按照平均分分为高分群体和低分群体，并纳入与个人成长经历和流动经历相关的社会情境因素，探讨 HIV/AIDS 知识水平的影响因素。

一　HIV/AIDS 知识水平的影响因素：全样本分析结果

模型 1 显示，由于年龄较低流动人口受教育程度一般都比年长群体受教育程度高（徐刚等，2004），而受教育程度往往会促进 HIV/AIDS 知识水平的提高，低年龄段流动人口的 HIV/AIDS 知识水平一般比高年龄段的人要高（Okonkwo，2010），但是本书样本中年龄并没有对 HIV/AIDS 知识水平高低产生显著影响，流动人口各年龄阶段的 HIV/AIDS 知识水平并没有随着年龄差异而不同；在婚姻状况差异上，不同婚姻状况的男性流动人口也不存在 HIV/AIDS 知识水平的显著差异。在实际生活中，已婚人口往往比未婚人口具有更高的生殖健康知识水平，因为中国的生殖健康服务和知识教育往往在针对已婚夫妇的人口计生工作和生殖健康服务中传播，但是表6-2中的信

表6-2　HIV/AIDS知识水平的 Logistic 回归分析（0＝低，1＝高）

变量	模型1		
	OR		95% CI
人口与社会经济变量			
年龄	0.994		0.97 ~ 1.02
婚姻地位			
已婚	1.580		0.98 ~ 2.55
同居	0.986		0.53 ~ 1.84
离婚或丧偶	1.033		0.55 ~ 1.93
（参考项：未婚）			
居住状况：独自居住			
（1＝与配偶或伴侣同住）	1.274		0.94 ~ 1.73
居住社区			
流动人口聚居区	1.172		0.77 ~ 1.78
流动人口与本地居民混居区	1.960	***	1.37 ~ 2.80
其他	1.872		0.97 ~ 3.61
（参考项：本地居民区）			
教育			
初中	2.244	***	1.54 ~ 3.27
高中及以上	3.069	***	1.96 ~ 4.81
（参考项：小学及以下）			
流动经历			
户籍来源地（1＝陕西本省）	0.770		0.54 ~ 1.10
第一次外出务工年龄	1.007		0.99 ~ 1.03
性行为经历			
性行为历史（1＝有过）	1.676	*	1.05 ~ 2.68
商业性行为经历（1＝有过）	1.645	*	1.05 ~ 2.57
性伴侣数量	0.972		0.88 ~ 1.07
健康自评			
好	1.729	**	1.14 ~ 2.61
中等	1.425		0.97 ~ 2.10
（参考项：差）			
互联网接触史（1＝接触过）	2.386	***	1.70 ~ 3.34
Log likelihood	-581.51		
Pseudo R^2	0.094		
N	939		

注：* 表示 $p < 0.05$，** 表示 $p < 0.01$，*** 表示 $p < 0.001$。

息表明，生殖健康服务并没有涵盖较为具体的 HIV/AIDS 知识教育，因此无论是否成婚，其 HIV/AIDS 知识水平差异并不显著。

在受教育水平差异中，受教育水平越高，HIV/AIDS 知识水平越高，这与受教育程度和 HIV/AIDS 知识水平的关联性研究相一致（Okonkwo，2010）。但是农村大龄流动男性受教育水平普遍不高，本书样本中的大部分人群初中毕业即进入劳务市场。当前教育体系中，生殖健康教育特别是 HIV/AIDS 知识的传播一般面向青少年展开，高中阶段特别是大学阶段的 HIV/AIDS 教育已经初步形成体系（史云贵、赵海燕，2012）。但是本书样本中的农村大龄流动男性，大部分人在初中毕业后缺乏途径接受相关的疾病预防教育，他们成为当前 HIV/AIDS 知识传播体系中的缺失人群。

在农村大龄流动男性的居住特征中，居住在本地的居民和流动人口混居区的农村大龄流动男性 HIV/AIDS 知识水平较高，这可能由混居区内的本地居民与流动人口有更多机会交流交往，而本地居委会和社区工作中的生殖健康知识教育和相关服务一般面向本地居民开展，农村大龄流动男性具有更多机会获取一些生殖健康相关的信息。在性活动方面，有过性行为经历的人，HIV/AIDS 知识水平更高，这与已婚者 HIV/AIDS 知识水平普遍高于未婚人群的现实相吻合（徐刚等，2004）。另外，身体健康自我感知较好的人，HIV/AIDS 知识水平更高，这可能由两方面原因造成：一方面，HIV/AIDS 知识水平较高的人群往往带有已婚、教育水平略高和社会生活积极等特点，该人群的各方面条件不仅有助于他们形成良好的生活心态，也有助于他们对于自我健康有较高的信心；另一方面，HIV/AIDS 症状信息对于大多数农村大龄流动男性而言知晓的并不多，身体健康感知较差的人群往往经济状况和社会资源都不佳，对于 HIV/AIDS 与一般疾病感染差异并不十分了解，HIV/AIDS 知识水平因而处于较低水平。特别是，有过互联网经历的流动男性，HIV/AIDS 知识水平也较高，显示出互联网在目前流动人口 HIV/AIDS 知识教育和预防干预体系尚未完善之前所具有的替代功能。

二　HIV/AIDS 知识水平影响因素：大龄未婚男性与普通男性对比结果

本书将分析背景置于婚姻挤压社会下，因而婚姻挤压下独特的大龄未婚男性也是本书有关 HIV/AIDS 知识水平的重要关注对象。大龄未婚男性在农村地区本已是家庭背景和社会资源的劣势群体，该群体的受教育水平普遍低于已婚男性群体或者其他条件较好的未婚男性群体；而低教育水平问题带来的不仅仅是收入劣势，还包括健康知识缺乏下的健康劣势。为了对比分析婚姻挤压下大龄未婚男性与其他流动男性的 HIV/AIDS 知识水平差异，本书针对大龄未婚男性样本和其他流动男性样本，分别构建了模型 2 和模型 3，进行各自 HIV/AIDS 知识水平的影响因素对比分析。分析结果如表 6 - 3 所示。

表 6 - 3　HIV/AIDS 知识水平的 Logistic 回归：大龄未婚男性与其他
流动男性比较分析（0 = 低，1 = 高）

变量	模型 2		模型 3	
	大龄未婚男性		其他流动男性	
	OR	95% CI	OR	95% CI
年龄	0.981	0.92 ~ 1.04	0.997	0.97 ~ 1.02
居住状况：独自居住			0.807	0.59 ~ 1.10
（1 = 与配偶或伴侣同住）	1.152	0.27 ~ 4.92		
居住社区				
流动人口聚居区	1.383	0.37 ~ 5.13	1.130	0.73 ~ 1.76
流动人口与本地居民混居区	1.477	0.51 ~ 4.32	1.931 ***	1.33 ~ 2.80
其他	1.110	0.17 ~ 7.16	1.816	0.90 ~ 3.67
（参考项：本地居民区）				
教育				
初中	2.698	0.95 ~ 7.69	2.227 ***	1.47 ~ 3.37
高中及以上	2.546	0.78 ~ 8.32	3.249 ***	1.98 ~ 5.32
（参考项：小学及以下）				
流动经历				
户籍来源地（1 = 陕西本省）	0.416	0.78 ~ 8.32	0.813	0.56 ~ 1.18
第一次外出务工年龄	0.969	0.93 ~ 1.01	1.030	0.98 ~ 1.02
性行为经历				
性行为历史（1 = 有过）	1.753	0.70 ~ 4.40	1.433	0.88 ~ 2.33
商业性行为经历（1 = 有过）	3.305 *	1.17 ~ 9.34	1.252	0.83 ~ 1.90
性伴侣数量	0.911	0.60 ~ 1.21	0.967	0.88 ~ 1.02
健康自评				
好	0.524	1.17 ~ 9.34	1.704 *	1.12 ~ 2.58
中等	1.253	0.40 ~ 3.88	1.918 **	1.23 ~ 2.99
（参考项：差）				
互联网接触史（1 = 接触过）	1.752	0.65 ~ 4.72	2.283 ***	1.61 ~ 3.24
Log likelihood	- 73.88		- 508.72	
Pseudo R^2	0.153		0.085	
N	126		813	

注：* 表示 p < 0.05，** 表示 p < 0.01，*** 表示 p < 0.001。

表 6 - 3 中，大龄未婚男性的 HIV/AIDS 知识水平的高低仅仅受到商业性行为的影响，即参与过商业性行为的人具有较高的知识水平。反观其他流动男性，与表 6 - 2 的分析结果基本一致，其主要受到居住环境和互联网接触等外在环境影响以及受教育水平和健康感知等主观因素的影响。因此，婚姻挤压下缺乏固定性伴侣的大龄未婚男性，本来就是重要的商业性行为参与群体；而参与者却比没有参与的人有较高的 HIV/AIDS 知识水平，表现出了风险偏好者同时具有较高的风险认知能力的特殊现象。

三　HIV/AIDS 知识水平影响因素：商业性行为参与对比结果

为了判断风险性行为参与者和没有参与风险者两者之间的 HIV/AIDS 知识差异，表 6 - 4 按照是否参与商业性行为将人群分为两组，分别构建模型进行 HIV/AIDS 知识的影响因素回归分析。在有过商业性行为人群的模型 4 中，与本地居民混居、受教育水平较高以及使用过互联网的农村大龄流动男性，HIV/AIDS 知识水平较高。因此，在风险参与群体中，能够有效获取 HIV/AIDS 相关知识的途径决定了是否能够获取充分的 HIV/AIDS 知识，因而商业性行为参与者 HIV/AIDS 知识水平的决定因素在于客观环境和教育素质带来的 HIV/AIDS 知识基础，并不受主观意念的影响。

相反，模型 5 中，没有商业性行为参与的人群中除了客观环境和教育素质因素以外，主观感知中的身体健康感知也是影响 HIV/AIDS 知识水平的显著因素。没有商业性行为的农村大龄流动男性中，部分人是由于经济基础差而缺乏参与商业性行为的物质基础，他们的社会资源和社会参与以及社会交往也会由于经济条件而受限，这部分人本身的身体健康状况较差，因而他们是较低 HIV/AIDS 知识水平的典型代表。特别是 HIV/AIDS 知识的影响因素中的婚姻条件产生了显著影响，已婚人群比大龄未婚男性人群具有较高的 HIV/AIDS 知识，因为已婚人群能够通过婚姻家庭生殖健康服务体系获得一定的 HIV/AIDS 知识普及。在目前的 HIV/AIDS 知识干预和教育体系下，针对未婚人群还欠缺有效的 HIV/AIDS 知识教育平台与内容设置。

表 6 - 4 的对比分析表明：第一，自身教育素质、居住条件以及互联网是所有流动男性 HIV/AIDS 知识水平共有的影响因素。自身教育素质代表了上学阶段得到的生殖健康知识基础和自我保护观念基础，虽然目前我国学校教育体系中对性与生殖健康知识的教育内容、形式、平台以及师资设置都

表 6 – 4 HIV/AIDS 知识水平的 Logistic 回归：商业性行为因素

差异的分析（0 = 低，1 = 高）

变量	模型 4		模型 5	
	有过商业性行为的流动男性		没有商业性行为的流动男性	
	OR	95% CI	OR	95% CI
年龄	1.030	0.97 ~ 1.09	0.986	0.96 ~ 1.01
婚姻地位				
已婚	0.886	0.31 ~ 2.55	1.969 *	1.13 ~ 3.44
同居	0.384	0.11 ~ 1.32	1.445	0.68 ~ 3.07
离婚或丧偶	0.254	0.06 ~ 1.07	1.487	0.73 ~ 3.04
（参考项：未婚）				
居住状况：独自居住				
（1 = 与配偶或伴侣同住）	2.159	0.92 ~ 5.04		
居住社区				
流动人口聚居区	2.173	0.72 ~ 6.58	1.027	0.65 ~ 1.63
流动人口与本地居民混居区	2.645 *	1.00 ~ 7.00	1.833 **	1.24 ~ 2.70
其他	1.142	0.25 ~ 5.19	2.230 *	1.06 ~ 4.68
（参考项：本地居民区）				
教育				
初中	3.127 *	1.14 ~ 8.55	2.094 ***	1.38 ~ 3.18
高中及以上	3.708 *	1.18 ~ 11.62	3.075 ***	1.86 ~ 5.08
（参考项：小学及以下）				
流动经历				
户籍来源地（1 = 陕西本省）	0.478	0.18 ~ 1.29	0.865	0.59 ~ 1.27
第一次外出务工年龄	0.998	0.94 ~ 1.06	1.010	0.99 ~ 1.03
性行为经历				
性行为历史（1 = 有过）	—	—	1.519	0.92 ~ 2.51
性伴侣数量	0.918	0.78 ~ 1.09	0.991	0.87 ~ 1.13
健康自评				
好	2.193	0.74 ~ 6.48	1.579 *	1.00 ~ 2.49
中等	0.976	0.35 ~ 2.70	1.455	0.95 ~ 2.23
（参考项：差）				
互联网接触史（1 = 接触过）	4.040 ***	1.66 ~ 9.81	2.194 ***	1.51 ~ 3.18
Log likelihood	-92.90		-480.53	
Pseudo R^2	0.176		0.080	
N	181		756	

注：* 表示 p < 0.05，** 表示 p < 0.01，*** 表示 p < 0.001。

尚未完善，但是随着从小学至中学的教育水平上升，其涉及的性与生殖健康知识也逐渐多样和丰富，中学阶段毕竟能够比小学阶段获得更多的自我保护知识。第二，居住条件反映了流动男性居住条件差异对其知识水平的影响，根本上反映了城市生活圈中存在的性与生殖健康知识和服务的二元化现象，即城市内与性和生殖健康相关的服务面向本地居民，流动居民无法有效获取；而如果与本地居民混居，则有一定概率和条件直接或间接获得知识的接触。因此，居住条件反映的实质是目前流动人口在各个领域都面临的生活与发展隔离，即城乡二元化困境。第三，互联网与信息时代的大背景息息相关。互联网信息繁杂，充斥着各种正面与负面消息和资源，其中也包含有部分正规或非正规渠道的 HIV/AIDS 知识内容，尤其是当代 HIV/AIDS 甚至已经衍生成为专业的领域和知识学科，与 HIV/AIDS 相关的人群、现象、医疗、保障、权利等都是社会热点话题。因此，流动男性在互联网中或多或少都会接触到一些与 HIV/AIDS 相关的信息。

但是，有过商业性行为的农村大龄流动男性却并没有受到婚姻和健康感知的影响。没有商业性行为的人，婚姻状况是 HIV/AIDS 知识水平的影响因素，健康感知也是重要的 HIV/AIDS 知识水平影响因素。目前，性与生殖健康知识和相关服务由农村社区的人口计生服务机构如计生服务站提供，而这些服务站一般都面向已婚夫妇进行，因此未婚状态的男性村民往往很少前往这些场所，因而很难接触到与 HIV/AIDS 相关的信息和知识。另外，大部分农村男性并不清楚 HIV/AIDS 的本质和内涵，只是了解到或者听说过这种不治之症，但是并不清楚其具体的传播、症状等信息，因而很容易将身体表面的健康状况与 HIV/AIDS 感染风险相联系。本书分析还发现，有过商业性行为的人，对于 HIV/AIDS 信息的了解也比其他人多，因此他们的 HIV/AIDS 知识水平没有受到个人主观健康感知的影响，婚姻也没有显著的影响作用。

第四节　小结与讨论

本章在前一章讨论风险性行为社会风险的基础上，进行了与性行为风险相关的 HIV/AIDS 知识水平的探索，分析得到的结论如下所述。

首先，HIV/AIDS 知识在农村大龄流动男性中，特别是在有过商业性行为参与的群体中，知晓率更高。随着社会经济的发展，中国在卫生防疫公共建设中的投入逐渐加大，HIV/AIDS 疾病宣传已经成为公共卫生平台中的重要一环，HIV/AIDS 信息同时也通过每年的 HIV/AIDS 宣传日、学校卫生健康教育等途径进行普及和宣传，因而促进了 HIV/AIDS 知晓率的明显上升。另外，农村人口的 HIV/AIDS 知识水平与城市人口相比存在明显差距（大卫丹尼，2009）；但是来自农村的男性流动者却可以在城市中接触到更多的媒体资讯，信息接触逐渐丰富，流动经历促进了他们 HIV/AIDS 知识水平的提高。另外，有过商业性行为风险参与的人，HIV/AIDS 知晓率更高，反映了风险参与者更容易接触到与 HIV/AIDS 相关的信息，因而具备较高的知晓率。

其次，农村大龄流动男性在社会环境中 HIV/AIDS 知识的来源途径是风险认知的重要影响因素。有过商业性行为参与的群体中，流动居住形式和社会媒体接触能够扩展他们的信息来源，因而 HIV/AIDS 知识水平也较高。由于与 HIV/AIDS 相关的官方宣传与预防工作主要从面向家庭的人口计生和面向社区的公共卫生层面展开，使得未婚人群和本地社区之外的流动男性存在 HIV/AIDS 知识空白，因而能够获得较多的信息来源是流动男性提高 HIV/AIDS 知识水平的重要途径。而没有风险参与的流动男性中，自身健康感知则与 HIV/AIDS 知识水平相关联，这也反映了 HIV/AIDS 知识教育在我国流动男性中依然不足的现实，因为 HIV/AIDS 症状的最终出现将是晚期症状，而个人日常健康感觉并不能促进他们对于 HIV/AIDS 症状的识别。

再次，HIV/AIDS 知识水平在农村大龄流动男性中普遍偏低，大龄未婚男性的状况尤其严重，凸显了婚姻挤压下弱势人群的脆弱性。农村大龄流动男性的 HIV/AIDS 传播知识很少；大龄未婚男性由于教育劣势和缺少生殖健康服务而尤为严重，偏低的 HIV/AIDS 知识也意味着大龄未婚男性在风险性行为中更容易缺乏保护和防范，个人的风险意识也更弱，风险性行为会进一步加大他们的健康风险，而他们的健康风险在形成大龄未婚男性弱势群体风险特征的过程中，会逐渐形成健康风险的群体化、集中化，最终会扩散成社会化的健康弱势人群，成为婚姻挤压下公共卫生风险的重要组成。

最后，农村大龄流动男性 HIV/AIDS 知识水平表现出中国转型期的时代特征。第一，城市社区的性与生殖健康服务将流动人口排斥在城市服务体系之外，因而流动男性就很难获得与 HIV/AIDS 相关的信息和服务，他们会由于知识和自我保护观念缺乏，面临更加严峻的 HIV/AIDS 风险形势；第二，互联网时代的信息资源也是当代的典型特征，在缺乏健康教育的情况下，有关 HIV/AIDS 的网络信息资源成为流动男性知识空白的必要补充。这些非正规渠道的知识内容虽然参差不齐，但是也在一定程度上起到了知识增长功能，使农村大龄流动男性，特别是缺乏生殖健康服务的大龄未婚男性，有了一定渠道获得与 HIV/AIDS 相关的信息和知识；第三，现有的性与生殖健康服务都面向已婚夫妇，并在理念上界定为生育服务，而忽视了"性"本身的知识、风险与健康含义，将大龄未婚男性和其他非婚姻状态的男性排除在性与生殖健康服务体系之外。

第七章 农村大龄流动男性风险性行为过去经历与未来倾向

第一节 研究设计

一 研究目标

依据第五章研究结论，已经识别出商业性行为是农村大龄流动男性的社会风险，因此本章的分析内容将围绕农村大龄流动男性的商业性行为进行时间属性的分析。本章的研究目标是分析农村大龄流动男性在商业性行为中的时间属性，具体操作化为参与商业性行为的过去经历和未来倾向，并在此基础上讨论其影响因素。

首先，分析婚姻差异和流动经历差异下农村大龄流动男性的风险性行为过去经历。通过对流动大龄男性初次商业性行为年龄的分析，明确不同婚姻状况下农村大龄流动男性特别是大龄未婚男性的初次商业性行为年龄特征，判断农村大龄流动男性商业性行为的过去经历差异；明确商业性行为时间属性的过去维度；引入社会情境因素进行影响因素分析，了解农村大龄流动男性风险性行为过去经历的影响因素。

其次，分析婚姻差异和流动经历差异下农村大龄流动男性的风险性行为未来倾向。通过对未来一个月参与商业性行为可能性的分析，明确不同婚姻状况特别是大龄未婚男性的商业性行为未来参与倾向差异与特征，明确商业性行为时间属性的未来维度；引入社会情境因素进行影响因素分析，了解农村大龄流动男性风险性行为未来倾向的影响因素。

二　变量设置

本章根据研究目标和分析框架，首先确定分析和讨论的相关变量。其中，个人信息变量和风险性行为变量设置与上一章一致，因而在此不再复述。

（一）主变量

风险性行为历史，测量指标为初次商业性行为年龄，界定为农村大龄流动男性第一次发生商业性行为的年龄。

风险性行为未来倾向，测量指标为未来一个月参与商业性行为的可能性，变量赋值为：1＝非常不可能；2＝不可能；3＝不知道；4＝有可能；5＝非常有可能。

（二）其他变量

（1）婚姻状况。为了界定婚姻挤压下的农村大龄流动男性婚姻状况，婚姻变量设置按照是否有法定婚姻关系，将变量赋值为：0＝大龄未婚男性；1＝已婚男性；2＝同居男性；3＝离婚或丧偶男性。

（2）流动经历。首先是流动历史，界定为本次调查处于流动状态的农村大龄流动男性，是否在此次流动经历之前已经有过流动经历，变量赋值为：0＝没有；1＝有。其次是流动方式，界定为流动中是否与伴侣或配偶一起流动，变量赋值为：1＝是；2＝不是。初次流动年龄，界定为农村大龄流动男性第一次外出流动的年龄。

（3）性伴侣数量。由于本次样本有过性行为的农村大龄流动男性中，大部分人的性伴侣数量集中在1～2个，因此本书将性伴侣数量的变量赋值进行了合并，重新赋值为：0＝一个及以下；1＝两个；2＝三个及以上。

（4）主观规范。主观规范界定为样本周围有过商业性行为的数量，变量赋值为：1＝全部；2＝大部分；3＝大概有一半；4＝很少；5＝没有一个；6＝不知道。与上一章处理本量表的方式一致，在具体分析过程中合并选项，变量重新赋值为：0＝很多；1＝很少；2＝不知道或者没有。"很多"可以通过较浓厚的商业性行为氛围体现出较强的商业性行为主观规范；"很少"则反映出较弱的商业性行为主观规范；"不知道或者没有"则可以视为没有受到周围环境人群商业性行为的影响，主观规范不存在。

（5）社会媒体信息。社会媒体信息首先界定为最近一年上网的频率，变量赋值为：1 = 经常上网；2 = 偶尔上网；3 = 没上过网。最近一年观看色情录像的频率，变量赋值为：1 = 经常看；2 = 偶尔看；3 = 没看过。

三　分析方法

本章的数据来源为"农村大龄流动男性生殖健康和家庭生活调查"。本章的分析方法将围绕商业性行为的时间属性分为两种：首先是针对商业性行为的过去历史，引入了第一次流动的年龄，作为带有时间属性中过去维度的变量进行探讨。其次通过描述分析，判断婚姻差异和流动差异下农村大龄流动男性商业性行为过去经历的概况与特征；进而引入社会情境因素，进行影响因素分析。

由于商业性行为的过去经历通过第一次商业性行为年龄进行测量，因而本章应用生存分析方法（Survival Analysis）。生存分析方法是根据特定事件发生的实际情况来推断和预测事物发生的规律（Cleves et al.，2004；Asante，2013），其特点是能够处理到某一时点尚未发生事件的删失数据（Censored Data）（Bajunirwe et al.，2013）。生存分析的原理将某起点时间直至事件发生的时间即"生存时间"作为随机变量 T，如果生存时间内没有发生事件，则定义为删失数据；发生了事件，看成一个"失败事件"或"死亡事件"即"fail 事件"。在本书中，生存时间为个人年龄，截至个人年龄 T 时，如果发生了商业性行为，则看作是一个"fail 事件"，没有发生则为删失数据。生存时间通常由四个函数组成，即生存函数 $S(t)$，概率密度函数 $f(t)$，分布函数 $F(t)$，风险函数 $h(t)$。在四类函数中，$S(t)$ 和风险函数 $h(t)$ 为基本函数，前者表明截至一定年龄阶段没有发生商业性行为的概率，后者表明截至一定年龄阶段发生商业性行为的概率。

生存函数的定义为：

$$S(t) = P[\text{没有发生商业性行为的年龄大于 } t = P(\mathrm{T})t] \quad (7-1)$$

风险函数的定义为：

$$h(t) = \lim_{\Delta t \to 0} \frac{P[\text{年龄为 } t \text{ 的个体在}(t, t+\Delta t) \text{ 中发生商业性行为}]}{\Delta t}$$

$$= \lim_{\Delta t \to 0} \frac{P(t \leqslant T < t + \Delta t \mid T \geqslant t)}{\Delta t} \quad (7-2)$$

其中：

$$F(t) = 1 - S(t) \tag{7-3}$$

$$h(t) = \frac{f(t)}{1 - F(t)} = \frac{f(t)}{1 - S(t)} \tag{7-4}$$

本章描述统计部分应用了 Kaplan-Meier 方法即又称"乘积极限法"（徐英、骆福添，2008；郭志刚，2001）。分析步骤中，首先进行婚姻差异上的初次商业性行为年龄对比分析；其次进行流动经历差异的初次商业性行为年龄对比分析。其中，在流动层面分析中还以第一次流动年龄为变量，分析商业性行为参与者和商业性行为未参与者两类人群的初次流动年龄差异，探讨初次流动年龄和商业性行为之间的相关性。初次商业性行为年龄的 Kaplan-Meier 法估计，将明确截至某一个年龄段，样本中尚未参与商业性行为的比例（即"存活比例"）；初次流动年龄的 Kaplan-Meier 法估计，将明确截至某一个年龄段，样本中尚未外出流动的比例（即"存活比例"）。

在以初次商业性行为年龄为因变量，社会情境因素为自变量的影响因素模型中，使用了 COX 回归方法，对不同年龄阶段具体分布进行假设后评估协变量对风险函数的影响效果（Cleves et al.，2004），表达式为：

$$h(X,t) = h_0(t)\exp(\beta^T X) = h_0(t)\exp(\beta_1 x_{i1} + \beta_2 x_{i2} + \\ \beta_3 x_{i3} + \beta_4 x_{i4} + \beta_5 x_{i5} + \beta_6 x_{i6} + \beta_7 x_{i7}) \tag{7-5}$$

其中，公式 7-5 中，$h(X,t)$ 是商业性行为发生的风险函数，X 代表影响因素，β_1 是婚姻条件的作用参数，β_2 是流动经历的作用参数，β_3 是流动方式的作用参数，β_4 是主观规范的作用参数，β_5 是性伴侣数量的作用参数，β_6 是上网频率的作用参数，β_7 是色情录像观看频率的作用参数。因变量初次商业性行为年龄越大，意味着在商业性行为风险中的"存活时间"越长，也就是未参与风险的"生存时间"越久。

在分析商业性行为过去经历的基础上，作为本章的另一个核心变量，商业性行为参与未来倾向成为时间属性另一个重要的维度。商业性行为未来倾向测量指标使用了李克特 5 级量表，因而采用了 OLogit 序次回归方法。作为因变量的商业性行为未来倾向共有 5 个有序类别，分别是"1 = 完全不可能，2 = 不可能，3 = 不知道，4 = 可能，5 = 完全有可能"。根据有序类别的 Logit 模型，采用如下序次回归公式：

"完全不可能"的概率比为

$$\text{Logit}_1 = \ln \frac{P_1}{1 - P_1} = \beta_{1x0} + \beta_1 x_1 + \beta_2 x_2 + \beta_3 x_3 + \beta_4 x_4 + \beta_5 x_5 + \beta_6 x_6 \quad (7 - 6)$$

"不可能"的概率比为：

$$\text{Logit}_2 = \ln \frac{P_1 + P_2}{1 - P_1 - P_2} = \beta_{2x0} + \beta_1 x_1 + \beta_2 x_2 + \beta_3 x_3 + \beta_4 x_4 + \beta_5 x_5 + \beta_6 x_6 \quad (7 - 7)$$

"不知道"的概率比为：

$$\text{Logit}_3 = \ln \frac{P_1 + P_2 + P_3}{1 - P_1 - P_2 - P_3} = \beta_{3x0} + \beta_1 x_1 + \beta_2 x_2 + \beta_3 x_3 + \beta_4 x_4 + \beta_5 x_5 + \beta_6 x_6$$

$$(7 - 8)$$

"可能"的概率比为：

$$\text{Logit}_4 = \ln \frac{P_1 + P_2 + P_3 + P_4}{1 - P_1 - P_2 - P_3 - P_4} = \beta_{4x0} + \beta_1 x_1 + \beta_2 x_2 + \beta_3 x_3 + \beta_4 x_4 + \beta_5 x_5 + \beta_6 x_6$$

$$(7 - 9)$$

最后一项"完全有可能"作为对比的基础水平，其中，公式 7 - 6 至公式 7 - 9 中，X 代表影响因素，β_1 是婚姻条件的作用参数，β_2 是流动经历的作用参数，β_3 是流动方式的作用参数，β_4 是主观规范的作用参数，β_5 是性伴侣数量的作用参数，β_6 是上网频率的作用参数，β_7 是色情录像观看频率的作用参数。

第二节　风险性行为的过去经历

明确了婚姻挤压背景下农村大龄流动男性中最主要的风险性行为类型为商业性行为，本章首先关注商业性行为时间属性的过去经历，即第一次商业性行为参与年龄所体现出的商业性行为参与特征。对初次商业性行为的年龄讨论，有助于明确流动人口参与商业性行为的过去经历概况，反映了商业性行为风险时间维度上的过去时，可以总结农村大龄流动男性在生存与发展经历中曾经的风险状态。针对商业性行为过去经历的分析分为两部分：首先探讨婚姻差异下初次参与商业性行为年龄的差异；其次探讨流动经历差异下初次参与商业性行为年龄的差异。进而进行初次商业性行为年龄的影响因素分析。

一　过去经历的人群差异

（一）婚姻差异

为了分析婚姻挤压下不同婚姻状况人群的初次商业性行为年龄特征，本书将调查样本分为大龄未婚男性、已婚群体、同居群体以及离婚或丧偶群体四类人群，分别进行首次商业性行为参与的风险概率预测。图7－1中，随着年龄增长，四类人群没有商业性行为经历的人数比例逐渐下降，显示出农村大龄流动男性中，随着年龄增长，有过商业性行为的人数比例逐渐增多；年龄越大，同龄人当中风险性行为比例越高；商业性行为在大龄未婚男性中的这种年龄模式最为明显。相反，已婚群体中，商业性行为比例随年龄增长而增多的现象最为平缓，反映了已婚男性中各个年龄段人群里，有过商业性行为的人数比例变化相对较小，商业性行为随年龄增长而增多的现象相比大龄未婚男性要少得多。

图7－1中，流动人口初次商业性行为年龄一般始于18周岁左右，现实中，大部分农村流动男性的商业性行为很多都是在城市流动中发生的（Li et al.，2007），因而从对四类婚姻人群的对比分析中可以观察到，已婚人群在各个年龄段的商业性行为比例都低于其他未婚人群，而在未婚人群中，婚姻挤压下的大龄未婚男性在各个年龄段参与商业性行为的人数比例变化最为显著，从18岁开始就已经显现出随着年龄增长，同龄人中商业性行为比例不断增加的趋势。

因此，大龄未婚男性是图7－1中较为突出的风险群体。首先，在18－24岁年龄段中，同龄人中商业性行为人数比例明显高于其他人群；其次，特别是在28岁之后的婚姻挤压阶段，有过商业性行为的人群比例持续增大，比其他人群的商业性行为人群比例差距更为明显。因此，大龄未婚男性这一特殊群体在流动经历中的商业性行为体现出两类趋势：第一，大龄未婚男性的婚姻挤压来自社会经济劣势，而这种劣势是与其家庭成长环境息息相关的，因而其在婚恋关系中的劣势地位早已形成，他们明显在婚姻挤压阶段之前应该就已经感受到了婚恋压力，因而很早就开始流动，流动经历较早可能是他们商业性行为参与年龄过早的重要因素。第二，在28岁之后，婚姻挤压局面越发明显，加上性行为途径缺乏，商业性行为成为替代这部分人群的成年人夫妻性活动的重要途径，这样在图7－1中反映为大龄未

婚男性在 28 岁之后和其他人群在首次性行为风险随年龄增长变化的趋势
中差异更加鲜明。

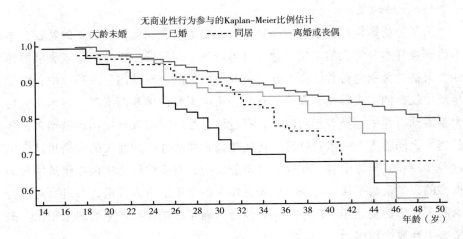

图 7 - 1　无商业性行为人群的比例变化：婚姻地位差异

为了更加直观地观察四类婚姻群体初次参与风险性行为的年龄特征，本
书将农村大龄流动男性的年龄进行对数化处理，将没有发生性行为的概率同
样进行对数化处理，结果如图 7 - 2 所示。从图 7 - 2 中可以更直观地看到，
各个年龄段中，大龄未婚男性成为商业性行为参与比例最高的人群；除了少

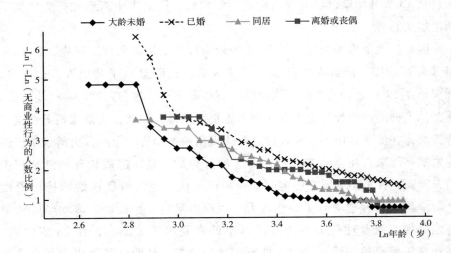

图 7 - 2　无商业性行为人群的比例变化：婚姻地位差异（对数化结果）

量的 50 岁以上的离婚或丧偶男性之外，在整个青壮年年龄段中，大龄未婚男性中都存在最高的商业性行为人数比例，验证了婚姻挤压下商业性行为可能成为大龄未婚男性婚姻性行为的重要替代。

（二）流动差异

为了分析婚姻挤压下农村大龄流动男性的初次商业性行为年龄特征，还需进一步了解婚姻挤压情境下的农村大龄流动男性的初次流动年龄特征，即第一次外出流动的年龄差异情况。因此，本书使用了生存分析方法，以农村大龄流动男性第一次外出流动为"死亡事件"或"fail 事件"，按照农村大龄流动男性的年龄，分析他们初次流动年龄的具体情况。本书在流动年龄模式分析中根据婚姻差异进行了群体比较，用于分析不同婚姻状况的农村大龄流动男性第一次外出流动的年龄分布，可以进一步判断大龄未婚男性在婚姻挤压显著年龄即 28 岁以后的流动情况，据此判断婚姻挤压下人口流动的特点，进而判断大龄未婚男性是否在婚姻挤压下比同龄人具有更强的流动倾向。

从图 7－3 中可以看到，没有外出流动过的样本比例，随着年龄的增大而逐渐下降。尽管婚姻状况不同，但所有样本中，年龄越大，没有流动经历的人数比例越低。

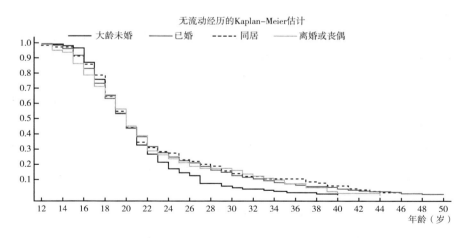

图 7－3　无流动经历人群的比例变化：婚姻地位差异

图 7－3 显示，农村大龄流动男性的外出流动经历基本上从 16 岁开始，之后外出流动的人数迅速增加，24 岁之前，不同婚姻状况大龄男性的流动趋势没有显著差异；24 岁之后，大龄未婚男性的流动比例明显高于同年龄

群体。可以判断，在普遍成婚年龄开始之后，大龄未婚男性的流动倾向开始显著增强。

从图 7-3 还可以看到，28 岁以后，大龄未婚男性中没有流动经历的人数比例持续减少，外出流动倾向持续存在，但是其他同年龄段的大龄男性则与大龄未婚男性存在显著不同，28 岁之后的其他大龄男性中，没有外出流动经历的人数比例明显低于大龄未婚男性，即大龄未婚男性在婚姻挤压日趋显著的情况下，比其他男性有更强烈的流动倾向。因此，大龄未婚男性在婚姻挤压明显增强的 28 岁后，流动倾向与其他男性相比存在明显差异，大龄未婚男性的流动倾向更强了。原因在于，只有外出流动才能获取经济物质条件的改善，从而增加成婚机会。各个年龄段的已婚男性也存在较为明显的流动倾向，随着年龄的增长，同年龄段没有受到婚姻挤压的群体中，已婚男性的流动人口比例最高，因此无论是现实状况，还是本次调查，已婚男性都是流动男性人群中最主要人群。从数量上来看，所有的农村大龄流动男性群体，随着年龄增大，外出流动的比例逐渐增加，24 岁之后的这种增加趋势开始减缓，而大龄未婚男性的流动趋势在明显感受到婚姻挤压后会出现较强的流动倾向。

为了证明流动经历会影响商业性行为参与，本书在是否发生商业性行为层面，分析了不同人群的初次流动年龄，以此判断农村大龄流动男性初次流动年龄与商业性行为之间的关系，如图 7-4 所示。图 7-4 图形的总样本分析中，可以看到所有流动人口均从 16 岁初中毕业开始出现明显的流动倾向；在 20 岁以后，商业性行为参与者以及没有商业性行为参与者两者之间显现出不同的流动趋势：商业性行为参与者中，随着年龄的增大，群体中流动人口比例的增加速度大于未有过商业性行为的人，流动经历与商业性行为存在明显的相关性。无论是否参与商业性行为，24～40 岁人群中没有流动经历的人数比例下降较为缓慢，直至 40 岁以后，流动经历基本趋稳，也即 40 岁以后才开始流动的人数量大大减少。在农村地区的实际生活中，很多人并没有商业性行为参与，而这部分人流动的时间也比有过商业性行为的人流动时间滞后。因此，可以初步判断，农村大龄流动男性中的商业性行为参与者，很多都是有了流动经历后才有的商业性行为，这与中国流动人口普遍通过流动经历获得商业性行为参与机会的结论一致。这再一次呼应了本书第五章的研究结论，即农村人口在流动经历中的风险性行为中，商业性行为成为非常重要的风险形式。

无流动经历的Kaplan-Meier比例估计

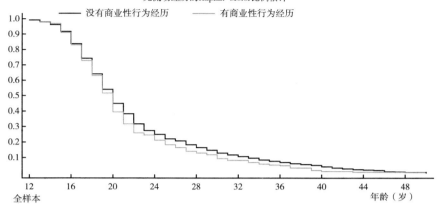

全样本

无商业性行为参与的Kaplan-Meier比例估计

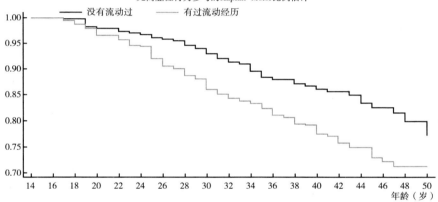

无流动经历的Kaplan-Meier比例估计

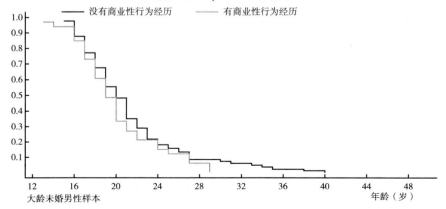

大龄未婚男性样本

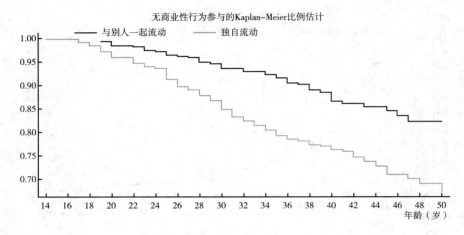

图 7 - 4　无商业性行为人群的比例变化：流动经历的差异

在图 7 - 4 的大龄未婚男性样本分析图中，无论是否有过商业性行为，大龄未婚男性中没有流动经历的人数比例随着年龄增长急剧下降，也即随着年龄增长，大龄未婚男性的流动倾向越来越强，特别是 16 ~ 20 岁之间最为明显，这个年龄段也是所有流动人口流动倾向最强的阶段。在 20 岁之后，特别是 20 ~ 28 岁，大龄未婚男性的流动倾向逐渐放缓，但是流动倾向依然高于图 7 - 4 中同年龄段的总样本流动倾向。大龄未婚男性在 20 岁成年之后即步入婚育期，但是其自身劣势造成成婚困难，成为婚姻挤压的直接受众；在 28 岁以后，他们的成婚概率明显下降，因而更加强化了他们通过流动来获取更高收入和成婚条件的倾向；与全体样本的分析结果相比，图 7 - 4 中的大龄未婚男性样本还反映出大龄未婚男性在 28 岁之后所表现出的风险性行为参与和流动倾向之间的关系，在步入婚姻挤压的显著年龄之后，大龄未婚男性中有过商业性行为的人，流动人数比例显著高于没有商业性行为的人。随着年龄的增长，婚姻挤压感逐渐增强，大龄未婚男性在流动中参与商业性行为的现象逐渐增多。特别是在 30 岁前后，也就是大龄未婚男性感受婚姻挤压最明显的年龄，有过商业性行为和没有商业性行为的人两者之间，流动人数比例的差异逐渐显著。

因此，人口流动中，参与商业性行为的概率大大上升（Chan et al.，2011），大龄未婚男性由于缺乏家庭约束和农村地区婚姻挤压造成的性压抑，通过物质交换购买性行为的商业性行为趋势更为明显。人口流动不但加大了普通流动人口参与商业性行为的可能性，更大大增强了婚姻挤压下大龄未婚男性参与商业性行为的倾向。

除了婚姻差异所体现出的婚姻挤压对于农村大龄流动男性初次商业性行为参与的宏观影响之外，农村大龄流动男性微观个体的经历，特别是以往流动经历也可能是影响他们风险性行为参与的重要因素。由于流动经历的不同而出现的初次商业性行为参与年龄变化如图 7-4 所示。图 7-4 反映了流动经历能够影响流动人口的初次商业性行为参与。在图 7-4 中，按照本次流动前是否有过流动经历将农村大龄流动男性全体样本分为两组，从中可以看到有过流动经历的人群，随着年龄的增长，同龄人中发生商业性行为的人群比例逐渐加大，相比没有流动经历的人而言，在 20 岁之后，他们在各个年龄阶段的商业性行为参与都较高，风险参与比例差异在 28 岁之后明显加大，并且一直维持到 50 岁左右。因此，流动经历不同的男性流动人口，各个年龄段的商业性行为人数比例始终存在显著差别。以往研究证明，流动经历丰富的男性，其流动过程中发生商业性行为的现象也较多，一方面是长期在外的孤独为商业性行为的发生提供了现实基础（齐麟，2001）；另一方面，长期在外流动，个人性格和行为方式等都会出现变化（Giovanna et al.，2009），这为商业性行为发生提供了理念基础。而长期流动下，农村男性会逐渐适应社会生存与交往，变得更加积极和主动，其抵御商业性行为诱惑的能力也逐渐减弱，主动参与倾向逐渐增强，特别是长期在外构建了流动人口在城市中不同规模的社会交往网络，也形成了商业性行为发生的外在环境基础。

图 7-4 是全体样本流动过程中流动方式差异下的初次商业性行为年龄特征比较。随着年龄的增大，同年龄人群中，离开家庭独自流动进入城市的男性参与商业性行为的比例显著高于与配偶或伴侣一起流动的男性，这种差异在 20 岁之后开始显著，具有时间上的持续性，也意味着高年龄段的农村大龄流动男性中和独自流动男性中商业性行为人数比例更高。本部分的数据分析表明，离开配偶或伴侣独自流动者由于离开原有社区进入城市新社区生活和工作，传统社区规范和理念不能够对其产生足够的约束力和认可度，他们往往与工友或者相同职业人群聚居，风险性行为缺乏来自家庭成员和伴侣对其的约束，也很难从家庭层面获得健康安全信息（郭秀云，2009）。

独自流动的男性流动人口，无论是已婚还是未婚，长期独自流动生活经历会产生性行为需求，甚至部分已婚人群经历的性行为需求更为强烈（Legkauskas and Stankeviciene，2009），本书样本在流动经历层面的商业性行为年龄模式分析证明了有过独立经历的男性随着年龄增长商业性行为参与的人群比例显著上升，年龄增长并不伴随着商业性行为趋势的减弱，风险性行为参与的倾向从 20 岁开始出现一直持续到 50 岁，并且 50 岁人中的商业性行为参与比例接近 30%，超出同年龄段没有流动经历男性 10 个百分点以上，显示了流动方式对于农村大龄流动男性商业性行为参与的显著影响。

二　过去经历的影响因素

表 7 - 1 是初次商业性行为的 COX 回归分析模型，用于讨论社会情境因素对初次商业性行为年龄的影响。首先，与大龄未婚男性相比，同居男性和离婚或丧偶男性的初次商业性行为年龄要更早，后两者与前者的初次商业性行为的开始时间整体而言存在较大差异，婚姻条件是农村大龄流动男性第一次商业性行为年龄的重要影响因素，但是已婚男性和大龄未婚男性并没有明显差异。在流动经历上，在本次流动经历之前从来没有流动过的流动男性，与那些有流动经历背景的人相比，初次商业性行为年龄相对滞后，这也表明流动经历的确是流动者参与商业性行为的重要影响因素（Rosengard et al.，2013）。农村地区的商业性行为活动场所和参与现象都没有城市地区多见，有过流动经历的人即使不是在本次流动中发生商业性行为，但在以往流动中同样存在风险参与的概率。

在主观规范的影响作用中，周围参与商业性行为的人数越少，本人初次商业性行为的年龄越发滞后，如果周围参与商业性行为的人较多，构成了商业性行为的外在环境氛围，那么对于个体的商业性行为参与具有显著的促进作用，这使得流动男性中形成风险参与的风气，同时也可能因为周围多数同龄人参与商业性行为使得一些人对商业性行为的危害性程度出现低估，进而误判风险的严重性从而参与风险行为（Mkandawire et al.，2011）。在商业性行为中，如果低估这种风险参与带来的疾病传播风险，同时流动人口本身由于教育劣势导致自我保护意识较弱，他们的风险参与就会带来很高的风险后果。

表 7-1　初次商业性行为年龄的影响因素 COX 回归分析（全样本）

影响因素	模型 1	
	第一次商业性行为年龄	
	Coef.	S. E.
婚姻:同居	-0.628***	0.219
已婚	-0.325	0.263
离婚或丧偶	-1.048***	0.289
参考项:大龄未婚		
是否有打工经历:有	0.332*	0.173
（参考项:没有）		
流动方式:一个人来	0.397*	0.174
（参考项:与别人一起来）		
主观规范	-0.368***	0.072
性伴侣数量	0.319***	0.036
上网频率:偶尔	-0.378	0.208
从来不	-1.035***	0.233
（参考项:经常）		
过去一年看色情录像频率:偶尔看	-0.308	0.203
从来不看	-1.355***	0.368
（参考项:经常看）		
No. of subjects	805	
No. of failures	179	
Time at risk	30046	
Log likelihood	-973.90	
LR chi2	324.30***	
pseudo R^2	0.144	

注：* 表示 p < 0.05，*** 表示 p < 0.001。

社会媒体层面的影响因素中，与经常上网的人相比，没有上过网或者上网频率较低的人群，其商业性行为的开始年龄也都显著滞后。经常上网对商业性行为的促进一方面表现在媒体信息中一些色情内容对农村大龄流动男性产生一定的刺激和诱导作用，特别是离开配偶单独流动的男性以及尚未成婚的独身男性，这些信息将成为他们寻求商业性行为的重要信息来源；而在婚姻挤压背景下，大龄未婚男性本身已经处于性压抑的环境中，城市流动经历首先在信息上给予他们更多的选择，也为其商业性行为参与提供了信息源头。相类似的社会媒体影响也存在于色情录像中，而且色情录像的影响力比网络更强。另外，独自流动者比不是单独流动务工的人相比，发生商业性行为风险的年龄更早，这可能与单独流动过程中个人行为更加隐秘和自主有关系，因为商业性行为在中国依然属于带有负面道德含义的性活动，如果与配偶一起流动，流动男性很难获得商业性行为参与的机会和环境。

通过上述影响因素的分析，本书进一步根据 COX 回归方程，代入具有显著影响的影响因素，估计了商业性行为风险中农村大龄流动男性随着年龄变化而出现的"生存"趋势。图 7 – 5 是根据婚姻挤压背景，按照婚姻地位差异，结合表 6 – 2 中模型 1 的分析结果，将四类人群中很可能具有较高的商业性行为参与的人群，即有过打工经历、经常上网、经常看色情录像以及一个人流动的流动男性，COX 回归方程中带入其相应的回归系数，绘制出了婚姻差异下四类人群商业性行为风险的"生存"函数图。

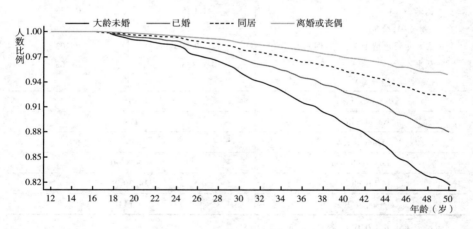

图 7 – 5　"没有商业性行为经历者"占样本人群的比例变化

从图 7 – 5 还可以看到，在 28 岁之后，大龄未婚男性和其他三类流动男性相比，在商业性行为中的人数比例明显增大，并且随着年龄的增长，差距越来越大，也就是说，随着年龄的增长，大龄未婚男性中的商业性行为参与人数比例越来越高，而其他人群随着年龄的增长，这种趋势并不是非常明显。因而，婚姻挤压下的大龄未婚男性，随着婚姻挤压状况的严重，出现了越来越多的商业性行为现象。

第三节　风险性行为的未来倾向

在上一章分析农村大龄流动男性商业性行为过去经历的基础上，本节将探讨商业性行为时间属性的另一个维度——未来倾向。本节将通过比较商业性行为参与倾向的婚姻差异与流动差异，明确风险性行为时间属性中的未来维度；在现状分析基础上，还将引入社会情境因素进行风险性行为未来倾向的影响因素分析。本书问卷设计中，回答商业性行为未来倾向是针对有过商业性行为的大龄流动男性，因而本节的分析样本数量与上一节相比有所减少。

一　未来倾向的人群差异

（一）婚姻差异

首先，在图7-6中，婚姻差异的四类人群中，其商业性行为未来倾向显现出明显的不同。大龄未婚男性中，商业性行为参与倾向最为明显，有接近三成认为未来一个月非常有可能参与商业性行为，这也显示出了大龄流动男性在城市流动经历中的确存在明显的性行为风险趋势。离婚或丧偶人群同样也有较高比例的商业性行为倾向，而已婚和同居者相对较少。在四类人群中，大部分都并未确定未来是否参与商业性行为，处于非常模糊的风险倾向状态，因而也预示着农村大龄流动男性所具有的潜在风险。

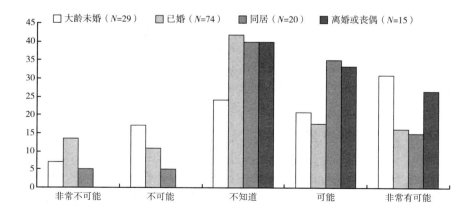

图7-6　婚姻差异与商业性行为未来倾向

（二）流动差异

图7-7按照在此次流动之前是否有过打工经历分为两组，可以比较商业性行为未来倾向的差异。也可以看到在未来具有参与可能的人群中，之前没有打工经历者中潜在的参与人数比例明显高于之前有过打工经历者，因而体现出了刚刚流动进入城市的农村男性具有较为显著的风险性行为倾向。相比而言，在没有商业性行为未来参与倾向的人当中，之前有过流动经历的男性比例较高。

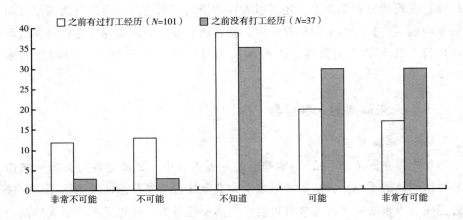

图7-7　打工经历与商业性行为未来倾向

另一个流动经历差异表现在流动方式的差异上。如图7-8所示，可以看到在具有商业性行为未来参与倾向的农村大龄流动男性中，独自流动者占的比例更高，显现出独自流动的农村男性更容易具备风险参与的环境和诱发

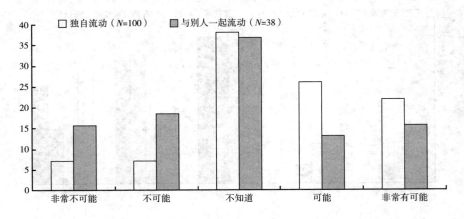

图7-8　流动方式与商业性行为未来倾向

因素。独自流动往往面临较少的约束，个人行为更加自主，因而在风险性行为倾向上更加明显。

二　未来倾向的影响因素

表7-2是带入社会情境因素后的商业性行为未来倾向的影响因素分析。

表7-2　商业性行为参与倾向（未来一个月）的影响因素分析

影响因素	模型2	
	商业性行为参与倾向（未来一个月）	
	Coef.	S. E.
婚姻：同居	0.343	0.552
已婚	-0.426	0.469
离婚或丧偶	1.013	0.616
（参考项：大龄未婚）		
是否有打工经历：有	-0.976 **	0.376
（参考项：没有）		
流动方式：一个人来	0.840 *	0.381
（参考项：与别人一起来）		
影响因素		
主观规范	-0.254	0.155
性伴侣数量	0.074	0.075
上网频率：偶尔	-0.741	0.452
从来不	-0.441	0.481
（参考项：经常）		
过去一年看色情录像频率：偶尔看	-1.499 ***	0.453
从来不看	0.065	0.894
（参考项：经常看）		
N	138	
Log likelihood	-179.97	
LR chi2	48.97 ***	
pseudo R^2	0.120	

注：* 表示 p ＜0.05，** 表示 p ＜0.01，*** 表示 p ＜0.001。

从表7-2中可以看到婚姻差异对于商业性行为未来倾向的影响并不显著，而流动经历产生了显著的影响，因而可以认为，婚姻挤压下的商业性行为参与倾向，更多受到个人流动经历的影响而非婚姻挤压的影响。与商业性行为参与历史的分析结果不同，商业性行为未来参与倾向的影响因素分析并没有发现婚姻挤压的作用，因而可以推断，婚姻挤压下大龄未婚男性在进入城市后，其商业性行为参与倾向逐渐与其他人群接近，婚姻挤压对商业性行为风险的作用逐渐减弱，流动因素的影响逐渐增强。

另外，态度与主观规范并没有产生显著的影响作用。因此，商业性行为的未来参与倾向并没有像过去参与经历一样，受到来自周围环境和氛围的影响，商业性行为的未来参与倾向更多表现为个人流动经历对其的影响（Ahrold and Meston，2010）。再有，社会媒体信息对商业性行为参与具有显著影响，特别是看过色情录像的人比没有看过的人更容易有商业性行为参与倾向。因此，社会媒体信息特别是色情信息将显著增强农村大龄流动男性风险性行为的未来参与倾向。

第四节　小结与讨论

本章围绕商业性行为进行了风险性行为时间属性的分析。具体结论如下。

第一，第一次商业性行为参与年龄与婚姻挤压存在明显关联，也与流动经历的关联程度存在较强的相关性。随着大龄未婚男性在 28 岁之后感受到的婚姻挤压日趋严重，农村大龄流动男性中同年龄段的人群里，大龄未婚男性中的有商业性行为的比例大大高于其他人；另外，与伴侣一起流动的人，第一次商业性行为年龄明显比独自流动者要高，因为与伴侣一起流动的男性面临的社会规范和家庭约束也更强。婚姻挤压背景与人口流动现实下，农村大龄流动男性的商业性行为现象在大龄未婚男性参与倾向下得到了进一步显化。商业性行为的过去经历展示出农村大龄流动男性商业性行为风险在时间属性中的源头。对于大龄未婚男性而言，随着年龄的增长，该群体内的商业性行为参与比例迅速增加，这种迅速增加态势直到 40 岁以后才趋于平缓。

第二，婚姻挤压下的大龄未婚男性具有较强的流动倾向，特别是从 28 岁开始，各个年龄段人群中，大龄未婚男性中有过流动经历的人数比例都是最高的。由于农村地区的婚姻挤压，一些大龄未婚男性不得不通过城市务工方式获取更高收入，期许能够改善社会经济地位从而提高未来成婚的机会。分析发现，28 岁以后，一般流动人群的流动倾向逐渐降低，而大龄未婚男性的流动倾向更加强烈，这就更加证明了大龄未婚男性在越来越难以成婚的现实下，更加愿意通过城市流动务工获取支持成婚机会的物质条件，但是也造成了他们进入城市后开始面临农村地区所没有的社会风险环境，涉入风险的概率明显加大。可以预见，随着婚姻挤压形势的日益严峻，大龄未婚男性的数量和区域都会日趋扩大，流动将成为他们改变自身弱势的直接途径，婚姻挤压社会风险后果将逐渐在城市中显现。

第三，不同婚姻群体的商业性行为参与历史显著不同，大龄未婚男性比其他男性更容易在低年龄阶段就发生商业性行为。由于社会经济地位的劣势，大龄未婚男性从一开始就是婚姻市场的弱势群体，只是婚姻挤压进一步降低了他们成婚的机会。本书发现大龄未婚男性从 18 岁开始就展现出比其他群体更强的商业性行为参与趋势，参与趋势的差异在 28 岁之后的婚姻挤压阶段明显得到了进一步强化。婚姻挤压逐渐显现后，相同年龄段中，大龄未婚男性参与商业性行为的比例比其他群体都高，这种高比例的商业性行为参与现象一直持续到 50 岁以后。

第四，社会风险环境下的个人经历与风险因素与商业性行为过去经历存在关联。有过商业性行为的人，初次流动的年龄也较早，伴随着流动经历的持久，商业性行为参与比例也逐渐增多。实际生活中，处于风险环境的时间越长，自身涉入风险的概率也越大，一方面是由于较早的风险经历本身就会提高未来风险的参与倾向（Grieb et al.，2011），同时较早的风险经历强化了部分人的社会经验与行为经验，存在强化风险参与趋势的可能性（Vermund and Hayes，2013）。从大龄未婚男性的流动年龄来看，随着年龄的增大，商业性行为参与者和商业性行为未参与者两者的流动人数比例都在持续增加，但是前者随着年龄的增长，流动人数比例增加的程度更大，流动因素与商业性行为之间存在明显的相关性。

第五，较早参与商业性行为与流动中的多个性伴侣现象具有相关性。从世界范围来看，商业性行为中存在非常普遍的多个性伴侣现象，特别是未婚群体在缺乏婚姻家庭约束以及面临流动群体风险参与倾向的条件下，商业性行为发生频率上升的同时也伴随着性伴侣数量的增加。如果流动人口第一次商业性行为年龄较早，其后期继续发生商业性行为的倾向将显著增强，而流动经历中会由于流动地区和时间不同而与不同性工作者发生性行为，逐渐出现商业性行为的多个性伴侣现象。本书也由此证实了性伴侣数量越多的人，其商业性行为参与年龄越早。伴随着商业性行为经历的增加，以大龄未婚男性为代表的未婚男性以及离开配偶单独流动的已婚男性都是潜在的商业性行为参与者，其多个性伴侣的现象也伴随着他们商业性行为的出现而增加。

第六，初次商业性行为过去经历与未来倾向均受到来自社会情境因素的影响。首先，社会环境中如果有较强的商业性行为参与氛围，则农村大龄流动男性商业性行为开始的年龄也较早；但是并不会影响未来倾向。其次，社会环境中的媒体信息也是影响商业性行为过去经历和未来倾向的重要因素。在转型期阶段，社会媒体的形式和内容都夹杂着消极和不受道德约束的信息内容（Sprecher et al.，2013），例如色情录像和媒体信息。流动人口在色情媒体信息的误导下会直接参与商业性行为，但是却没有通过正式的媒体信息获取自我保护的知识和方式，因而处于较高的风险环境中。

第八章 研究结论与策略启示

第一节 研究结论

一 商业性行为是流动男性群体风险性行为中最主要的社会风险

本书结论揭示出婚姻挤压后果已经在农村大龄流动男性中逐步显现，风险性行为成为性与生殖健康风险的重要形式；从风险性行为导致的 HIV/AIDS 大范围感染和传播后果来看，商业性行为是农村大龄流动男性的社会风险。大龄未婚男性在流动经历中缺乏成年人婚姻性生活的状况下存在普遍性压抑，存在性行为需求；其他流动人口在流动经历中也存在较高的性行为比例，因而存在非婚姻的风险性行为可能性。可以判断，当前社会环境中的农村大龄流动男性存在风险性行为趋势。商业性行为作为性行为层面的社会风险，大龄未婚男性商业性行为风险比例很高，婚姻挤压带来了部分单身流动男性商业性行为的增加；同时，未婚同居身份的大龄男性更容易发生商业性行为。对商业性行为的态度以及周围环境参与商业性行为的氛围，均会显著影响个人的风险性行为倾向。商业性行为造成的 HIV/AIDS 风险影响范围广，涉及人群数量多，显现出 HIV/AIDS 风险的社会后果。因此，农村大龄流动男性的商业性行为就是当前该群体的社会风险，受到社会情境因素的影响。

二 男男同性性行为尚未出现社会风险趋势

男男同性性行为不是农村大龄流动男性的社会风险，但是依然具有一定的风险传播概率。当代社会多元化的发展催生了部分特殊人群出现，他们在当代社会表达同性性需求，成为社会中男男同性性行为的参与者。但是男男同性性行为比例在农村大龄流动男性中并不高。虽然同性性传播是 HIV/AIDS 传播率最高的途径，但是由于这种行为只存在于少数人当中，因而尚未成为农村大龄流动男性的群体风险。不过，男男同性性行为人群存在掩饰自身性需求的现象，他们依然会选择异性伴侣成立婚姻家庭，但是他们的同性性需求却有可能将 HIV/AIDS 风险传递至家人，扩大了 HIV/AIDS 在家庭、社区和社会的传播范围。男男同性性行为参与者一般具有较好的经济基础，对同性性取向持积极认可态度，行为参与受到周围人群的显著影响。因此，社会情境因素对同性性行为参与者的影响，实质上是体现了同性性倾向者勇于参与男男同性性行为的群体氛围。

三 风险性行为参与者同时具有 HIV/AIDS 风险认知的挑战

本书揭示了农村大龄流动男性对风险性行为后果即 HIV/AIDS 的风险认知水平。农村大龄流动男性中较为普遍的 HIV/AIDS 知晓率体现出 HIV/AIDS 知识普及在目前已经初现成效；但是，他们对具体的 HIV/AIDS 内容认知存在较大差异，认知水平较高的内容主要是安全套在风险性行为中的保护作用；同时，对于多个性伴侣的性行为风险含义也有一定比例的了解。农村大龄流动男性的教育水平是风险认知能力的重要影响因素，体现出教育对于风险认知的重要影响；有过性行为经历的农村大龄流动男性，风险性行为相关风险的认知能力更高，这与已婚人口能够接触到一定的生殖健康服务存在关联。在社会情境因素中，个人经历和流动经历是风险性行为风险认知的重要影响因素，如果是和本地居民混住的居住形式，农村大龄流动男性更容易从城市社区内获得一定的 HIV/AIDS 知识资源，改善自身的风险认知劣势；社会媒体接触是信息扩展的重要来源，互联网的接触反映了流动经历能够在一定程度上改善农村大龄流动男性的风险认知劣势。

四 风险性行为参与者具有较强的风险偏好

农村大龄流动男性中风险性行为参与者具有更高的 HIV/AIDS 风险认知水平，显现出风险性行为偏好的刚性特征。在有过商业性行为风险的群体中，HIV/AIDS 知晓率更高。但是具有较高风险保护理念的群体，往往更可能参与商业性行为，表现出风险认知高的农村大龄流动男性具有更强的风险性行为参与倾向。与没有商业性行为的农村大龄流动男性相比，有过商业性行为者 HIV/AIDS 风险认知能力较强，风险偏好者具有较高的风险认知水平；通过对比，发现参与过商业性行为的农村大龄流动男性，HIV/AIDS 风险认知水平主要受到教育、流动以及互联网接触的影响，没有婚姻条件的差异；而没有过商业性行为的农村大龄流动男性中，除了上述社会情境因素之外，婚姻是重要的影响因素。因此，商业性行为的风险偏好人群，在 HIV/AIDS 风险认知水平上，婚姻挤压的效应并不明显。不过，由于大龄未婚男性本身就是经济、发展以及个人健康层面的弱势群体，较差的风险感知水平可能会进一步恶化他们的健康安全。

五 风险性行为的参与带有时间属性和特征

发现了农村大龄流动男性商业性行为的"过去—未来"时间属性，首先是商业性行为的过去经历体现出风险参与的年龄特征，这种特征从婚姻差异和流动经历差异两个层面表现出来。首先在婚姻差异层面，初次商业性行为的参与和婚姻挤压存在明显关联，随着大龄未婚男性在 28 岁之后感受到的婚姻挤压日趋严重，同年龄段的人群里，大龄未婚男性参与商业性行为的人数比例大大高于其他男性群体。其次在流动差异层面，28 岁以后的农村大龄流动男性流动倾向更加强烈，也造成他们进入城市后面临农村地区所没有的社会风险环境，涉入风险的概率明显加大。社会情境因素会影响商业性行为参与，流动经历越多的人当中，商业性行为参与的人数比例也较高；商业性行为主观规范能够影响初次参与商业性行为的年龄，社会媒体信息也是影响初次商业性行为年龄的重要因素。

六 商业性行为的未来倾向受到一系列个人和社会因素的影响

针对商业性行为时间属性的另一个结论是发现了商业性行为参与的未来

倾向及其影响因素。商业性行为的未来倾向显现出农村大龄流动男性在未来一个月内的参与倾向，这种短期内的风险动机显现出了商业性行为的偏好：大龄未婚男性和未婚同居男性体现出明显的商业性行为偏好，他们作为法定未婚人群，商业性行为的需求成为农村大龄流动男性中最主要的风险需求；在流动差异上，之前从没有流动过的男性更加具有商业性行为参与动机；流动方式是独自流动的男性也更容易产生商业性行为倾向。商业性行为未来倾向的影响因素中，婚姻差异并没有产生显著影响，而流动经历则产生了显著影响。因此，在婚姻挤压和人口流动的社会趋势下，商业性行为未来倾向与流动经历的关系更显著。

七 本书的主要贡献和创新

本书以婚姻挤压为背景进行农村大龄流动男性的风险性行为研究。通过微观问卷数据，解读社会风险中威胁个人及群体健康和公共卫生的风险性行为，并分析风险性行为参与的社会情境因素，从以下四个方面发现了与以往研究不同的新现象与新特征，成为本书直接的学术贡献，具体包括：

第一，提出了婚姻挤压下农村大龄流动男性风险性行为的社会风险分析框架。通过对婚姻挤压下农村大龄流动男性风险性行为的质性分析，本书发现了风险性行为特征及其可能的社会风险；进而选择社会系统论作为落实社会风险分析的路径参考，提出了农村大龄流动男性风险性行为的社会风险分析框架。该框架在关注风险性行为个人后果的同时提升了对风险性行为社会后果的认识，弥补了相关研究多局限于个人风险而忽略个人风险社会后果的不足。该框架不仅实现了客观风险识别研究和主观风险感知研究相结合的二阶段观察，还实现了风险过去经历研究和风险未来倾向研究相结合的时间属性分析，加深了对农村大龄流动男性风险性行为的系统认知，有助于更全面和深入地了解婚姻挤压下弱势人群风险性行为的现状与社会后果。

第二，识别出商业性行为是婚姻挤压下农村大龄流动男性在性行为中的主要社会风险。通过对客观现状的一阶观察，本书发现了农村大龄流动男性商业性行为和男男同性性行为的现状与影响因素，在此基础上构建了风险性行为社会风险后果的对比模型，引入两类风险性行为的参与数量指标和影响因素指标，最终发现两类风险性行为都具有 HIV/AIDS 个人感染风险；商业性行为可能具有 HIV/AIDS 大范围传播后果而成为农村大龄流动男性在性行为中的主要社会风险；男男同性性行为是同性恋少数人内部的个人风险，目前社会风险程度较低。本书揭示了弱势群体风险性行为的社会风险本质，突破了已有研究对风险性行为个人风险后果认识的不足。

第三，引入 HIV/AIDS 知识体系扩展了 HIV/AIDS 风险认知测量方法，发现了农村大龄流动男性风险认知的内容差异、人群差异和风险差异。通过对主观认知的二阶观察，本书引入 HIV/AIDS 知识体系作为风险认知的测量指标，发现农村大龄流动男性风险认知的内容存在差异，农村大龄流动男性在具有较高 HIV/AIDS 知晓度的同时也具有较少的 HIV/AIDS 传播知识；不同婚姻人群的风险认知存在差异，已婚男性比婚姻挤压下的大龄未婚男性具有更高的 HIV/AIDS 知识水平；不同风险经历者的风险认知存在差异，有过商业性行为者比没有商业性行为者具有更高的 HIV/AIDS 知识水平，突破了以往研究中风险认知对商业性行为具有预防作用的定论。

第四，发现了婚姻挤压和流动经历不仅会影响农村大龄流动男性的初次商业性行为年龄，还会影响他们的商业性行为倾向。通过对过去经历和未来倾向的时间属性分析，本书根据初次商业性行为年龄特征，发现了大龄未婚男性参与商业性行为的人数比例在各个年龄段均高于同龄其他男性；所有样本中，有过流动经历者和独自流动者参与商业性行为的人数比例在各个年龄段均高于同龄其他男性。本书根据商业性行为倾向的人群差异，发现了大龄未婚男性比已婚男性具有更强的倾向；所有样本中，有过流动经历者和独自流动者比其他男性具有更强的倾向。本书运用生存分析方法填补了初次商业性行为年龄特征的研究空白，通过影响因素分析深化了对流动男性风险性行为未来倾向的影响因素认识。

第二节　风险应对策略

本书的研究结论揭示了当前婚姻挤压背景下的农村大龄流动男性风险性行为类型、年龄模式以及风险认知水平。为了促进农村大龄流动男性的性与生殖健康的风险防范，促进流动人口公共卫生和健康权利保障，本书基于研究结论，首先列举了当前性与生殖健康政策与流动男性风险人群健康需求之间的差异，进而从性与生殖健康层面提出了针对农村大龄流动男性风险性行为的公共政策应对框架及其实施策略。

一 性与生殖健康公共政策现状及其改进空间

再基于实证数据分析结果进行流动男性性与生殖健康服务建议之前，首先有必要系统分析当前正在实施的线性政策内容现状，同时对比分析当前婚姻挤压与人口流动背景下流动男性群体在性与生殖健康层面的服务需求状况，从而判断目前政策环境下的公共服务与公共政策供需比，明确现行政策的改进空间与改进方向。表 8 - 1 是对比分析的概述结论。

表 8 - 1 现行政策供给与实际需求状况

政策供给现状	实际需求状况	供需比
社会宏观发展规划与地方经济社会发展方案中缺乏对流动人口性与生殖健康服务设计与服务理念	随着流动人口数量增加、流动频率增高,在 HIV/AIDS 传播现实下需要性与生殖健康服务的顶层设计	—
基层社区服务角色垄断;自上而下设计服务内容;缺乏社会实际现状的及时分析与服务改进	基层社区群众的服务需求多样化与先行服务内容刻板化之间矛盾突出	
风险预防面向 HIV/AIDS 患者与高危人群,普通人群的参与角色较少;风险预防主要通过卫生部门和计生部门,社会其他职能部门参与较少	社会公众对 HIV/AIDS 风险的求知需求不断增高;风险人群定义逐渐宽泛;风险扩散范围逐渐增大	—
风险预防教育单一化现象存在,计划生育与生殖健康服务是主要教育平台;未婚人群参与途径较少;辍学以及成年流动者参与很少	流动未婚群体正在成为最主要的风险感染与风险扩散人群;健康服务平台碎片化与地区隔离现象严重	

注：供需比，即政策供给满足实际需求；供需比 "—"，即政策供给不满足实际需求。

资料来源：原国家计生委《流动人口计划生育管理与生殖健康服务制度》、《推进流动人口生殖健康优质服务的规定》、国家卫生计生委《流动人口卫生和计划生育基本公共服务均等化试点工作方案》。

由表 8 - 1 可以看出，现行政策内容与实施情况整体而言处于供需比失调的现状，也即供求与需求之间存在明显缺陷和空间，主要反映为国家、省、市、县在宏观发展规划中对流动人口生殖健康服务需求的忽视，也体现出在最基层的社区层面缺乏对服务策略的改进和提升，缺乏对公众需求的关注和资源投入；而在公共政策与服务的具体落实上，还能够明显看出服务体系主要承担着单向服务和单向沟通的问题，没有充分调动起基层群众特别是流动男性自身的参与积极性，这也使得风险教育与健康服务知识培训等微观教育工作无法有效开展。

因此，本书将基于以上政策服务供需比现状，结合本书微观数据分析围绕风险性行为和社会风险后果，进行具体的风险应对框架设计，进而为提出具体化、可操作的政策实施方案奠定理念基础。

二 风险应对框架设计

针对流动男性存在的风险性行为趋势，对于弱势群体性与生殖健康风险的治理工作需要融入国家整体的社会治理体系中。因此，本书从表 8-1 的政策的现状与实际需求差距分析入手，结合本书微观实证数据分析结论，提出了以下风险应对框架设计思路。

首先，需要在大的社会治理建设体系内，在宏观层面提出有针对性的风险预防政策规划即宏观发展规划；在基层社区层面提出具体化的基层政策干预项目与实施策略。宏观政策规划是界定了风险防范政策的性质，需要具体进行操作化为基层政策干预内容，而具体政策实施中也能够对宏观发展规划提供基层信息反馈，从而促进宏观发展规划适时调整。

其次，宏观发展规划要具体构建社会风险观念和弱势人群保护理念，在流动人口管理工作中形成性与生殖健康风险意识，在政策设计者中建立起对流动人口性行为风险及其后果的科学认知，为具体的性与生殖健康风险治理体系建设提供理念指导，性与生殖健康风险治理体系将成为基层政策落实的框架基础。与此同时，在微观政策干预过程中，对于具体的性与生殖健康风险要能够进行有效识别，特别是要重视流动男性风险性行为中的时间属性，一方面针对已经有过风险性经历的人开展教育干预，减少风险偏好；另一方面，要及时掌控风险人群的行为动机，尽早开展行为干预和健康知识倡导，降低风险行为的参与意愿。基层政策干预将成为宏观层面风险治理体系的落实步骤。

再次，无论是宏观发展规划中的性与生殖健康风险理念，还是基层政策实施中的性与生殖健康风险治理内容，都是最终服务于具体化、可操作化的健康教育与公共卫生服务平台。宏观发展规划在战略设置阶段和理念培育阶段，要能够设计一套与流动人口性与生殖健康风险防范目标相契合的规划体系；而基层政策干预要能够在实践中形成一条科学有效的政策实施路径。因此，宏观发展规划是健康教育与公共服务平台的设计环节，而基层干预则是健康教育与公共服务平台的执行环节。

最后，要在流动人口性与生殖健康风险治理策略中，明确风险治理主体的角色定位和职能分配。风险治理主体的角色与职能在宏观发展规划阶段和基层政策干预阶段都可以进行具体设置和调整：宏观发展规划阶段，可以将风险治理主体如人口管理部门、发展规划部门、公共卫生部门、民政部门等的角色进行具体设置和界定，对其职能进行合理区分并建立相互衔接与合作机制；基层政策干预阶段，风险治理主体的角色与职能依然可以根据具体情况适时调整，职能也可以进行相应拆分和合并。与此同时，整个风险治理框架的落实过程都需要各个职能部门积极参与，有效合作。

因此，本书提出的性与生殖健康风险的应对框架设计可以由图 8-1 所表示：

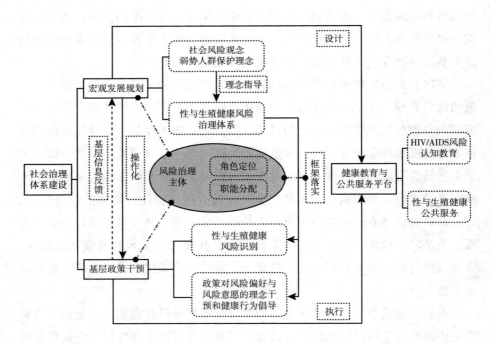

图 8-1　流动人口性与生殖健康风险的应对框架设计

三 风险应对实施策略

在图 8-1 风险应对框架设计的基础上，结合当前中国转型期宏观发展战略与微观治理工作，本书提出了适用于风险应对框架和中国现实条件的风险应对实施策略，以十八大提出的国家社会治理体系建设为基础，从宏观发展规划、微观政策干预、风险预防策略主体的角色与职能分配以及风险预防相关的教育与卫生服务平台等多维角度提出了具体的实施策略建议。

（一）宏观发展规划与政策实施策略

1. 强化婚姻挤压社会风险与弱势人群权利保障的顶层设计

完善和补充城镇化战略下的人口规划，减少社会风险环境下农村大龄流动男性弱势地位对其造成的权利损害。婚姻挤压下大龄未婚男性具有更高的流动需求，加之流动人口数量巨大，城市管理部门要加强人口城镇化的合理规划，制订适用于婚姻挤压与人口流动双重社会风险特征的流动人口城市管理规划。世界主要发达国家特别是新型工业化国家都经历过人口城镇化过程，其人口规划与城市发展以及社会风险防范之间的合理机制可以参考借鉴。在已有的人口城镇化相关领域如就业、教育、卫生、社保等规划策略中，融入婚姻挤压风险理念，工作规划不仅面向现有的流动人口生活与福利保障，还需要针对越来越多被迫单身的大龄未婚男性出台基本生活保障与发展支持方案，避免城市中大量婚姻挤压群体形成的弱势群体集聚效应，降低农村婚姻挤压社会风险向城市地区扩散的趋势与范围。

2. 建立省市县与社区层面性与生殖健康的风险治理体系

提升城市管理对流动人口公共卫生与健康的关注与干预，需要建立具有针对性的农村大龄流动男性性与生殖健康风险防范与治理体系。本书研究结论已经表明，具体化、专业化和针对性强的流动人口性与生殖健康风险治理政策体系亟待出台。建议首先从社会治理工作入手，重视对流动人群个人风险行为及其后果的关注，在流动人口户籍管理、治安管理工作基础上，以服务理念建立起流动人口性与生殖健康相关的风险防范体系。其次在社会治理工作中的文化建设上，强化流动人口的健康行为理念与健康行为实践。文化倡导可以深入流动人口聚居区或者工作场所，强化流动人口对风险性行为后果的正确认知，构筑风险环境中的个人自律性。此外，城市治理中公共卫生与健康安全相关的政策需要加大对流动人口的倾斜，公共卫生部门要提高对流动人口性与生殖健康风险严重程度的认识，加强对流动人群风险的了解，准确把握特殊人群的风险特殊性。

（二）基层政策设计与执行中的实施策略

1. 提升政策设计环节中对风险类型的科学识别

公共卫生部门与健康机构要正视农村大龄流动男性的性与生殖健康风险及其社会扩散，明确风险类型及其主要特征。首先，针对最主要的商业性行为风险，公共卫生部门要及时与公安和其他社会管理部门进行信息沟通，掌握流动人口商业性行为的参与情况，面向流动人口进行商业性行为风险后果的宣传，同时尝试针对商业性工作者进行制度化、体系化的安全知识讲解与规劝，减少商业性服务行业的存在；社区管理部门也可以尝试从上一级单位或流动人口管理处获取辖区内流动人口商业性行为信息，在社区生活和政策宣传中倡导减少商业性行为，强化宣传健康行为理念和公共文化娱乐活动；其次，随着社会发展和观念的开放，多元性取向人群逐渐公开表达性行为倾向并逐渐开始显示其社会存在，加上媒体近年来的炒作宣传，同性恋人群的行为风险及社会后果也提上了社会管理日程。男男同性性行为目前是最主要的 HIV/AIDS 传播渠道，同性恋人群的 HIV/AIDS 防止与风险行为干预是疾控中心和社会医疗机构 HIV/AIDS 防治工作的重点。在关注主流人群的主要风险的同时，公共卫生部门与社会健康机构要认识到这些少数人群的客观存在与健康风险，采取教育干预措施强化他们的安全保护措施；这部分群体中有相当数量的 HIV/AIDS 感染者，不仅卫生部门要完善针对性的疾病控制策略，教育部门也要科学审视这些少数人的客观存在和平等权益，促进社会对他们的正确认知，减少对其作为 HIV/AIDS 感染者的歧视。虽然男男同性性行为在目前尚未具备突出的社会风险含义，但是性少数群体作为社会弱势人群，理应与主流人群一样，得到公共政策的关注和保护。

2. 强化基层政策对风险参与主体不同特征的适用性

鉴于风险性行为时间属性所体现出的风险过去经历与未来倾向问题，基层政策实施首先要通过对风险参与初始年龄的分析获得对农村流动男性风险性行为参与的年龄信息，充分估计不同年龄段中商业性行为参与者的比例，针对不同年龄段如青少年和中年人群的商业性行为的潜在参与者进行健康教育和健康行为倡导；与此同时，针对一些流动男性具有的风险性行为倾向，要合理教育，通过他们所在社区或者流动人口协会进行行为干预和健康倡导，减少风险性行为偏好在农村流动男性中的传播，改变商业性行为参与的群体氛围。

（三）风险预防策略中的主体角色与职能分配

1. 推进治理主体部门的角色定位与职能分配多样化与多功能化

针对外来流动人口的性与生殖健康风险，城市管理部门需要担当相应的角色并进行合理职能分配，便于在应对风险过程中各司其职，发挥本部门职能和专业优势。鉴于目前尚未形成固定的针对流动人口性与生殖健康风险的管理机构，人口部门和城市综合管理部门需要明确界定流动人口管理中的户籍、卫生、服务等职责和职能，特别是要处理好流动人口公共卫生服务和HIV/AIDS以及其他性传播疾病的风险防范工作。公安和民政等部门要能够针对流动人口的户籍信息，及时掌握流动人口流动去向，公安部门还可以进一步在打击色情工作中及时掌握流动人口信息，在法律法规层面形成对流动人口商业性行为的行为约束机制；公共卫生部门要抓住目前和人口计生部门合并的优势，在人口管理工作中强化对流动人口的追踪服务，及时进行性与生殖健康相关信息的传递和教育，在人口管理工作中同时推进面向弱势人群的公共卫生与健康服务水平；社会保障部门要逐步改进目前存在的城乡二元化社会福利供给现状，尝试将流动人口的医疗服务与健康保障项目逐步纳入城市社会保障体系，为流动人口提供及时有效的经济与健康福利保障，减少流动人口风险性行为的倾向，从源头上削弱流动人口风险性行为的参与动机。

2. 扩展社区环境中的服务参与角色与服务职能分配

社区层面首先要加强城市外来人口聚居区的风险管理，提高社会风险治理水平。根据十八大确立的"社会治理体系"战略，针对流动人口在城市中的广泛分布，具体的风险预防落实工作要通过社区基层单位进行实施。第一，社区层面的管理者与政策执行者要树立社会风险意识，明确当前社会转型期弱势群体面临的社会风险形势及其风险后果；第二，在基层社区建立针对流动人口弱势群体社会风险的预警工作机制，例如日常走访和查询社区内流动人口商业性行为现象与HIV/AIDS或其他性传播疾病的感染情况，及时掌握流动人口性与生殖健康风险对社区居民的风险传播与扩散情况；社区工作机构建立科学实用的社区治理资源协调体系，建立起高效运转的社区风险处理能力，既要控制风险人群的安全与稳定，还要控制风险在社区内的传播与扩散；在社区层面形成风险保障工作机制，例如社区的性与生殖健康卫生服务、健康知识宣讲、药品发放以及正确的生活与行为理念倡导等。健康的心理和生理行为理念倡导，可以促进对流动人口个人健康观念提高，强化健康行为的教育引导，实现流动人口自身安全和风险防范素质的提升。

（四）风险教育与健康服务平台的实施策略

1. 多渠道建立 HIV/AIDS 风险认知的教育机制

应该尽快建立针对农村大龄流动男性 HIV/AIDS 风险认知的教育工作机制，建立流动人口特别是未婚流动人口在离开家乡社区独自流动过程中的安全套推广。目前的 HIV/AIDS 预防与教育工作存在两条线问题，预防工作主要是疾控中心通过医学途径开展，而教育工作主要是卫生管理部门和人口计生部门开展，专业性 HIV/AIDS 教育工作体系亟待建立。要将预防和教育工作协调开展，疾控中心在预防工作中可以凭借自身直接接触风险人群和感染者的优势，逐渐将流动人口纳入服务对象，推广 HIV/AIDS 卫生保健知识；卫生和计生部门在人口管理和社区干预中加大对流动人口的关注，强化 HIV/AIDS 知识和保护措施的宣传倡导。目前的安全套推广工作属于人口计生部门药具发放领域，要将安全套推广纳入疾控中心和人口计生以及卫生管理多部门都实行的工作制度；流动人口所在社区也可以探索多种形式的安全套推广与发放工作，提高流动人口接触安全套的范围，倡导安全保护行为。

2. 建立面向流动青少年性与生殖健康的服务体系

应该尽快建立流动青少年性与生殖健康的教育和服务体系，控制青少年参与商业性行为的趋势。流动人口中的青少年处于性发育的成熟和旺盛阶段，在辍学缺乏教育的情况下，流动中商业性行为开始出现。因此，要针对流动青少年特征建立针对性的性与生殖健康教育工作制度，构建性与生殖健康相关的服务体系，强化对流动青少年婚育观、性行为、性需求的正确引导，普及和推广流动青少年由于辍学而缺乏的性与生殖健康知识；流动人口管理部门要出台流动青少年工作发展促进计划和技能培训方案，加强对流动青少年个人发展、学习奋斗的理念引导，改变青少年由于社会经济地位劣势而形成的自卑心理与风险行为倾向，促进他们树立健康向上的工作与生活劲头，形成安全、健康的生活方式，减少他们在不良氛围下的商业性行为倾向。针对自身条件较差并很可能成为婚姻挤压对象的青少年，要帮助他们树立积极向上的生活信心，通过职业发展和技能培训促进其生存发展能力的提升，为改变自身劣势地位提供外在资源支持，帮助他们及时摆脱婚姻挤压风险，进而减少个人风险性行为的参与倾向。

（五）提升风险应对策略在微观层面的人群适用性

通过以上政策实施策略的建议，本书认为还应该在风险应对策略中融入特殊环境与社会结构下特殊人群的风险防范问题，也即提升总体层面风险应对策略的人群适用性。在当前婚姻挤压与人口流动的双重背景下，性与生殖健康风险防范策略首先应该在总体政策体系中融入环境变迁理念，政策制定者和执行者在总体政策体系运行中还要明确大龄未婚男性、流动男性等特殊人群的存在，在总体政策内容体系内增加若干条目或者补充说明，以适应这部分人群在风险性行为中的风险态势及其需求。其次应该出台若干具体的特殊人群风险防范说明，例如针对商业性行为和男男同性性行为在流动男性以及特殊性少数人群中存在的现实，既要做好健康知识普及和自我保护教育，也要逐步在社会价值观和理念层面科学倡导风险性行为的风险后果及其对家庭和社会的影响，从而在降低风险事件的同时，逐步消解风险需求和风险源头，最终实现特殊人群性与生殖健康风险局面的好转。

由此可以看出，本书所提出的性与生殖健康风险应对策略的公共服务建议，从国家与省市层面的宏观政策设计，到县区级针对风险预防和疾病防控的公共服务政策具体实施方案，再到社区层面最基层的服务供给，都显示出与现行的风险预防公共服务体系的差异，体现出了在人口流动、婚姻挤压和HIV/AIDS风险环境下公共政策和公共服务体系对流动人口特别是流动男性的政策包容与服务改进。表 8 - 2 是本书提出的风险预防策略方案与现行公共政策及服务体系的差异比较，由此可以看出本书所提出的政策建议的可行性、科学性和实用性。

表 8 - 2　风险预防策略建议与现行政策体系的差异比较

政策供给现状	风险预防策略建议	差异比较
社会宏观发展规划与地方经济社会发展方案中缺乏对流动人口性与生殖健康服务设计与服务理念	强化婚姻挤压社会风险与弱势人群权利保障的顶层设计；建立省市县与社区层面性与生殖健康的风险治理体系	顶层设计的完善

政策供给现状	风险预防策略建议	差异比较
基层社区服务角色垄断;自上而下设计服务内容;缺乏社会实际现状的及时分析与服务改进	提升政策设计环节中对风险类型的科学识别;强化基层政策对风险参与主体不同特征的适用性	基层执行体系的完善
风险预防面向 HIV/AIDS 患者与高危人群,普通人群的参与角色较少;风险预防主要通过卫生部门和计生部门,社会其他职能部门参与较少	推进治理主体部门的角色定位与职能分配多样化与多功能化;扩展社区环境中的服务参与角色与服务职能分配	风险预防政策体系的角色完善与功能完善
风险预防教育单一化现象存在,计划生育与生殖健康服务是主要教育平台;未婚人群参与途径较少;辍学以及成年流动者参与很少	多渠道建立 HIV/AIDS 风险认知的教育机制;建立面向流动青少年性与生殖健康的服务体系	风险预防政策体系的教育体制完善与服务平台改进
缺乏对微观层面特殊人群的生殖健康风险关注;针对特殊社会环境如婚姻挤压与人口流动的 HIV/AIDS 风险预防策略缺位	提升风险应对策略在微观层面的人群适用性;建立对婚姻挤压下HIV/AIDS 及其风险行为风险的常态化应对机制	微观特殊人群的关注与建立风险应对常态化机制

资料来源:原国家计生委《流动人口计划生育管理与生殖健康服务制度》、《推进流动人口生殖健康优质服务的规定》、国家卫生计生委《流动人口卫生和计划生育基本公共服务均等化试点工作方案》。

四 性别失衡与婚姻挤压风险后果的治理需要纳入新的视角和方向

中国各级政府和各地区部门已经开始采取了包含行为约束、宣传倡导以及奖励扶助等一系列社会政策干预措施,一些出生性别比偏高地区也逐步出现偏高态势的稳定与扭转。然而,性别失衡是累积性的社会结构问题,现有政策不能够消除诸如性别选择等人为因素,社会观念扭转效果并不突出,一些农村地区和富裕地区甚至出现了传统性别偏好观念的强化,治理开展及政策实施出现困境。首先,治理理念和政策内容局限,关注原因治理而忽视后果治理(关爱女孩行动工作指南,2006),缺乏从微观视角深入探究性别失衡治理的理念创新和政策内容的开拓空间;在治理过程中将传统两性婚姻结构下无法成婚男性片面地看成社会负面因素,治理活动和政策实施的出发点和落脚点面向社会风险防范,缺乏客观看待多元化主体生存与发展的新视野。其次,治理工作模式与政策平台发展面临瓶颈,虽然全国范围内已经形成完备的治理工作平台,着眼于治理相关利益群体和社会情境的整体治理模式也已经逐步形成，但是随着人口政策部门调整，原有治理模式和政策平台面临机构体系更新，治理工作迫切需要治理活动与政策设计的新思维与新视野。

因此，在本书分析了性别失衡后果的微观层面表现和含义之后，本书作者也进一步思考了如何从微观调查研究中发现的问题，探讨宏观治理和风险应对的策略建议。基于本书的实证分析以及上文提到的健康促进策略建议，本书进一步认为，可以在性别失衡治理工作和策略设计中，开始纳入新的有关性别和社会性别身份认同的新理念，这将有助于性别失衡治理工作能够包括所有的性别失衡风险后果的利益相关者，有助于推进政策的科学性和有效性。

（一）治理理念与目标的多元化扩展

多元主体框架首先要进行治理理念的多元化扩展，将传统的男女社会性别观念提升为包含有多元性群体的多元社会性别理念，重新定位性别失衡治理目的，将以调整性别结构的单一目标提升为促进多元性别结构平衡与公平发展。要以推进性别失衡下的社会可持续发展为根本原则，将推进性别结构平衡与多元性别群体认同同步进行。社会风险定义不但包含有性别失衡风险，也包括性别多元群体的社会风险，治理目标是降低性别失衡风险与降低多元性别群体社会风险的统一。在治理的权益保障上，要在保障女性等传统弱势群体权益的同时，增进包括多元性别弱势群体在内的社会整体福利。

（二）治理利益相关者的角色界定与相互关系

治理利益相关者的首要角色是政府机构，要承担起调整社会性别结构、逐步接纳多元性别的责任，因而对于政府部门的多元社会性别理念推广势在必行。其次是参与治理的社会组织，不仅包括妇联、计生协会等传统社会组织，还要吸纳包括多元性别群体在内的社会组织加入治理工作，吸取多元性别群体在"防艾"工作和群体群益呼吁等方面的经验，同时构建理性的多元性别社会文化。在个体层面，学术先行将是利益相关者拓展的有效途径，要加强专家学者围绕多元性别理念的学术沟通交流，丰富拓展治理新认知，提升多元性别理念在治理政策中的可信度、相关度和可推广度。在相互关系协作上，要包含各类社区利益相关者对于性别失衡的差异认同，扩大彼此包容度，形成各方积极参与的治理氛围。

（三）治理机制的扩展与治理导向的细化

多元性别理念提供了反思性别失衡深层次原因的理论突破口，为探讨社会性别的多元含义、挖掘男孩偏好本质提供了理论依据。在人群治理机制上，治理工作不仅面向育龄夫妇和农村地区，也要面向多元性别弱势群体，将主流人群与少数人群都纳入治理工作机制中，促进合作与沟通。在社会风险防范层面，要结合多元性别理念重新定义风险含义与风险群体，在调节大龄未婚男性婚姻挤压风险的同时，也要充分认识性少数群体存在的公共卫生风险，降低少数群体的风险与传播，并逐步改变对于少数群体的负面认知，促进性少数群体逐步融入社会，加大社会主流与支流人群间的沟通，从应对风险逐步提升为预防风险。

（四）治理政策工具的扩展与完善

治理政策工具首先需要进行政策对象拓展，在治理政策体系中设立主流人群与非主流人群的沟通对话机制，创新社区治理政策的宣传途径，吸取性别多元群体社区融合的国际经验，增强社区资源在性别失衡治理中的资源共享。其次是政策平台拓展。针对性别多元群体的亚群体信息传播模式，可以借鉴他们在自媒体传播以及自我健康教育模式中的优势，丰富政策工具平台的运行方式；同时要增强性别失衡治理政策与其他公共政策的平台协作与功能互补。治理政策工具将与其他社会管理政策共同协调社会关系，化解社会风险。在内容扩展方面，政策在促进男女平等的同时，要针对性别多元群体的政策需求适当进行内容扩展，增加保障多元性别群体平等权益的内容设置，将治理政策功能拓展到能够维护和促进各个性别群体公平发展的层面上来，实现治理政策在基层社区的功能完善。

（五）治理绩效评价体系的内容扩展

治理绩效评价体系的内容要能够影响治理工作直接效果，也要对间接效果产生积极影响。直接绩效评价上，既要保证性别失衡治理直接目的即出生性别比下降以及性别偏好文化弱化，也要促进治理责任单位能够提升对多元化社会性别的接纳程度，包括理念培训参与以及组织人群交流等指标。在间接绩效评价上，不但要营造男女平等氛围，也要逐步营造多元化社会性别平等发展的环境；此外，间接绩效评价还可以加入对多元化社会性别群体的权益保障情况，在现有社会条件下，治理活动如果能够保障社会多元性别群体的权益，可以作为治理工作实效的重要体现。

第三节　研究展望

在本书研究结论的基础上，本书主题还可以继续从以下方面对已有研究进行内容扩展、方法完善以及政策实践探讨。

第一，本书的社会风险视角，是从婚姻挤压和人口流动双重背景下针对风险性行为提出的研究问题，因此对于转型期流动人口社会风险的定义存在一定的局限性。未来研究可以就流动人口生存困境、一般疾病相关的健康风险等进行探讨，还可以围绕城市日常生活中由于弱势地位导致的安全、福祉以及发展需求等进行探讨。

第二，本书着眼于婚姻挤压社会背景，因而将流动人口年龄模式定为28岁以上的人口，因而在样本代表性方面存在一定的局限性。风险性行为除了与婚姻挤压下缺少婚姻性行为存在关联，未婚流动人口本身的单身状态也是风险性行为参与的重要条件，因而未来的研究可以引入16岁以上的青少年流动人口样本；此外，本书社会风险情境还包括人口流动带来的环境变迁，因而流动人口周围的相关人群如家人、日常聚居者等也是重要的风险相关人群，针对他们的研究可以进一步明确社会风险对总体人群的影响与后果。

第三，本书的研究方法采用了调查问卷和统计方法，数据应用上存在一定的局限性。风险研究理论除了实证问卷数据之外，还包括各类风险指标构建及其仿真测算研究，因此未来的研究可以通过已有研究总结出流动人口风险性行为的主要类型，参考已有风险指标建立流动人口风险性行为的指标体系，针对特定人群风险性行为的参与和后果进行风险及其后果的计量分析。

第四，本书在具体的模型构建中，尚未考虑到个人隐私因素对风险性行为的参与影响。个人隐私如居住隐私空间等是构成个人行为的重要影响变量，鉴于本书中九成以上务工人员选择工地集中居住，因此本书未将个人隐私空间纳入风险性行为影响因素。未来研究可以进一步挖掘多样化流动人群在居住空间等个人隐私要素中的风险性行为影响，扩展对于流动人口风险性行为影响因素的科学认识。

第五，本书立足于公共管理学科，核心是分析特定弱势群体在当前环境下存在的风险性行为参与现状及其影响因素。为了促进学术研究对实际政策和决策工作的智力支持与实证支持，公共政策分析和策略建议需要继续加强，进一步对实施相关的政策需求进行分析，从风险主体层面了解风险防范相关政策内容和种类的需要，了解潜在风险者在风险防范过程中对资源和外在支持的需求情况。

参考文献

安东尼·吉登斯：《现代性的后果》，译林出版社，2000，第24、109、120页。

安东尼·吉登斯：《现代性与自我认同》，生活·读书·新知三联书店，1998，第4页。

芭芭拉·亚当、约斯特·房龙：《重新定位风险：对社会理论的挑战》，北京出版社，2005，第86页。

鲍威斯、谢宇：《分类数据的分析方法》，社会科学文献出版社，2009，第39页。

宾凯：《公民社会的历史语义学——基于卢曼社会系统论方法》，《交大法学》2010年第1期，第129～144页。

宾凯：《社会系统论对法律论证的二阶观察》，《华东政法大学学报》2011年第6期，第3～12页。

曾婧、余庆、许珊丹等：《男男性接触者艾滋病相关态度及行为调查》，《中国公共卫生》2007年第12期，第1422～1423页。

陈静：《社区社会控制功能的弱化对多性伴侣行为存在的重要影响》，《辽宁行政学院学报》2009年第12期，第148～149页。

陈远章：《社会风险预警指标体系及其实证研究》，《系统工程》2008年第9期，第122～126页。

陈远章：《社会风险预警指标体系及其实证研究》，《系统工程》2008

年第 9 期，第 122 ~ 126 页。

陈占江：《生命历程理论视野下的新生代农民工社会保护研究》，《学术交流》2008 年第 11 期，第 193 ~ 197 页。

陈占江：《转型期失地农民问题的社会风险及其治理》，《东南学术》2007 年第 6 期，第 10 ~ 14 页。

大卫·丹尼：《风险与社会》，北京出版社，2009，第 8、12、23 页。

刁龙：《后现代文化对中国青年婚姻伦理观的影响及对策研究》，《中国青年研究》2014 年第 10 期，第 89 ~ 92 页。

丁东红：《卢曼和他的社会系统理论》，《世界哲学》2005 年第 5 期，第 34 ~ 38 页。

段成荣：《改革开放以来我国流动人口变动的九大趋势》，《人口研究》2008 年第 32（6）期，第 30 ~ 43 页。

范广垠、童星：《建构主义视域中的风险及其动态治理——以面粉增白剂的存废为例》，《中国行政管理》2012 年第 7 期，第 75 ~ 78 页。

方小教：《农民工社会认同问题辨析》，《合肥师范学院学报》2010 年第 1 期，第 51 ~ 55 页。

冯志宏：《全球化境域中的风险社会》，《学术论坛》2008 年第 2 期，第 22 ~ 24 页。

高宣扬：《鲁曼社会系统理论与现代性》，中国人民大学出版社，2005，第 99 ~ 106 页。

管志利：《卢曼社会系统论视域下的同心思想》，《山西青年管理干部学院学报》2013 年第 3 期，第 48 ~ 50 页。

郭大为：《卢曼：社会学的现状与任务》，《世界哲学》2005 年第 5 期，第 38 ~ 41 页。

郭星华：《社群隔离及其测量》，《广西民族学院学报》（哲学社会科学版）2000 年第 6 期，第 23 ~ 25 页。

郭秀云：《大城市外来流动人口管理模式探析——以上海为例》，《人口学刊》2009 年第 5 期，第 44 ~ 49 页。

郭志刚：《历时研究与事件史分析》，《中国人口科学》2001 年第 1 期，第 67 ~ 72 页。

韩全芳、骆华松、韩吉全：《人口流动过程中的越轨性行为分析》，《云南师范大学学报》2005 年第 4 期，第 59～64 页。

韩彦婷、王淑清：《西安市流动人口管理经验研究》，《理论观察》2009 年第 5 期，第 74～75 页。

胡鞍钢、王磊：《社会转型风险的衡量方法与经验研究（1993～2004 年）》，《管理世界》2006 年第 6 期，第 46～54 页。

胡鞍钢、王磊：《转型期社会冲突事件处理的瓶颈因素与应对策略》，《河北学刊》2007 年第 3 期，第 74～77 页。

胡国清、饶克勤、孙振球：《我国突发公共卫生事件风险识别、评价和缓解能力现状》，《中国医学科学院学报》2007 年第 4 期，第 548～550 页。

胡玉坤：《全球化冲击下的农村家庭：困境与出路》，《人口与发展》2012 年第 1 期，第 36 页。

黄会欣、马前广、刘电芝：《农民工的城市适应及其对社会认知的影响》，《西南大学学报》（社会科学版）2008 年第 6 期，第 148～152 页。

黄淑萍：《从挫折—侵犯理论看农民工犯罪》，《江西公安专科学校学报》2008 年第 1 期，第 98～102 页。

黄盈盈、潘绥铭：《中国少年的多元社会性别与性取向——基于 2010 年 14～17 岁全国总人口的随机抽样调查》，《中国青年研究》2013 年第 6 期，第 57～63 页。

姜全保、果臻、李树茁：《中国未来婚姻挤压研究》，《人口与发展》2010 年第 3 期，第 39～47 页。

姜全保、果臻、李树茁等：《农村大龄未婚男性家庭生命周期研究》，《中国人口科学》2009 年第 4 期，第 62～70 页。

姜全保、李波：《性别失衡对犯罪率的影响研究》，《公共管理学报》2011 年第 1 期，第 71～80 页。

焦瑶光、吕寿伟：《复杂性与社会分化——卢曼社会系统理论研究》，《自然辩证法研究》2007 年第 12 期，第 57～61 页。

靳小怡、郭秋菊、刘利鸽、李树茁：《中国的性别失衡与公共安全——百村调查及主要发现》，《青年研究》2010 年第 5 期，第 21～30 页。

靳小怡、刘利鸽：《性别失衡下社会风险与行为失范的识别研究》，《西安交通大学学报》（社会科学版）2009 年第 6 期，第 41～50 页。

李本富：《性传播疾病的社会伦理问题》，《中国医学伦理学》1992 年第 2 期，第 45～46 页。

李秉文、付春香：《甘肃城乡一体化：现状评价与路径选择——基于卢曼"一般社会系统理论"的分析视角》，《甘肃社会科学》2012 年第 2 期，第 83～86 页。

李强、陈宇琳：《城市群背景下社会风险综合分析框架初探》，《广东社会科学》2012 年第 2 期，第 46～48 页。

李树茁、陈盈晖、杜海峰：《中国的性别失衡与社会可持续发展——一个跨学科的研究范式与框架》，《西安交通大学学报》2009 年第 6 期，第 28～40 页。

李树茁、姜全保、刘慧君：《性别歧视的人口后果——基于公共政策视角的模拟分析》，《公共管理学报》2006 年第 2 期，第 90～112 页。

李树茁、尚子娟、杨博等：《中国性别失衡问题的社会管理：整体性治理框架》2012 年第 4 期，第 90～98 页。

李伟东：《消费、娱乐和社会参与——从日常行为看农民工与城市社会的关系》，《城市问题》2006 年第 8 期，第 64～68 页。

李小云：《"守土与离乡"中的性别失衡》，《中南民族大学学报》2006 年第 26（1）期，第 17～19 页。

李艳、李树茁、罗之兰：《大龄未婚男性的生理与心理福利》2009 年第 4 期，第 52～56 页。

李孜、刘智勇、彭佳林：《基于流程优化的流动人口生殖健康服务管理模式研究》，《重庆工商大学学报》（社会科学版）2010 年第 6 期，第 96～101 页。

李孜、彭佳林、刘智勇等：《城市流动人口生殖健康服务质量评价指标的权重确定方法》，《华中科技大学学报》（医学版）2009 年第 4 期，第 495～499 页。

廖淑霞：《基于模糊层次分析法的企业财务风险识别》，《企业经济》2013 年第 10 期，第 76～79 页。

刘电芝、马前广、杨会会：《农民工社会认知状况的调查研究》，《心理科学》2008 年第 31（6）期，第 1373～1376 页。

刘峰：《我国城镇化进程中的社会风险与防范》，《发展研究》2009 年第 7 期，第 57～62 页。

刘鸿雁、汝小美、丁峰：《流动人口的生殖健康服务》，《人口研究》2004 年第 5 期，第 92 ~ 96 页。

刘慧君、李树茁：《性别失衡背景下的社会风险放大及其治理——基于群体性事件的案例分析》，《中国软科学》2010 年第 5 期，第 152 ~ 160 页。

刘力钢、霍春辉：《企业发展战略变革研究的新视角——卢曼的社会系统理论》，《辽宁大学学报》（哲学社会科学版）2004 年第 4 期，第 130 ~ 135 页。

刘越、尹勤、黄惠娟等：《流动妇女与流动男性的心理健康与社会支持》，《中国心理卫生杂志》2010 年第 8 期，第 631 ~ 632 页。

卢曼：《生态沟通：现代社会能应付生态危害吗?》，汤志杰、鲁贵显译，桂冠图书股份有限公司，2001，第 139 页。

鲁楠、陆宇峰：《卢曼社会系统论视野中的法律自治》，《清华法学》2008 年第 2 期，第 54 ~ 73 页。

罗杰·E：《卡斯珀森，谢尔顿·克里姆斯基，风险的社会放大效应：在发展综合框架方面取得的进展》，《风险的会理论学说》，北京出版社，2005，第 102 页。

骆华松、敬凯：《流动人口与 HIV/ AIDS 扩散——以云南省为例》，《人文地理》2000 年第 3 期，第 76 ~ 78 页。

吕露光：《城市社会交往的特征与障碍问题分析》，《城市发展研究》2006 年第 4 期，第 30 ~ 34 页。

吕露光：《从分异隔离走向和谐交往——城市社会交往研究》，《学术界》2005 年第 3 期，第 106 ~ 114 页。

吕孝礼、张海波、钟开斌：《公共管理视角下的中国危机管理研究——现状、趋势和未来方向》，《公共管理学报》2012 年第 3 期，第 112 ~ 121 页。

马晓红：《浅议和谐社会与艾滋病社会风险》，《攀登》2006 年第 1 期，第 54 ~ 56 页。

宁夏：《市场转型条件下的社会风险及其应对：一个研究综述》，《湖北师范学院学报》（哲学社会科学版）2009 年第 2 期，第 98 ~ 102 页。

潘绥铭、白威廉等：《当代中国人的性行为与性关系》，社会科学文献出版社，2004，第 36 页。

潘绥铭、杨蕊：《性爱十年：全国大学生性行为的追踪调查》，社会科学文献出版社，2004，第 56 ~ 60 页。

蒲星光：《社会伦理道德观的多重性》，《科学社会主义》2005 年第 5 期，第 52 ~ 55 页。

齐麟：《性教育该走向何方》，《人口与经济》2001 年第 2 期，第 13 ~ 17 页。

秦明瑞：《复杂性与社会系统——卢曼思想研究》，《系统辩证学学报》2003 年第 1 期，第 22 ~ 26 页。

邱珂、赵婉华、霍翠红：《青年农民工的需要层次与社会认知——以唐山市煤炭采掘业为例》，《唐山师范学院学报》2008 年第 1 期，第 63 ~ 66 页。

任伟伟：《非婚性行为的亚文化分析》，《中国性科学》2010 年第 1 期，第 36 ~ 39 页。

胜令霞：《农民工子女和城市同辈群体间距的因素分析》，《当代青年研究》2008 年第 9 期，第 21 ~ 27 页。

石奎：《城市弱势群体的社会控制分析》，《社会科学家》2005 年第 10 期，第 30 ~ 31 页。

史云贵、赵海燕：《我国城乡结合部的社会风险指标构建与群体性事件预警论析》，《社会科学研究》2012 年第 1 期，第 68 ~ 73 页。

司马媛、童星：《对风险社会理论的再思考及政策适应》，《学习与实践》2011 年第 12 期，第 93 ~ 98 页。

斯科特拉什：《社会风险与风险文化》，《马克思主义与现实》2002 年第 4 期，第 52 ~ 63 页。

斯万·欧文·汉森、刘北城：《知识社会中的不确定性》，《国际社会科学杂志》2003 年第 1 期，第 12 ~ 16 页。

宋健、何蕾：《城市流动人口管理低效的原因与对策分析》，《人口学刊》2008 年第 5 期，第 13 ~ 17 页。

宋林飞：《社会风险指标体系与社会波动机制》，《社会学研究》1995 年第 6 期，第 90 ~ 95 页。

谭磊：《论退耕还林中农民面临的社会风险》，《人口与经济》2003 年第 6 期，第 37 ~ 41 页。

滕尼斯：《共同体与社会》，商务印书馆，1999，第 58 页。

田启波：《论当代中国社会风险的构成与应对》，《理论探讨》2007 年第 4 期，第 70 ~ 72 页。

童星、张海波：《灾害社会科学：一种跨学科整合的可能——概念、框架与方法》，《中国风险管理》2009 年第 3 期，第 15 ~ 20 页。

童星：《公共政策的社会稳定风险评估》，《学习与实践》2010 年第 9 期，第 114 ~ 119 页。

王斌：《中国气候问题的社会风险和契机浅析》，《重庆文理学院学报》（社会科学版）2010 年第 6 期，第 129 ~ 132 页。

王桂新：《改革开放以来中国人口迁移发展的几个特征》，《人口与经济》2004 年第 145（4）期，第 1 ~ 8 页。

王健：《论全球化背景下我国面临的社会风险》，《理论界》2014 年第 9 期，第 133 ~ 137 页。

王磊：《全球化背景下我国应对风险社会的路径选择》，《中共银川市委党校学报》2009 年第 5 期，第 22 ~ 25 页。

王梅：《社会隔离与社会支持一种应用观点》，《人口研究》1995 年第 3 期，第 61 ~ 64 页。

王奇：《社会系统论视域中独立董事功能价值探微——基于社会系统论视角》，《新乡学院学报》（社会科学版）2008 年第 8 期，第 78 ~ 80 页。

王勇：《论越轨新闻信息传播与社会控制》，《求索》2010 年第 1 期，第 190 ~ 192 页。

韦艳、张力：《农村大龄未婚男性的婚姻困境：基于性别不平等视角的认识》，《人口研究》2011 年第 5 期，第 58 ~ 70 页。

魏伟、蔡思庆：《探索新的关系和生活模式关于成都男同性恋伴侣关系和生活实践的研究》，《社会》2012 年第 6 期，第 57 ~ 85 页。

乌尔里希·贝克：《风险社会》，译林出版社，2004，第 19 页。

乌尔里希·贝克：《再谈风险社会：理论、政治与研究计划》，北京出版社，2012，第 322、330 页。

武晓雯：《论弱势群体的发展——以相对剥夺感为视角》，《农村经济与科技》2010 年第 5 期，第 18 ~ 20 页。

夏国美、杨秀石：《商业性性交易者艾滋病认知、态度与行为调查》，

《社会》2005 年第 5 期，第 167 ~ 187 页。

夏国美、杨秀石：《社会性别、人口流动与艾滋病风险》，《中国社会科学》2006 年第 6 期，第 88 ~ 99 页。

肖文明：《观察现代性——卢曼社会系统理论的新视野》，《社会学研究》2008 年第 5 期，第 57 ~ 80 页。

谢宇：《回归分析》，社会科学文献出版社，2010，第 357 页。

徐刚、叶冬青、王德斌等：《631 名市场从业人员艾滋病相关知识、态度、行为分析》，《疾病控制杂志》2004 年第 1 期，第 28 ~ 32 页。

徐英、骆福添：《COX 回归模型的样本含量的计算方法及软件实现》，《数理医药学杂志》2008 年第 1 期，第 18 ~ 19 页。

闫玉、姚玉香：《性别文化视阈下我国婚姻伦理的失范与重建》，《武汉大学学报》（哲学社会科学版）2013 年第 1 期，第 115 ~ 120 页。

杨安华、童星、王冠群：《跨边界传播：现代危机的本质特征》，《浙江大学学报》（人文社会科学版）2012 年第 6 期，第 5 ~ 15 页。

杨博、魏伟、李树茁：《中国性别失衡与 Sexuality：一个新的研究视角与框架》，《西安交通大学学报》（社会科学版）2012 年第 3 期，第 60 ~ 66 页。

杨博、张群林、伊莎贝尔：《大龄未婚男性的风险性行为》，《西安交通大学学报》（社会科学版）2012 年第 1 期，第 69 ~ 75 页。

杨书章、王广州：《生育控制下的生育率下降与性别失衡》，《市场与人口分析》2006 年第 4 期，第 18 ~ 28 页。

杨雪冬：《风险社会与秩序重建》，社会科学文献出版社，2006，第 288 页。

杨彦京：《当前我国婚姻伦理的变化及存在的问题》，《科技视界》2014 年第 21 期，第 18 ~ 24 页。

于建嵘：《从刚性稳定到韧性稳定——关于中国社会秩序的一个分析框架》，《学习与探索》2009 年第 5 期，第 113 ~ 118 页。

约斯特·房龙：《人工智能时代的虚拟风险》，北京出版社，2005，第 267 页。

悦中山、李树茁、费尔德曼：《农民工社会融合的概念建构与实证分析》，《当代经济科学》2012 年第 1 期，第 1 ~ 11 页。

张海波、童星：《当前中国社会矛盾的内涵、结构与形式——一种跨学科的分析视野》，《中州学刊》2012 年第 5 期，第 86 ~ 92 页。

张海波、童星：《高风险社会中的公共政策》，《南京师大学报（社会科学版）》2009 年第 6 期，第 23 ~ 28 页。

张海波：《风险社会与公共危机》，《江海学刊》2006 年第 2 期，第 112 ~ 116 页。

张海波：《公共危机管理研究的基本问题——概念、框架、理论、方法与发展趋向》，《公共管理高层论坛》2006 年第 1 期，第 76 ~ 92 页。

张海波：《社会风险研究的范式》，《南京大学学报（哲学社会科学版）》2007 年第 2 期，第 136 ~ 142 页。

张华、赵海林：《角色利益与场域规则——社会风险的防范与治理研究分析框架的建立》，《安徽大学学报（哲学社会科学版）》2008 年第 6 期，第 122 ~ 126 页。

张开宁、邓睿、廖芮、田丽春：《流动人口生殖健康服务权利意识现状分析——以昆明市为例》，《社会医学》2007 年第 6 期，第 84 ~ 93 页。

张乃仁：《转型时期社会风险的形成机理》，《南都学坛（人文社会科学学报）》2013 年第 1 期，第 119 ~ 121 页。

张群林、伊莎贝尔·阿塔尼、杨雪燕：《中国农村大龄未婚男性的性行为调查和分析》，《西安交通大学学报（社会科学版）》2009 年第 6 期，第 51 ~ 60 页。

张仕平、王美蓉：《性别价值观与农村出生婴儿性别比失衡》，《人口学刊》2006 年第 2 期，第 13 ~ 18 页。

张田勘：《艾滋病的"盲区"——男男同性恋传播 HIV 机理揭秘》，《南方周末》2010 - 2 - 26，http：//www. infzm. com/content/41747。

张戌凡：《观察"风险"何以可能关于卢曼〈风险：一种社会学理论〉的评述》，《社会》2006 年第 4 期，第 173 ~ 187 页。

张雪筠：《浅析农民工与城市社会的隔离》，《社会工作》2007 年第 9 期，第 63 ~ 64 页。

张雪筠：《社群隔离与青年农民工的犯罪》，《犯罪研究》2007 年第 1 期，第 20 ~ 23 页。

张云昊：《社会风险的整合治理机制与模型建构》，《南京农业大学学报》（社会科学版）2011 年第 4 期，第 128～138 页。

赵华、陈淑伟：《论政府在社会风险治理中的价值追求与角色变革》，《天津行政学院学报》2013 年第 3 期，第 51～54 页。

赵华、陈淑伟：《社会风险的结构及治理途径》，《东岳论丛》2010 年第 12 期，第 160～162 页。

郑莉：《现代性之断裂——卢曼的"现代性之观察"述评》，《社会理论学报》2004 年第 2 期，第 24～28 页。

Abdala N, Grau LE, Zhan W. Inebriation, Drinking Motivations and Sexual Risk Taking Among Sexually Transmitted Disease Clinic Patients in St. Petersburg, Russia. AIDS Behav, 2013, 17 (3): pp. 1144 – 1150.

Ahrold TK, Meston CM. Ethnic Differences in Sexual Attitudes of U. S. College Students: Gender, Acculturation, and Religiosity Factors. Arch Sex Behav, 2010, 39 (4): pp. 190 – 202.

AlQuaiz AM, Kazi A, Muneef MA. Determinants of sexual health knowledge in adolescent girls in schools of Riyadh-Saudi Arabia: A Cross Sectional Study. BMC Women's Health, 2013, 13: pp. 2 – 8.

Asante KO. HIV/AIDS Knowledge and Uptake of HIV Counselling and Testing among Undergraduate Private University Students in Accra, Ghana. Oppong Asante Reproductive Health, 2013, 10 (17): pp. 2 – 8.

Attane I , QL Zhang, SZ Li et al. . Guilmoto, Bachelorhood and Sexuality in a Context of Female Shortage: Evidence from a Survey in Rural Anhui, China. The China Quarterly, 2013, 215: pp. 703 – 726.

Attane I. The Demographic Impact of a Female Deficit in China, 2000 – 2050 . Population and Development Review, 2006, 32 (4): pp. 755 – 770.

Attwood F. What do People Do with Porn? Qualitative Research into the Comsumption, Use, and Experience of Pornography and other Sexually Explicit Media. Sexuality and Culture, 2005, 9 (2): pp. 65 – 86.

WANG B, LI XM, Stanton B. Vaginal Douching, Condom Use, and Sexually Transmitted Infections Among Chinese Female Sex Workers. Sex Transm Dis, 2005, 32 (11): pp. 696 – 702.

Bajunirwe F, Bangsberg DR, Sethi AK. Alcohol use and HIV serostatus of

Partner Predict High-Risk Sexual Behavior among Patients Receiving Antiretroviral Therapy in South Western Uganda. BMC Public Health, 2013, 13: pp. 2 - 7.

Baralou E, Wolf P, Meissnerource JO. Bright, Excellent, Ignored: The Contribution of Luhmann's System Theory and Its Problem of Non-Connectivity to Academic Management Research. Historical Social Research, 2012, 37 (4): pp. 289 - 308.

Baumeister RF, Vohs KD. Sexual Economics, Culture, Men, and Modern Sexual Trends. Soc, 2012, 49: pp. 520 - 524.

Beauclair R, F Meng, Deprez N. Evaluating Audio Computer Assisted Self-Interviews in Urban South African Communities: Evidence for Good Suitability and Reduced Social Desirability Bias of Across-Sectional Survey on Sexual behaviour. Beauclair et al. BMC Medical Research Methodology, 2013, 13: pp. 2 - 7.

Becker KH, Haunschild A. The Impact of Boundaryless Careers on Organizational Decision Making: An Analysis From the Perspective of Luhmann's Theory of Social Systems. International Journal of Human Resource Management, 2003, 14 (5): pp. 713 - 727.

Bongaarts J, Sinding S. A Response to Critics of Family Planning Programs. International Perspectives on Sexual and Reproductive Health, 2009, 35 (1): pp. 39 - 44.

Brockerhoff M, Biddlecom AE. Migration, Sexual Behavior and the Risk of HIV in Kenya. International Migration Review, 1999, 33 (4): pp. 833 - 856.

Callaghan KA. Luhmann, N. Social Systems. Human Studies, 1998, 21: pp. 227 - 234.

Carey MP, Schroder Kee. Developmentand Psychometric Evaluation of The Brief HIV Knowledge Questionnaire. AIDS Education and Prevention, 2002, 12 (2): pp. 172 - 182.

Cavazos-Rehg PA, Krauss MJ, EL S. Number of Sexual Partners and Associations with Initiation and Intensity of Substance Use. AIDS Behav, 2011, 15 (4): pp. 869 - 874.

Cleves MA, Gould WW, Gutierrez RG. An Introduction To Survival

Analysis Using Stata. A State Press Publication STATE CORPORATION, College Station, Texas, 2004: p. 93, p. 97.

Dallmann HU. Niklas Luhmann's Systems Theory As A Challenge For Ethics. Ethical Theory and Moral Practice, 1998, (1): pp. 85 – 102.

Davis C, Sloan M, Macmaster S, et al. . The International AIDS Questionnaire-EnglishVersion (IAQ-E). Journal of HIV/AIDS Prevention in Children & Youth, 2008, 7 (2): pp. 29 – 42.

Davis C, Tang CSK, Chan SFF, et al. . The Developmentand Validation of The International AIDS Questionnaire Chinese Version (IAQ – C). Educationaland Psychological Mesurement, 1999, 59 (3): pp. 481 – 491.

DH Lin, XM Li, XH Fan, et al. . Child Sexual Abuse and Its Relationship with Health Risk Behaviors Among Rural Children and Adolescents in Hunan, China. Child Abuse & Neglect, 2011, (35): pp. 680 – 687.

DH Lin, XM Li, XY Fang, et al. . Alcohol Intoxication and Sexual Risk Behaviors Among Rural-Tourban Migrants in China. Drug Alcohol Depend, 2005, 79 (1): pp. 103 – 112.

Dievernich FEP. Change Management and the Human Factor. Springer International Publishing Switzerland, 2014: p. 226, p. 229.

Dillon FR, Worthington RL, B M. Sexual Identity as a Universal Process. Handbook of Identity Theory and Research, 2011: pp. 650 – 670.

Douglas M, Wildavsky A. Risk and Culture: An Essay in the Selection and Interpretation of Technological and Environmental Dangers. Berkeley: University of California Press, 1982: p. 186.

Douglas M. Risk Acceptability According to the Social Science. Routledge & Kegan Paul, 1986.

Engquist KB, GS P. Attitudes, Norms, and Self-Efficacy: A Model of Adolescents'HIV-Related Sexual Risk Behavior. Health Education & Behavior, 1992, 19: pp. 263 – 277.

Engquist KB, Parcel GS. Attitudes, Norms, and Self-Efficacy: A Model of Adolescents'HIV-Related Sexual Risk Behavior. Health Education & Behavior, 1992, 19: pp. 263 – 277.

Ferreira S. Sociological Observations of the Third Sector Through Systems Theory: An Analytical Proposal. International Society of Third Sector Research, 2014, 8（2）: pp. 1 – 23.

Ford K, Wirawan DN, Reed BD, et al. . AIDS and STD Knowledge, Condom use and HIV/STD Infection Among Female Sex Workers in Bali, Indonesia. AIDS Care, 2000, 12（5）: pp. 523 – 534.

Frisby BN, Dillow MR, Gaughan S, et al. . Flirtatious Communication: An Experimental Examination of Perceptions of Social-Sexual Communication Motivated by Evolutionary Forces. Sex Roles, 2011,（64）: pp. 682 – 694.

Galea S, Ahern J, Vlahov D. Contextual Determinants of Drug Use Risk Behavior: A Theoretic Framework. Journal of Urban Health: Bulletin of the New York Academy of Medicine, 2003, 80（4）: pp. 50 – 58.

Ganatra B. Maintaining Access to Safe Abortion and Reducing Sex Ratio Imbalances in Asia. Reproductive Health Matters, 2008, 16（3）: pp. 90 – 98.

GP Ji, R Detels, ZY Wu, et al. . Risk of sexual HIV Transmission in a rural area of China. International Journal of STD & AIDS, 2007, 18: pp. 380 – 383.

Graham CA, Crosby RA, Milhausen RR. Incomplete Use of Condoms: The Importance of Sexual Arousal. AIDS Behav, 2009, 15（7）: pp. 1328 – 1331.

Grau LE, Krasnoselskikh TV, Shaboltas AV, et al. . Cultural Adaptation of an Intervention to Reduce Sexual Risk Behaviors among Patients Attending a STI Clinic in St. Petersburg, Russia. Prev Sci, 2013, 14: pp. 400 – 410.

Grieb SMD , Davey-Rothwell M, Latkin CA. Concurrent Sexual Partnerships Among Urban African American High-Risk Women With Main Sex Partners. AIDS Behav, 2011, 16（4）: pp. 882 – 889.

Groddeck V. Rethinking the Role of Value Communication in Business Corporations from a Sociological Perspective-Why Organisations Need Value-Based Semantics to Cope with Societal and Organisational Fuzziness. Journal of Business Ethics, 2011, 100: pp. 69 – 84.

Guilmoto CZ. The Sex Ratio Transition in Asia. Populationand Development Review, 2009, 35（3）: pp. 519 – 549.

GZ Chen, Y Li, BC Zhang, et al.. Psychological Characteristics in High-Risk MSM in China. BMC Public Health, 2012, 12 (1): pp. 58 – 65.

Heinze U. System Theory as Global Sociology-Japanese Ramifications of Parsonian and Luhmannian Thought. Am Soc, 2013, 44: pp. 54 – 75.

Hertog S, Giovanna M. Demographic Shifts and the Spread of HIV in China. 2007, 19 (6): pp. 539 – 547.

Hesketh T , L Li, Ye X. HIV and Syphilis in Migrant Workers in Eastern China. Sex Transm Infect, 2006, 82 (1): pp. 11 – 14.

Hesketh T, L Li, X Ye, et al.. HIV and Syphilis in Migrant Workers in eastern China. Sex Transm Infect, 2006, 82 (2): pp. 11 – 14.

HJ Liu, R D. An Approach to Improve Validity of Responses in a Sexual Behavior Study in a Rural Area of China. AIDS and Behavior, 1999, 3 (3): pp. 243 – 249.

HJ Liu, XM Li, STANTON B. Risk Factors for Sexually Transmitted Disease Among Rural-to-Urban Migrants in China: Implications for HIV/Sexually Transmitted Disease Prevention. AIDS Patient Care STDS, 2005, 19 (1): pp. 49 – 57.

Yang HM, Li XM, STANTON B. Condom Use Among Female Sex Workers in China: Role of Gatekeepers. Sex Transm Dis, 2005, 32 (9): pp. 572 – 580.

Hutchinson MK, Wood EB. Reconceptualizing Adolescent Sexual Risk in a Parent-Based Expansion of the Theory of Planned Behavior. Journal of Nursing Scholarship, 2007, 39 (2): pp. 141 – 146.

Iddens AG. Runaway World: How Globalization Is Reshaping Our Lives. Routledge Press, 2000: p. 19, p. 88.

J Xu, Reilly KH, Lu C, et al.. A Cross-Sectional Study of HIV and Syphilis Infections among Male Students who Have Sex with Men (MSM) in Northeast China: Implications for Implementing HIV Screening and Intervention Programs. BMC Public Health, 2011, 11 (5): pp. 287 – 293.

Jayaraj D, Subramanian S. Women's Wellbeing and the Sex Ratio at Birth: Some Suggestive Evidence from India. The Journal of Development Studies,

2004, 40 (5): pp. 91 – 119.

JF Zhou, XM Sun, Mantell J, et al.. AIDS-Related Knowledge, Attitudes and Behavior Survey among the "Migrant" Population in China. Journal of Reproduction & Contraception, 2007, 18 (2): pp. 155 – 162.

JM Xing, Zhang K. Men who Have Sex with Men (MSM) and HIV Epidemic in China: A Web-Based Study on MSM. Retrovirology, 2010, 5: p. 103.

Johnson AM, Mercer CH, B E. Sexual Behaviour in Britain: Partnerships, Practices, and HIV Risk Behaviours. THE LANCET, 2001, 358 (23): pp. 1835 – 1842.

Johnson DP. Contemporary Sociological Theory-An Integrated Multi-Level Approach. Springer Science + Business Media, LLC, 2008: p. 79.

Johnson KA, Tyler KA. Adolescent Sexual Onset: An Intergenerational Analysis. Journal of Youth and Adolescence, 2007, 36 (7): pp. 939 – 949.

Kapadia F, Latka MH, Wu Y. Longitudinal Determinants of Consistent Condom Use by Partner Type Among Young Injection Drug Users: The Role of Personal and Partner Characteristics. AIDS Behav, 2011, 15 (3): pp. 1309 – 1318.

Kaufman CE, Desserich J, Crow CKB, et al.. Culture, Context, and Sexual Risk among Northern Plains American Indian Youth. Social Science & Medicine, 2007, 64: pp. 2152 – 2164.

Kayeyi N, Fylkesnes K, Wiium N, et al.. Decline in Sexual Risk Behaviours among Young People in Zambia (2000 – 2009): Do Neighbourhood Contextual Effects Play a Role?. PLOS ONE, 2013, 8 (5): 2016 – 1 – 16.

Kestro¨m A, Andersen N. The Undecidability of Decision. Autopoietic Organization Theory: Drawing on Niklas Luhmann's Social Systems Perspective, 2003, Copenhagen Business School Press 235 – 258.

Kiene SM, Subramanian SV. Event-level Association between Alcohol Use and Unprotected Sex During Last Sex: Evidence from Population-Based Surveys in Sub-Saharan Africa. Kiene and Subramanian BMC Public Health, 2013, 13: pp. 3 – 8.

Kincaid C, Jones DJ, Cuellar J, et al.. Psychological Control Associated with Youth Adjustment and Risky Behavior in African American Single Mother Families. J Child Fam Stud, 2011, 20 (2): pp. 102 – 110.

Kirby D, Short L, Collins J. School-Based Programs to Reduce Sexual Risk Behaviors: A Review of Effectiveness. Public Health Reports, 1994, 109 (3): pp. 339 – 360.

Knapp DE. Ready or Not? Homosexuality, Unit Cohesion, and Military Readiness. Employee Responsibilities and Rights Journal, 2008, 20 (4): pp. 227 – 247.

Kobori E, Visrutaratna S, A K. Prevalence and Correlates of Sexual Behaviors Among Karen Villagers in Northern Thailand. AIDS Behav, 2007, 199 (11): pp. 611 – 618.

Koskinen KU. Knowledge Production in Organizations-A Processual Autopoietic View. Springer International Publishing Switzerland, 2013: pp. 61 – 65.

Krimsky S. the Role of Theory in Risk Studies, in Sheldon Krimsky and Dominic Goldings eds. Social Theories of Risk. Greenwood Press, 1992: p. 36, p. 38.

L Zhang, Chow EPF, Jahn HJ, et al.. High HIV Prevalence and Risk of Infection Among Rural-to-Urban Migrants in Various Migration Stages in China: A Systematic Review and Meta-Analysis. Sexually Transmitted Diseases, 2013, 40 (2): pp. 136 – 147.

Leah Hoffman HTTN, Trace S. Kershaw, Linda M. Niccolai. Dangerous Subtlety: Relationship-Related Determinants of Consistency of Condom Use Among Female Sex Workers and Their Regular, Non-Commercial Partners in Hai Phong, Viet Nam. AIDS Behav, 2010, 15 (7): pp. 1372 – 1380.

Legkauskas V, Stankevičiené D. Premarital Sex and Marital Satisfaction of Middle Aged Men and Women: A Study of Married Lithuanian Couples. Sex Roles, 2009, 60 (2): pp. 21 – 32.

Li Shuzhuo, Zhang Qunlin, Yang Xueyan & Attane, Isabelle, Male Singlehood, Poverty and Sexuality in Rural China: An Exploratory Survey. Population, 2010, 65 (4): pp. 679 – 694.

Lipatov M, SZ Li, Feldman MW. Economics, Cultural Transmission, and the dynamics of the sex ratio at birth in China. PNAS, 2008, 105 (49): pp. 19171 – 19176.

Lormand DK, Markham CM, Peskin MF, et al.. Dating Violence Among Urban, Minority, Middle School Youth and Associated Sexual Risk Behaviors and Substance Use. Journal of School Health, 2013, 83 (6): pp. 415 – 421.

Luhman N. Observations On Modernity "Risk: A Sociological Theory". Stanford University Press, 1998: p. 56, p. 68, p. 113.

Luhmann N., "Social Theory without 'Reason': Luhmann and the Challenge of Systems Theory: An Interview." in D. Freundlieb &W. Hudson (eds.), Reason and Its Other: Rationality in Modern German Philosophy and Culture. Berge Publishers, 1993: p. 115, p. 120.

Luhmann N. Introduction to Systems Theory. Polity Press, Cambridge, 2013b: p. 125.

Luhmann N. Risk: A Sociological Theory. Walter de Gruyter & Co, 1993: p. 128, p. 167, p. 191.

Luhmann N. Risk: A Sociological Theory-with a New Introduction by Nico Stehr and Gotthard Bechmann. Ade Gruyter, 1993: p. 116.

Luhmann N. Theory of society. Stanford University Press, Stanford, 2012, 1: p. 88.

Luhmann N. Theory of society. Stanford University Press, Stanford, 2013a, 2: p. 48, p. 56.

Lupton D. Risk and Sociocultural Theory: New Directions and Perspectives. Cambridge: Cambridge University Press, 1999.

M. Giovanna Merli MH, Jack DeWaard, Sara Hertog. Migration and Gender in China's HIV/AIDS Epidemic in Gender Policy and HIV in China: Catalyzing Policy Change, edited by Joseph Tucker DudleyL. Poston Qiang Ren, Baochang Gu Xiaoying Zheng Stephanie Wang, and Chris Russell. New York, NY: Springer Publishers. 2009, Springer Publishers, New York.

Maria A, Berglmair T. Organizational Communication and Public Relations: A Conceptual Framework for a Common Ground. Public Relations Research,

2008, VS Verlag für Sozialwissenschaften | GWV Fachverlage GmbH, Wiesbaden: p. 115.

Messner c. Luhmann's Judgment. Int J Semiot Law, 2014, 27: pp. 359 - 387.

Mir AM, Wajid A, Pearson S. Exploring Urban male Non-Marital Sexual Behaviours in Pakistan. Mir et al. . Reproductive Health, 2013, 22 (10): pp. 2 - 8.

Mirande AM. Reference Group Theory and Adolescent Sexual Behavior. Journal of Marriage and Family, 1968, 30 (4): pp. 572 - 577.

Mkandawire P, Luginaah IN, Bezner-Kerr R. Deadly Divide: Malawi's Policy Debate on HIV/AIDS and Condoms. Policy Sci, 2011, 44 (2): pp. 81 - 102.

Morleo M, Cook PA, Elliott G, et al. . Parental Knowledge of Alcohol Consumption: A Cross Sectional Survey of 11 - 17 Year Old Schoolchildren and Their Parents. BMC Public Health, 2013, 13 (4): pp. 2 - 10.

Morner M, Krogh G. A Note on Knowledge Creation in Open-Source Software Projects: What Can We Learn from Luhmann's Theory of Social Systems? Syst Pract Action Res, 2009, 22 (4): pp. 431 - 443.

Muchimba M, Haberstick BC, Corley RP, et al. . Frequency of Alcohol Use in Adolescence as a Marker for Subsequent Sexual Risk Behavior in Adulthood. Journal of Adolescent Health, 2013, 53 (2): pp. 215 - 221.

Mullen PD, Ramírez G, Strouse D. Meta-analysis of the Effects of Behavioral HIV Prevention Interventions on the Sexual Risk Behavior of Sexually Experienced Adolescents in Controlled Studies in the United States. Journal of Acquired Immune Deficiency Syndromes, 2002, 30 (1): pp. 94 - 105.

Muvunyi C, Dhont N, R V. Prevalence of Chlamydia Trachomatis Infection Among Women Attending Infertility Clinic by PCR and ELISA in Rwanda. International Journal of Infectious Diseases, 2012, 16: pp. 317 - 473.

Myers B, Kline TL, Browne FA. Ethnic Differences in Alcohol and Drug Use and Related Sexual Risks for HIV Among Vulnerable Women in Cape Town, South Africa: Implications for Interventions. BMC Public Health, 2013, 13: pp. 2 - 9.

N He, R Detels, Z Chen, et al. . Sexual Behavior Among Empoloyed Male

Rural Migrantsin Shanghai, China. AIDS Education and Prevention, 2006, 18 (2): pp. 176 – 186.

N Li, Feldman MW, SZ Li. Cultural Transmission in a Demographic Study of Sex Ratio at Birth in China's Future. Theoretical Population Biology, 2000, (58): pp. 161 – 172.

Nagayama HGC, Teten AL, DeGarmo DS, et al.. Ethnicity, Culture, and Sexual Aggression: Risk and Protective Factors. Journal of Consulting and Clinical Psychology, 2005, 73 (5): pp. 830 – 840.

Naik E, Karpur A, Taylor R. Rural Indian Tribal Communities: An Emerging High-Risk Group for HIV/AIDS. BMC International Health and Human Rights, 2005, 5 (1): pp. 1 – 7.

Nassehi A. Organizations as Decision Machines: Niklas Luhmann's Theory of Organized Social Systems. The Sociological Review, 2005, 53 (1): pp. 178 – 191.

Njue C, Voeten HA, Remes P. Porn Video Shows, Local Brew, and Transactional Sex: HIV Risk Among Youth in Kisumu, Kenya. BMC Public Health, 2011, 11: pp. 635 – 641.

Nobles R, Schiff D. Luhmann: Law, Justice, and Time. Int J Semiot Law, 2014, 27: pp. 325 – 340.

Noe E, Alre HF. Sustainable Agriculture Issues Explained by Differentiation and Structural Coupling Using Social Systems Analysis. Agron Sustain Dev, 2014, (8): pp. 1 – 12.

Okonkwo AD. Gender and Sexual Risk-Taking Among Selected Nigerian University Students. Sexuality & Culture, 2010, 14 (4): pp. 270 – 305.

Park CB, Cho NH. Consequences of Son Preference in a Low-Fertility Society: Imbalance of the Sex Ratio at Birth in Korea. Population and Development Review, 1995, 21 (1): pp. 59 – 84.

Pelikan JM. Understanding Differentiation of Health in Late Modernity by Use of Sociological Systems Theory. Health and Modernity, 2010: pp. 74 – 102.

Peltzer K, Pengpid S, I T. Mental health, Childhood Abuse and HIV Sexual Risk Behaviour among University Students in Ivory Coast. Peltzer et al.. Annals of General Psychiatry, 2013, 12 (18): 2016 – 2 – 8.

Pham BN, Hall W, Hill PS, et al. . Analysis of Socio-Political and Health Practices Influencing Sex Ratio at Birth in Viet Nam. Reproductive Health Matters, 2008, 16 (32): pp. 176 – 184.

PSF Yip, HP Zhang, Lam T. Sex Knowledge, Attitudes, and High-Risk Sexual Behaviors Among Unmarried Youth in Hong Kong. BMC Public Health, 2013, 691 (13): pp. 2 – 10.

Puri M, J C. Sexual Behavior and Perceived Risk of HIV/AIDS among Young Migrant Factory Workers in Nepal. Journal of Adolescent Health, 2006, (38): pp. 237 – 246.

QL Zhang, Attane I, SZ Li et al. . Condom Use Intentions Among "Forced" Male Bachelors in Rural China: Findings from a Field Survey Conducted in a Context of Female Deficit. Genus, 2011, 1: pp. 1 – 19.

Rosengard C, Tannis C, Dove DC. Family Sources of Sexual Health Information, Primary Messages, and Sexual Behavior of At-Risk, Urban Adolescents. American Journal of Health Education, 2013, 43 (2): pp. 83 – 92.

Santis JPD, Vasquez EP, McCabe B, et al. . Predictors of HIV Knowledge Among Hispanic Men. Hispanic Health Care International, 2012, 10 (1): 7 – 18.

Schnebel E. Values in Decision-Making Processes: Systematic Structures of J. Habermas and N. Luhmann for the Appreciation of Responsibility in Leadership. Journal of Business Ethics, 2000, 27 (3): pp. 79 – 88.

Schroder KEE, Carey MP, Vanable PA. Methodological Challenges in Research on Sexual Risk Behavior: I. Item Content, Scaling, and Data Analytical Options. Ann Behav Med, 2003, 26 (2): pp. 76 – 13.

Seidl D, Becker KH. Organizations as Distinction Generating and Processing Systems: Niklas Luhmann's Contribution to Organization Studies. Organization, 2006, 13 (1): pp. 9 – 35.

SH Li HH, Y Cai. Characteristics and Determinants of Sexual Behavior among Adolescents of Migrant Workers in Shangai (China) . BMC Public Health, 2009, 6 (9): pp. 1 – 10.

Shrestha RM, Otsuka K, Poudel KC, et al. . Better Learning in Schools to Improve Attitudes Toward Abstinence and Intentions for Safer Sex among

Adolescents in urban Nepal. Shrestha et al. . BMC Public Health, 2013, 13: pp. 2 – 10.

Silva VLD, Marietto MGB, Ribeiro CHC. A Multi-agent Model for the Micro-to-Macro Linking Derived from a Computational View of the Social Systems Theory by Luhmann. Multi-Agent-Based Simulation VIII, Springer-Verlag Berlin Heidelberg, 2008: pp. 54 – 56.

Snyder EE, E S. Attitudes of the Aged Toward Nontraditional Sexual Behavior. Archives of Sexual Behavio, 1976, 5 (3): pp. 249 – 254.

Sprecher S, Regan PC, McKinney K. Beliefs About the Outcomes of Extramarital Sexual Relationships as a Function of the Gender of the "Cheating Spouse". Sex Roles, 1998, 38 (4): pp. 301 – 311.

Stein JA, Nyamathi A, Ullman JB, et al. . Impact of Marriage on HIV/AIDS Risk Behaviors Among Impoverished, At-Risk Couples: A Multilevel Latent Variable Approach. AIDS and Behavior, 2007, 11 (1): pp. 87 – 98.

Stoebenau K, Nair RC, Rambeloson V, et al. . Consuming Sex: The Association between Modern Goods, Lifestyles and Sexual Behaviour among Youth in Madagascar. Stoebenau et al. . Globalization and Health, 2013, 19 (9): pp. 2 – 19.

Thompson M, WIldavsky A. A Proposal to Create a Cultural Theory of Risk, the Risks Analysis Controversy: An Institutional Perspective. New York: Springer-verlag, 1982.

Trillo AD, Merchant RC, Baird JR. Interrelationship of Alcohol Misuse, HIV Sexual Risk and HIV Screening Uptake among Emergency Department Patients. BMC EmergencyMedicine, 2013, 13 (2): pp. 2 – 14.

Turchik JA, Gidycz CA. Prediction of Sexual Risk Behaviors in College Students using the Theory of Planned Behavior: A Prospective Analysis. Journal of Social and Clinical Psychology, 2012, 31 (1): pp. 1 – 27.

Tyndall WM, Agoki E, Malisa W. Sexual Behavior and Perceived Risk of AIDS among Men in Kenya Attending a Clinic forSexually Transmitted Diseases. Clinical Infectious Diseases, 1994, 19 (3): pp. 441 – 447.

Yang TZ, Wang W, Abdullah AS. HIV/AIDS-related Sexual Risk Behaviors in Male Rural-to-Urban Migrants in China. Sociad Behavior and

Personality, 2009, 37 (3): pp. 419 – 432.

UNAIDS. HIV in Asia and the Pacific. New York, NY: United Nations, 2013.

Vermund SH, Hayes RJ. Combination Prevention: New Hope for Stopping the Epidemic. Curr HIV/AIDS Rep, 2013, 10 (2): pp. 169 – 186.

Vermund SH, Sidat M, Weil LF, et al. . Transitioning HIV care and Treatment Programs in Southern Africa to Full Local Management. AIDS, 2012, 26 (10): pp. 65 – 69.

Weine S, Bahromov M, Loue S, et al. . HIV Sexual Risk Behaviors and Multilevel Determinants Among Male Labor Migrants from Tajikistan. Journal of Immigrant and Minority Health, 2013, 15 (4): pp. 700 – 710.

Weinhardt LS, Carey MP. Does Alcohol Lead to Sexual Risk Behavior? Findings from Event-Level Research. Annu Rev Sex Res, 2000,11: pp. 125 – 157.

Chung WJ, Gupta MD. The Decline of Son Preference in South Korea: The Roles of Development and Public Policy. Population and Development Review, 2007, 33 (4): pp. 757 – 783.

Wolf P, Meissner JO, Nolan T, et al. . Methods for Qualitative Management Research in the Context of Social Systems Thinking. Historical Social Research, 2011, 36 (1): pp. 7 – 18.

Woolf-King SE, SA M. Alcohol Use and High-Risk Sexual Behavior in Sub-Saharan Africa: A Narrative Review. Arch Sex Behav, 2011, 40 (1): pp. 17 – 42.

Zhu WX, Li L, Hesketh T. China's Excess Males, Sex Selective Abortion, and one Child Policy: Analysis of Data from 2005 National Intercensus Survey. BMJ, 2009, 338 (4): pp. 1 – 6.

Li XM, B Stanton, Chen X. Health Indicators and Geographic Mobility among Young Rural-to-Urban Migrants in China. World Health Popul, 2006, 8 (2): pp. 5 – 21.

Li XM, LY Zhang, Stanton B. HIV/AIDS-related Sexual Risk Behaviors among Rural Residentsin China: Potential Role of Rural-to-Urban Migration. AIDS Educ Prev, 2007, 19 (5): pp. 396 – 407.

Li XM, Stanton B, Fang XY. HIV/Std Risk Behaviors and Perceptions Among Rural-to-Urban Migrants in China. AIDS Educ Prev, 2004, 16（6）：pp. 538 – 556.

Yang XS, Xia G. Gender, Workand HIV Risk: Determinantsof Risky Sexual Behavior Among Female Entertainment Workersin China. AIDS Education and Prevention, 2006, 18（4）：pp. 333 – 347.

Fang XY, Li XM, Yang H. Profile of Female Sex Workers in a Chinese County: Does it Differ by Where They Came from and Where They Work? World Health Popul, 2007, 9（1）：pp. 46 – 64.

Yang XY, Attane I, SZ Li et al. . Masturbation as a Compensation for Partnered-Sex among Enforced Male bachelors in rural China? Findings from a Survey Conducted in a Context of Female Deficit. Journal of Men's Health, 2012, 9（4）：pp. 220 – 229.

Yang XY, Attane I, SZ Li, et al. . On Same-Sex Sexual Behaviors among Male Bachelors in Rural China: Evidence From a Female Shortage Context. Journal of Men's Health, 2011, 6（2）：pp. 108 – 119.

Cai Y, Wang Y, Zheng Z. Predictors of Reducing Sexual and Reproductive Risk Behaviors Based on the Information-Motivation-Behavioral Skills（IMB）Model among Unmarried Rural-To-Urban Female Migrants in Shanghai, China. Plos One, 2013, 8（4）：pp. 1 – 7.

Peng Y, Chang W, Zhou H, et al. . Factors Associated with Health-Seeking Behavior among Migrant Workers in Beijing, China. BMC Health Serv Res, 2010, 10：p. 69.

Chan YF, Passetti LL, Garner BR. HIV Risk Behaviors: Risky Sexual Activities and Needle Use Among Adolescents in Substance Abuse Treatment. AIDS Behav, 2011, 15（1）：114 – 124.

Zehetmair S. Societal Aspects of Vulnerability to Natural Hazards. Raumforsch Raumordn, 2012, 70：pp. 273 – 284.

附　录

农村大龄流动男性生殖健康和家庭生活调查

根据《统计法》第三章第十四条，本资料"属于私人、家庭的单项调查资料，非经本人同意，不得泄露"。

您好！西安交通大学人口与发展研究所农村大龄流动男性生殖健康和家庭生活调查课题组正在做一项有关农村流动男性的生殖健康与家庭生活相关的社会调查，特邀请您参加本次调查。如果您接受我们的访问，整个调查大约需要40分钟，如果您不愿意回答某个问题，您可以拒绝回答，我们将跳到下一个问题继续进行。

课题组向您郑重承诺：本次调查的信息严格保密，除了合格的研究人员，任何人不会接触到这些资料，您的回答不会和任何能够表明您身份的信息产生联系。

再次感谢您的合作！

西安交通大学人口与发展研究所

农村大龄流动男性生殖健康和家庭生活调查课题组

第一部分　个人基本信息

1. 您出生于＿＿＿＿年＿＿＿＿月（请填阳历时间）

2. 您的文化程度是：（　）（如：如果上了高中，但高中没毕业，也请填高中）

    （1）不识字或识字很少　　　　　　（2）小学　　　　　　（3）初中

    （4）高中（含中专、技校、职业高中）　　　　　　（5）大专

    （6）大学，或者研究生

3. 您的民族：（　）

    （1）汉族　　　　　　（2）回族　　　　　　（3）满族

    （4）蒙古族　　　　　　（5）其他

4. 你信哪种宗教？（　）

    （1）佛教　　　　　　（2）道教　　　　　　（3）基督教

    （4）天主教　　　　　　（5）伊斯兰教　　　　　　（6）其他宗教

    （7）不信教

5. 您现在的婚姻状况：（　）

    （1）从来没有结过婚，而且没有同居（跳问 DQM1）

    （2）同居，但还没有领结婚证（跳问 DQM1）

    （3）已婚且夫妻俩住在一起　　　　（4）已婚但夫妻分居

    （5）离婚　　　　　　（6）丧偶

6. 您是哪一年结婚的？（　）（指初婚时间）□□年

7. 您来自哪里？（　）

    （1）西安市　　　　　　（2）陕西省（非西安市）

    （3）外省

8. 您出生在哪里？（　）

    （1）农村　　　　　　（2）城市（跳 DQM1D）

9. 您第一次外出工作（或打工）是什么时候？□□年□□月

10. 您这次来西安的时间是？□□年□□月

11. 您这次是和谁一起来西安的？（多选题）（　）

    （1）自己一人来　　　　　　（2）随配偶/女朋友来

    （3）随家人来　　　　　　（4）随老乡来

    （5）其他

12. 这次在您来西安市工作（或打工）之前还去别的地方工作过吗？（　）

    （1）没有出去工作过

    （2）去家乡以外的县城或城市工作过（跳问 DQM8）

13. 您本次在西安开始工作后，您的平均月收入为：（　　）

（1）500 元以下　　　　　　　　（2）500 ~ 999 元

（3）1000 ~ 1499 元　　　　　　（4）1500 ~ 1999 元

（5）2000 元及以上

14. 和同时间出来打工的同龄人相比，您认为自己的经济状况如何？（　　）

（1）比一般人好很多　　　　　　（2）比一般人好一些

（3）和一般人差不多　　　　　　（4）比一般人稍差

（5）比一般人差很多

15. 目前您和配偶（或女朋友）住在一起吗？（　　）

（1）是　　　　　　　　　　　　（2）不是

16. 您在西安的居住环境：（　　）

（1）周围是当地市民的居住小区　　（2）相对独立的外来人口聚居地

（3）当地市民与外地人的混合居住区（如城中村等）

（4）其他

17. 您觉得您自己的健康状况好不好？（　　）

（1）非常好　　　　　　　　（2）好　　　　　　　（3）一般

（4）不好　　　　　　　　　（5）很不好

第二部分　婚育观念

下面我们将要谈的是您对婚姻和生育问题的一些看法。

18. 到目前为止，您谈过几个女朋友？（未婚题干）（　　）

您在初婚前谈过几个女朋友（不包括您的妻子）（已婚题干）

（1）0 个　　　　（2）1 个　　　　（3）2 个　　　　（4）3 ~ 5 个

（5）6 个及以上

19. 您认为一个人必须要结婚吗？（　　）

（1）完全同意　　（2）同意　　　　（3）说不清　　　（4）不同意

（5）完全不同意

20. 您听说过超过 28 岁还没有结婚的农村男性（或"光棍"）吗？（已婚题）（　　）

（1）听说过　　　（2）没有（跳问 DQMR6）

您对于自己至今尚未结婚是什么心情？（未婚题）（　　）

（1）非常失望　　（2）失望　　　　（3）无所谓

（4）不失望　　（5）一点儿都不失望

您是否在意自己至今尚未结婚？（未婚题）（　　）

（1）非常在意　　（2）在意　　　　（3）无所谓

（4）不在意　　（5）一点儿都不在意

21. 您认为您将来什么时候能结婚？（未婚题）（　　）

（1）在几个月内能够结婚　　　　（2）在一年内能结婚

（3）在几年内能结婚　　　　　　（4）能结婚，但是时间很难说

（5）不抱什么指望　　　　　　　（6）自己不想结婚

您认为这些大龄未婚男性将来能结婚吗？（已婚题）（　　）

（1）全都能结婚　　　　　　　　（2）大部分能结婚

（3）小部分能结婚　　　　　　　（4）很难说

（5）没什么指望　　　　　　　　（6）他们自己不想结婚

22. 您能够接受一辈子不结婚吗？（　　）

（1）完全接受　　（2）可以接受　　（3）无所谓

（4）不能接受　　（5）完全不接受

23. 您觉得下列哪些事情最难熬？（未婚题干）（最多选 3 项）（　　）

您觉得下列哪些事情是这些大龄未婚男性最难熬的？（已婚题干）（　　）

（1）一个人生活很孤单

（2）一个人感情上很孤独，没有人交流

（3）没有性生活　　　　　　（4）没有孩子

（5）社会压力大，周围的人会议论

（6）家庭压力大，父母会担心　　（7）其他

24. 您是否有能够谈论性的好朋友？（　　）

（1）有　　　（2）没有

第三部分　生殖健康知识

25. 您听说过艾滋病吗？（　　）

（1）听说过　　（2）没有（跳问 AB1）

下列关于艾滋病的一些说法，请您做出自己的判断。

26. 仅与一个并没有感染的伙伴发生性行为，可以降低艾滋病传播危险吗？
（　　）
　　（1）可以　　　　　　　（2）不可以　　　　　　（3）不知道

27. 使用安全套可以降低艾滋病传播危险吗？（　　）
　　（1）可以　　　　　　　（2）不可以　　　　　　（3）不知道

28. 一个看起来健康的人会携带艾滋病病毒吗？（　　）
　　（1）会　　　　　　　　（2）不会　　　　　　　（3）不知道

29. 目前艾滋病可以治愈吗？（　　）
　　（1）可以　　　　　　　（2）不可以　　　　　　（3）不知道

　　下列途径会传播艾滋病吗？

30. 在正规的医院或者采血车里献血会不会被传染上艾滋病？（　　）
　　（1）会　　　　　　　　（2）不会　　　　　　　（3）不知道

31. 如果使用艾滋病病人用过的碗筷，会被传染上艾滋病吗？（　　）
　　（1）会　　　　　　　　（2）不会　　　　　　　（3）不知道

32. 如果和一个感染了艾滋病的人握手，会被传染上艾滋病吗？（　　）
　　（1）会　　　　　　　　（2）不会　　　　　　　（3）不知道

33. 感染了艾滋病的孕妇还能生出健康的婴儿吗？（　　）
　　（1）会　　　　　　　　（2）不会　　　　　　　（3）不知道

34. 与艾滋病病毒感染者共同就餐会感染艾滋病病毒吗？（　　）
　　（1）会　　　　　　　　（2）不会　　　　　　　（3）不知道

35. 蚊虫叮咬会传播艾滋病病毒吗？（　　）
　　（1）会　　　　　　　　（2）不会　　　　　　　（3）不知道

36. 如果和艾滋病感染者在一个公共游泳池游泳，会被传染上艾滋病吗？
（　　）
　　（1）会　　　　　　　　（2）不会　　　　　　　（3）不知道

第四部分　态度

37. 性就像吃饭睡觉一样，是人的基本需求。（　　）
　　（1）完全同意　　　　　（2）同意　　　　　　　（3）既不同意也不反对

（4）不同意　　　　　　（5）完全不同意

38. 用钱或物来交换性生活自己会觉得不道德（不包括夫妻或者未婚夫妻之
间）（　　）

（1）完全同意　　　　　（2）同意　　　　　　（3）既不同意也不反对

（4）不同意　　　　　　（5）完全不同意

39. 同性之间也可以发生性行为（　　）

（1）完全同意　　　　　（2）同意　　　　　　（3）既不同意也不反对

（4）不同意　　　　　　（5）完全不同意

40. 人们一生中可以和多个对象发生性关系（　　）

（1）完全同意　　　　　（2）同意　　　　　　（3）既不同意也不反对

（4）不同意　　　　　　（5）完全不同意

41. 婚外性行为会损害婚姻生活（　　）

（1）完全同意　　　　　（2）同意　　　　　　（3）既不同意也不反对

（4）不同意　　　　　　（5）完全不同意

42. 正常的性生活会让人有自信（　　）

（1）完全同意　　　　　（2）同意　　　　　　（3）既不同意也不反对

（4）不同意　　　　　　（5）完全不同意

43. 使用安全套会减少自己的性快感（　　）

（1）完全同意　　　　　（2）同意　　　　　　（3）既不同意也不反对

（4）不同意　　　　　　（5）完全不同意

44. 使用安全套会让性伴侣觉得我不信任她（　　）

（1）完全同意　　　　　（2）同意　　　　　　（3）既不同意也不反对

（4）不同意　　　　　　（5）完全不同意

45. 安全套使用起来很麻烦（　　）

（1）完全同意　　　　　（2）同意　　　　　　（3）既不同意也不反对

（4）不同意　　　　　　（5）完全不同意

46. 使用安全套是一种负责任的行为（　　）

（1）完全同意　　　　　（2）同意　　　　　　（3）既不同意也不反对

（4）不同意　　　　　　（5）完全不同意

47. 安全套的气味、质地等让人觉得不舒服（　　）

（1）完全同意　　　　　（2）同意　　　　　　（3）既不同意也不反对

（4）不同意　　　　　（5）完全不同意

48. 使用安全套会让我不太担心会得性病（　）

（1）完全同意　　　（2）同意　　　　　　（3）既不同意也不反对

（4）不同意　　　　　（5）完全不同意

49. 使用安全套会减少性伴侣的性快感（　）

（1）完全同意　　　（2）同意　　　　　　（3）既不同意也不反对

（4）不同意　　　　　（5）完全不同意

50. "如果一个男人和性工作者发生性行为"，您怎样看这种行为？（　）

（1）让人觉得很不光彩

（2）如果找商业性工作者的是未婚男性，则是可以接受的

（3）无论他是否结婚，都可以接受

（4）完全不能接受

51. "如果一个男人和同性发生性行为"，您怎样看这种行为？（　）

（1）让人觉得很不光彩

（2）如果和同性发生性行为的是未婚男性，则是可以接受的

（3）无论他是否结婚，都可以接受　　　　（4）完全不能接受

第五部分　性行为主观规范

52. 您认识的男性中，有多少人认为在过性生活时应该使用安全套？（　）

（1）全部　　　　　（2）大部分　　　　　（3）大概有一半

（4）很少　　　　　（5）没有一个　　　　（6）不知道

53. 您认识的已婚男性中，有多少人有过婚外性行为？（　）

（1）全部　　　　　（2）大部分　　　　　（3）大概有一半

（4）很少　　　　　（5）没有一个　　　　（6）不知道

54. 您认识的男性中，有多少人曾经找过商业性工作者？（　）

（1）全部　　　　　（2）大部分　　　　　（3）大概有一半

（4）很少　　　　　（5）没有一个　　　　（6）不知道

55. 您认识的男性中，有多少人曾和同性发生过性行为？（　）

（1）全部　　　　　（2）大部分　　　　　（3）大概有一半

（4）很少　　　　　（5）没有一个　　　　（6）不知道

56. 您认识的男性中，有多少人同时有 2 个或 2 个以上的性伴侣？（ ）

（1）全部　　　　　（2）大部分　　　　　（3）大概有一半

（4）很少　　　　　（5）没有一个　　　　（6）不知道

第七部分　行为

57. 到现在为止，在您的一生中，您有过性生活吗？（ ）

（1）有过　　　　　（2）没有（跳问至 SB77）

58. 到现在为止，您与多少人发生过性行为？（ ）

（1）1 个　　　　　（2）2 个　　　　　（3）3 个

（4）4 个　　　　　（5）5 个　　　　　（6）6 ~ 10 个

（7）10 个以上

59. 您在过性生活时是否经常使用安全套？（ ）

（1）每次都使用　　（2）经常使用　　　（3）有一半的次数用了

（4）很少使用　　　（5）从来没有用过

60. 与您有性关系，一直持续到现在，而且已经超过 6 个月（半年）以上的
人，一共有几个？（过渡题）（ ）

（1）没有（跳问 SB30）　　　　　　　　　（2）1 个

（3）2 个以上　　　　　　　　　　　　　　（4）记不清了

　　性关系包括性交（同房，做爱）；也包括用手、口刺激生殖器；还包括
发生在相同性别的人之间的性生活。

61. 在与您有过六个月以上性关系的人中，那个最近一次与您发生性关系的
是你的（ ）

（1）妻子（已婚）/未婚妻（未婚）　　　　（2）对象

（3）情人

62. 在下面的问题中，"您爱人"是指上一题您选择的那个人

63. 您和您爱人第一次发生性行为时您的年龄是☐☐岁

64. 您和您爱人，第一次过性生活的时候是什么关系？（ ）

（1）刚刚认识　　　（2）在谈恋爱

（3）已经举办婚礼但还没有领结婚证

（4）领了结婚证

65. 您和您爱人第一次过性生活的时候采取了什么避孕措施？（　　）

  （1）体外排精   （2）安全套   （3）口服避孕药

  （4）安全期   （5）没有   （6）其他

66. 您和您爱人上一次过性生活是什么时候？（　　）

  （1）一个星期之内 （2）两个星期内 （3）一个月之内

  （4）一个月以前，半年之内

  （5）半年以前，一年之内   （6）一年以前

67. 您和您爱人在上一次过性生活的时候采取了什么避孕措施？（　　）

  （1）体外排精   （2）安全套   （3）口服避孕药

  （4）安全期   （5）没有   （6）其他

68. 在过去半年里，您和您爱人，平均多长时间过一次性生活？（SB17 选 5、6 的跳过该题）（　　）

  （1）每天一次或更多   （2）每周三次至六次

  （3）每周一次或两次   （4）每月两次至三次

  （5）每月一次或以下

69. 您和您的爱人在过性生活时是否经常使用安全套？（　　）

  （1）每次都使用 （2）经常使用 （3）有一半的次数用了

  （4）很少使用   （5）从来没有用过（跳问 SB22）

70. 你和你爱人在过性生活时一般是谁提出使用安全套（　　）

  （1）您自己   （2）您爱人

  （3）双方都认为应该带安全套

71. 您与您的爱人在过性生活时，您自己在身体上、生理上感到舒服、满足吗？（　　）

  （1）非常舒服   （2）比较舒服   （3）一般

  （4）不太舒服   （5）很不舒服

72. 您与您爱人过性生活时，您自己在心理上觉得满意吗？（　　）

  （1）非常满意   （2）比较满意   （3）一般

  （4）不太满意   （5）很不满意

73. 与这位爱人过性生活时，您有过性高潮吗？（　　）

  （1）每次都有   （2）经常有   （3）有时有

  （4）很少有   （5）从来没有过

　　男性的性高潮，一般出现在男性射精的时候，同时出现极度的兴奋（射精就是精液喷射出来或者流淌出来）

74. 从现在开始未来的一个月内，您与这位爱人发生性行为的可能性有多大？（　　）

（1）一定会　　　　　（2）可能会　　　　　（3）说不清

（4）可能不会　　　　（5）一定不会

75. 从现在开始未来的一个月内，您与这位爱人发生性行为时使用安全套的可能性有多大？（　　）

（1）一定会　　　　　（2）可能会　　　　　（3）说不清

（4）可能不会　　　　（5）一定不会

76. 与这位爱人保持性关系期间，您还跟别人有过性生活吗？（包括任何人，只有一次也算有）（　　）

（1）有　　　　　　　（2）没有

77. 从现在开始未来的一个月内，您跟别人发生性行为的可能性有多大？

（1）一定会　　　　　（2）可能会　　　　　（3）说不清

（4）可能不会　　　　（5）一定不会

78. 在与您保持性关系期间，您的这位爱人还跟别人有过性生活吗？（包括任何人，哪怕只有一次也算有）（过渡题）（　　）

（1）是的，肯定有

（2）也许有，我无法知道

（3）没有

79. 在所有与您有过性关系的人中，与您保持性关系超过一个月的人数是多少？（过渡题）（　　）

（1）0个（跳问至SB53）　　　　　　　（2）1个

（3）2个　　　　　　　（4）3个　　　　　　　（5）4~5个

（6）6~10个　　　　　（7）10个以上

80. 在所有与您有过性关系的人中，与您保持性关系不足一个月的人数是多少？（　　）

（1）0个　　　　　　　（2）1个　　　　　　　（3）2个

（4）3个　　　　　　　（5）4~5个　　　　　　（6）6~10个

（7）10个以上

81. 在这些人里，跟你开始性生活离现在最近的那个人，刚才您是不是已经
    回答过她的情况了？（　　）
    （1）是（跳问至 SB53）　　　　　　　　　（2）否

82. 您与这个人的关系最符合？（　　）
    （1）妻子（已婚）/未婚妻（未婚）　　　　（2）对象
    （3）普通朋友/熟人　　（4）只见过一两次的人/陌生人但不是商业性工作者
    （5）商业性工作者　　（6）前妻　　　　　　（7）其他

83. 您跟这个爱人第一次过性生活的时候，互相认识多久了？（　　）
    （1）不认识，或刚刚认识一天
    （2）认识一天或者两天　　　　　　　　　　（3）少于一个月
    （4）少于一年　　　　　　　　　　　　　　（5）一年以上

84. 与您爱人开始性生活时您的年龄？□□岁

85. 您和您的爱人在第一次过性生活的时候采取了什么避孕措施？
    （1）体外排精　　　（2）安全套　　　　　（3）口服避孕药
    （4）安全期　　　　（5）没有　　　　　　（6）其他

86. 您和您的这位爱人上一次发生性关系是什么时候？（　　）
    （1）一个星期之内　　（2）两个星期内　　（3）一个月之内
    （4）一个月以前，一年之内　　　　　　　　（5）一年以前

87. 您和您的爱人在上一次过性生活的时候采取了什么避孕措施？（　　）
    （1）体外排精　　　（2）安全套　　　　　（3）口服避孕药
    （4）安全期　　　　（5）没有　　　　　　（6）其他

88. 在您与这个爱人保持性关系期间，你们平均多长时间过一次性生活？
    （　　）
    （1）每天一次或以上　　（2）每周三次至六次
    （3）每周一次至两次　　（4）每月一次或以下

89. 您和您的爱人在过性生活时是否经常使用安全套？（　　）
    （1）每次都使用　　　（2）经常使用　　　（3）有一半的次数用了
    （4）很少使用　　　　（5）从来没有用过（跳问 SB45）

90. 你和你爱人在过性生活时一般是谁提出使用安全套（　　）
    （1）您自己　　　　　（2）您爱人
    （3）双方都认为应该带安全套

91. 您与您的爱人在过性生活时，您自己在身体上、生理上感到舒服、满足吗？（　）

（1）非常舒服　　　　（2）比较舒服　　　　（3）一般

（4）不太舒服　　　　（5）很不舒服

92. 您与您爱人过性生活时，您自己在心理上觉得满意吗？（　）

（1）非常满意　　　　（2）比较满意　　　　（3）一般

（4）不太满意　　　　（5）很不满意

93. 与这位爱人过性生活时，您有过性高潮吗？（　）

（1）每次都有　　　　（2）经常有　　　　　（3）有时有

（4）很少有　　　　　（5）从来没有过

94. 从现在开始未来的一个月内，您与这位爱人发生性行为的可能性有多大？（　）

（1）一定会　　　　　（2）可能会　　　　　（3）说不清

（4）可能不会　　　　（5）一定不会

95. 从现在开始未来的一个月内，您与这位爱人发生性行为时使用安全套的可能性有多大？（　）

（1）一定会　　　　　（2）可能会　　　　　（3）说不清

（4）可能不会　　　　（5）一定不会

96. 与这位爱人保持性关系期间，您还跟别人有过性生活吗？（包括任何人，哪怕只有一次也算有）（　）

（1）有　　　　　　　（2）没有

97. 从现在开始未来的一个月内，您跟别人发生性行为的可能性有多大？（　）

（1）一定会　　　　　（2）可能会　　　　　（3）说不清

（4）可能不会　　　　（5）一定不会

98. 在与您保持性关系期间，您的这位爱人还跟别人有过性生活吗？（包括任何人，哪怕只有一次也算有）

（1）是的，肯定有　　（2）也许有，我无法知道

（3）没有

99. 到目前为止，您是否与商业性工作者发生过性关系？（过渡题）（　）

（1）是的　　　　　　（2）没有（跳问至 SB69）

100. 您第一次与商业性工作者发生性关系时您的年龄是□□岁。

101. 您第一次与商业性工作者发生性关系时是否使用了安全套？（ ）

    （1）是的   （2）没有

102. 您与商业性工作者发生过次性行为（ ）

    （1）1 次   （2）2 次   （3）3 次

    （4）4~5 次   （5）6~9 次   （6）10 次及 10 次以上

103. 在前面，你已经回答过 3 类人：a 与您的性关系超过六个月的伴侣；b 性关系不到一个月的那个人；c 商业性工作者，请问在这些人里，是不是已经包括了您的初次性伴侣？（过渡题）（ ）

    （1）不，没有包括

    （2）是，前面的人已经包括了我的初次性伴侣（跳问至 SB77）

104. 您与您的初次性伴侣的关系最符合？（ ）

    （1）现任妻子（已婚）/未婚妻（未婚）   （2）前妻

    （3）对象   （4）普通朋友/熟人

    （5）只见过一两次的人/陌生人但不是商业性工作者

    （6）商业性工作者   （7）其他

105. 您与您的初次性伴侣第一次过性生活时，您自己多少岁？□□岁

106. 你们开始过性生活时，互相认识多久了？

    （1）不认识或认识不到一天   （2）认识一天或两天

    （3）少于一个月   （4）少于一年   （5）一年以上

107. 您和您的初次性伴侣过性生活的时候采取了什么避孕措施？

    （1）体外排精   （2）安全套   （3）口服避孕药

    （4）安全期   （5）没有   （6）其他

108. 您和您的初次性伴侣在过性生活时一般是谁提出使用安全套？（ ）

    （1）您自己   （2）您爱人

    （3）双方都认为应该带安全套

109. 在您第一次结婚前，您一共与多少个人有过性生活？（无论跟什么人，无论有过几次性生活，都算有过）（ ）

    （1）0 个   （2）1 个   （3）2 个

    （4）3 个   （5）4~5 个   （6）6~10 个

    （7）10 个以上

110. 在过去的 12 个月之内，与您有过性生活的人，总共有多少个？（请把任何人都包括进来）（　　）
    （1）0 个　　　　　（2）1 个　　　　　（3）2 个
    （4）3 个　　　　　（5）4~5 个　　　　（6）6~10 个
    （7）10 个以上

111. 您经常上网吗？（　　）
    （1）经常上　　　　（2）偶尔上
    （3）从没上过（跳问 SB80）
    您在哪些地方上网？【可以多选】
    （1）自己家里　　　（2）朋友家里　　　（3）网吧里
    （4）手机上网　　　（5）其他地方
    您在网上看过一些黄色网站吗？（1）看过 （2）没有 （跳问 SB79E）
    在过去一年里，你上过多少次黄色网站？（　　）次

112. 您看过黄色录像吗？（　　）
    （1）经常看　　　　（2）偶尔看
    （3）从没看过（跳问 SB81）
    您第一次看黄色录像的年龄是□□周岁
    在过去一年里，您看过多少次黄色录像？（　　）
    （1）根本没有　　　（2）一两次　　　　（3）大约每个月一次
    （4）每月两三次　　（5）大约每周一次
    （6）每周两三次　　（7）每周四次或者更多

113. 您有过自慰吗？（　　）
    （1）有过　　　　　（2）没有（跳问 SB82）
    您第一次进行自慰的年龄是□□岁
    在过去一个月里，您一共有过多少次自慰＿＿＿次

114. 您和男性有过性行为吗？（　　）
    （1）有过　　　　　（2）没有（跳问 SB90）

115. 您与男性进行性行为的时候是否使用安全套？（　　）
    （1）每次都使用　　（2）经常使用　　　（3）有一半的次数用了
    （4）很少使用　　　（5）从来没有用过

116. 您第一次与男性发生性关系时您的年龄是＿＿＿岁。

117. 您第一次与男性发生性关系时，有没有使用安全套？

 （1）使用了 （2）没有使用

118. 从现在开始未来的一个月内，您与男性发生性行为的可能性有多大？

 （1）一定会 （2）可能会 （3）说不清

 （4）可能不会 （5）一定不会

119. 如果是和男性发生性行为，您将来使用安全套的可能性有多大？

 （1）一定会 （2）可能会 （3）说不清

 （4）可能不会 （5）一定不会

电子问卷示例

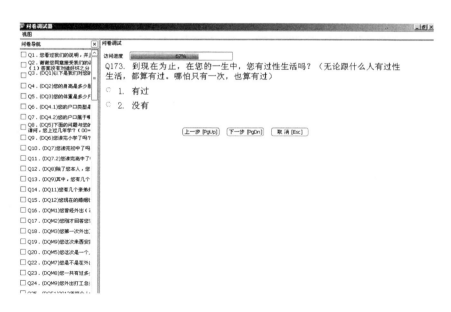

后　记

　　中国的性别失衡趋势是目前人口结构变迁中不容忽视的人口发展后果议题。性别失衡所隐含的性别不平等和女性生存与发展劣势，始终是社会和谐发展与人口素质提升面临的难点议题。西安交通大学人口与发展研究所多年来始终致力于人口与社会发展中相关的人口发展议题研究，其中在性别失衡领域的研究也是目前国内外重要的研究力量。目前，对于性别失衡话题的关注大量集中在性别偏好、性别选择、政策治理等紧迫话题上，对性别失衡导致的婚姻挤压后果也进行了详细阐述。但是，对于一些具体层面如健康、养老和经济发展等微观后果以及个人微观后果所累积的社会后果甚至社会风险还有待扩展研究。在这样的学科和现实背景下，本书就成为从婚姻挤压下的部分流动男性生殖健康话题入手，探讨性别失衡、婚姻挤压带来的男性微观健康后果及其所累积的社会风险后果的实证研究。

　　本书的研究是由西安交通大学"中国性别失衡态势及其治理策略"课题组承担的，是课题组在"性别失衡后果研究"方向的子项目，也是完善性别失衡从现象、原因到最终后果研究的核心组成部分。本项目课题组在研究设计、实地调研以及数据分析过程中都投入了大量精力，项目组参与人员包括教授专家、博士硕士研究生以及部分实地调查人员。在调查设计阶段，项目组成员收集了国内外相关领域的研究经验，设计了本书分析所使用的调查问卷；在调查过程中，由于本项目实施是在劳务市场和建筑工地进行，因此项目组克服天气、环境、调查场所管理制度限制等诸多困难，最终完成了实地调查任务。在调查过程中，流动群体的艰苦劳作、朴实淳厚也深深打动了调研人员，更坚定了项目组成员完成项目调研、项目研究以及对相关部门提出政策建议的信心。

在本书分析核心环节，首先提出了婚姻挤压下农村大龄流动男性风险性行为的社会风险分析框架。通过对婚姻挤压下农村大龄流动男性风险性行为的质性分析，本书发现了风险性行为特征及其可能的社会风险；进而选择社会系统论作为落实社会风险分析的路径参考，提出了农村大龄流动男性风险性行为的社会风险分析框架。该框架在关注风险性行为个人后果的同时提升了对风险性行为社会后果的认识，弥补了相关研究多局限于个人风险而忽略个人风险社会后果的不足。该框架不仅实现了客观风险识别研究和主观风险感知研究相结合的二阶段观察，还实现了风险过去经历研究和风险未来倾向研究相结合的时间属性分析，加深了对农村大龄流动男性风险性行为的认知，有助于全面和深入地了解婚姻挤压下弱势人群风险性行为的现状与社会后果。

在明确了理论分析路径的基础上，本书识别出商业性行为是婚姻挤压下农村大龄流动男性在性行为中的主要社会风险。通过对客观现状的一阶观察，本书发现了农村大龄流动男性商业性行为和男男同性性行为的现状与影响因素，在此基础上构建了风险性行为社会风险后果的对比模型，引入两类风险性行为的参与数量指标和影响因素指标，最终发现两类风险性行为都具有 HIV/AIDS 个人感染风险；商业性行为可能具有 HIV/AIDS 大范围传播后果而成为农村大龄流动男性在性行为中的主要社会风险；男男同性性行为是同性恋少数人内部的个人风险，目前社会风险程度较低。本书揭示了弱势群体风险性行为的社会风险本质，弥补了已有研究对风险性行为个人风险后果认识的不足。

此外，本书还引入 HIV/AIDS 知识体系扩展了 HIV/AIDS 风险认知测量方法，发现了农村大龄流动男性风险认知的内容差异、人群差异和风险差异。通过对主观认知的二阶观察，本书引入 HIV/AIDS 知识体系作为风险认知的测量指标，发现农村大龄流动男性风险认知的内容存在差异，农村大龄流动男性在具有较高 HIV/AIDS 知晓度的同时也具有较低的 HIV/AIDS 传播知识水平；不同婚姻人群的风险认知存在差异，已婚男性比婚姻挤压下的大龄未婚男性具有更高的 HIV/AIDS 认知水平；不同风险经历者的风险认知存在差异，有过商业性行为者比没有商业性行为者具有更高的 HIV/AIDS 认知水平，突破了以往研究中风险认知对商业性行为具有预防作用的定论。

最后，本书在结尾部分分析了婚姻挤压和流动经历不仅会影响农村大龄流动男性的初次商业性行为年龄，还会影响他们的商业性行为倾向。通过对过去经历和未来倾向的时间属性分析，本书根据初次商业性行为年龄特征，发现了大龄未婚男性参与商业性行为的人数比例在各个年龄段均高于同龄其他男性；所有样本中，有过流动经历者和独自流动者参与商业性行为的人数比例在各个年龄段均高于同龄其他男性。本书根据商业性行为倾向的人群差异，发现了大龄未婚男性比已婚男性具有更强的倾向；所有样本中，有过流动经历者和独自流动者比其他男性具有更强的倾向。本书运用生存分析方法填补了初次商业性行为年龄特征的研究空白，通过影响因素分析深化了对流动男性风险性行为未来倾向的影响因素认识。

本书是西安交通大学公共政策与管理学院人口与发展研究所性别失衡与治理课题组所有成员 5 年来工作的结晶。首先感谢在本次课题调研过程中参与调查的流动务工人员，他们是本书能够得以完成的最强大支持力量，对他们表示由衷的感谢和敬意！同时，感谢课题组所有成员的辛勤劳动，特别感谢本课题的资助方——法国国立人口研究中心的 Isabelle Attane 教授对课题组始终如一的指导、帮助和支持，还有西安交通大学公共政策与管理学院人口与发展研究所的杨雪燕教授、张群林博士、李卫东博士以及袁晓天、鲁小茜、龚怡等硕士，也感谢人口与发展研究所其他同人和西安市劳务市场管理人员的大力协助，在此一并谢过。本书凝聚了我本人博士阶段的所有成果。感谢我的家人，爸爸妈妈是我一生的靠背，永远给我鼓励、支持；我的夫人是我永不放弃、奋斗向前的精神支柱；还有宝贝女儿的降生，给我的事业奋斗带来了永恒的动力和雄心。他们对我的爱，无私，无限，永恒。愿此书能够回报爱我的家人和朋友。

由于我的水平有限，书中不妥之处在所难免，恳请读者批评指正。

杨 博

2016 年 9 月

图书在版编目（CIP）数据

农村大龄流动男性的风险性行为：社会风险视角下的实证研究／杨博，李树茁，（加）吴正著．－－北京：社会科学文献出版社，2017.4

（西安交通大学人口与发展研究所·学术文库）

ISBN 978 - 7 - 5201 - 0553 - 8

Ⅰ．①农…　Ⅱ．①杨…　②李…　③吴…　Ⅲ．①农村 - 男性 - 性行为 - 研究 - 中国　Ⅳ．①D669.1

中国版本图书馆 CIP 数据核字（2017）第 061273 号

西安交通大学人口与发展研究所·学术文库

农村大龄流动男性的风险性行为
　　—— 社 会 风 险 视 角 下 的 实 证 研 究

著　　者／杨　博　李树茁　〔加〕吴　正

出 版 人／谢寿光
项目统筹／周　丽　高　雁
责任编辑／王玉山

出　　版／社会科学文献出版社·经济与管理分社（010）59367226
　　　　　地址：北京市北三环中路甲 29 号院华龙大厦　邮编：100029
　　　　　网址：www.ssap.com.cn
发　　行／市场营销中心（010）59367081　59367018
印　　装／三河市尚艺印装有限公司

规　　格／开　本：787mm×1092mm　1/16
　　　　　印　张：17.25　字　数：292 千字
版　　次／2017 年 4 月第 1 版　2017 年 4 月第 1 次印刷
书　　号／ISBN 978 - 7 - 5201 - 0553 - 8
定　　价／79.00 元